박홍규의 철학

형이상학이란 무엇인가

한국현대철학선

박홍규의 철학

형이상학이란 무엇인가

최 화 지음

이화여자대학교출판문화원

| 시리즈를 펴내며 |

이제까지 한국에서의 철학 연구는 동양과 서양으로 나누어 주로 강대국(중국 · 미국 · 영국 · 독일 · 프랑스)의 사상들 가운데 주류로 알려진 것을 중심으로 이루어져 왔다. 한국에서 동양과 서양을 분명하게 분리하는 태도는 20세기 초 일본의 동양통합론에 의해 더욱 확산되고 습관화되었다. 이 때문에 전 인류의 지혜를 참조하여 자신의 문제를 해결하려는 보편적이면서도 주체적인 연구 태도는 희석되고, 전공별로 나누어진 좁은 테두리 안에 갇히게 되었다.

서양철학의 연구는 본국에서 제기된 문제와 해답을 개괄적으로 소개하거나 모방하여 한국의 현실에 적용하는 수동적 태도를 벗어나지 못하였다. 이러한 실정 때문에 서양철학 문헌들에 대한 사상적 연구는, 번역과 개괄적인 소개 논문의 수는 증가하였으나, 그 창의성에서는 해방 전후의 수준보다 떨어진다고 할 수 있다. 철학 교육의 차원에서도 연구 대상에 대한 주체적이고도 비평적인 설명과 평가를 제대로 하지 못하고, 일시적 유행 사조로서 혹은 임의적으로 선택된 전공이라는 이름으로, 대학 교육의 현장에서 교육되어 왔다.

동양철학으로 분류되어 왔던 동아시아 사상도 철학과마다 한두 명의 연구자를 두고는 있지만 근대 이전의 전통 사상에 대한 연구와 소개에 머물러 있다. 아시아 철학의 연구 또한 전통의 권위에 기대는 수동적 연구 태도를 벗어나지 못하거나, 일본과 중국의 선행 연구 방법에 거의 의존하는 예속적 여건을 크게 벗어나지 못하고 있다. 이러한 태도는 현대의 상황이 던지는 문제에 대응하거나 인간과 세계에 대한 이해를 새로운 방식으로 사유하고 피력하는 데에 관심을 기울이지 못하게 했다. 이 빈 공간은 현대 서양철학이 자신의 전제에 대한 깊은 음미 없이 자신을 선전할 수 있는 무대가 되었다.

한국 사상계의 이러한 타성적 관행은 최근의 관제화되고 수량화된 시장주의적 강제에 의해 인식조차 되지 못했다. 대학이 인재를 양성하는 것이 아니라 건물을 양성하고, 학술보다는 기업 이윤에 한눈팔 때, 한국 청년들의 영혼은 머리 둘 곳이 없다. 또한 창조적 문제 제기와 문제 자체에 대한 분석 및 자발적 해결의 의지에 기초하지 못하는 연구 풍토가 연구자 간의 자유로운 의사소통의 부재로 더욱 촉진되었다. 연구 공간의 시장화와 이에 따른 인간관계의 외면화가 이러한 결과를 초래하였다. 그리고 이러한 상황은 연구자들 자신이 속한 역사적이고도 현실적인 조건에 대한 학술적이고도 사상적인 반성과 대응을 가로막고 있다. 특히 이 시대와 직접적으로 연관이 있는 근 백년간의 한국의 현대사상사적 흐름에 대한 주체적 관심의 결여로 철학은 자신들이 어떤 문제를 역사적으로 부여받고 있는지를 의식하지 못하고 있다. 무자각적 철학은 단지 자신들의 철학을 진공 상태에서도 통용될 수 있는 것처럼 무반성적으로 외우며 가르치는 철학 청부업일 따름인 것이다.

그동안 비주류이자 비체계적인 가치관으로 치부되어 왔던 근 백년간의 한국 사상사를 철학이라는 이름으로 연구하여 발간하는 것은 한국 사상계의 난국을 타개하는 데에 하나의 출발점이 될 수 있을 것이다. 이 출발은 근현대 한국 철학에 대한 자료를 발굴하고 연구하여 문제 해결에 도움이 되는 것은 발전시키고, 타당성이 의문시되는 관념들은 유보하거나 비판함으로써 재사유와 반성의 계기를 마련할 수 있도록 할 것이다. 이러한 의미에서 먼저 일차적으로 간단한 자료집을 해설을 첨부하여 발간하고자 한다. 그리고 차후로 한국 현대철학에 대한 본격적인 연구 논문과 연구서를 발간할 계획이다.

2011년 7월

씨알학회, 근현대 한국사상사 연구모임 일동

박홍규의 철 학

형이상학이란 무 엇 인 가

| 차례 |

머리말

형이상학을 위하여

'형이상학의 극복'이라는 이야기가 떠돌고 있다. '극복'이란 그냥 다른 철학을 만들어 내는 것이 아니라 그것을 딛고 넘어선다는 말이다. 진정으로 그럴 수만 있다면 더할 나위가 없을 것이다. 현재의 인간 지능의 조건을 뛰어넘는다는 말이기 때문이다. 그렇다면 그런 이야기를 하는 사람들은 과연 거기에 성공이나 하고 그러는 것일까? 아니다. 짐작컨대 그들이 극복한다는 형이상학은 아마도 전통 형이상학, 즉 본질 중심의 형이상학일 것이다. 아닌 게 아니라 본질주의 형이상학은 어느 정도 극복될 여지가 마련된 것이 사실이다. 그러나 그렇다고 하여 형이상학 자체가 극복된 것은 아니다. 그들이 잊고 있는 것은 극복을 논한다는 것 자체가 매우 형이상학적인 태도라는 사실이다. 그들은 결국 철학 전체를 형이상학이라는 하나의 성격으로 규정하고 그것을 극복한다는 것인데, 바로 그러한 문제제기 방식 자체가 전형적으로 형이상학적이다. 그들이 하고 있는 것은 그러니까 형이상학을 형이상학적으로 극복하자는 것인데, 그렇기 때문에 그 결과가 어떻게 나오더라도 결국은 또 하나의 형이상학에 지나지 않으며, 그것도 스스로가 무엇인지도 인식하지 못하는 반쪽의 형이상학일 뿐이다.

형이상학이란 그리 호락호락한 것이 아니다. 특정 대상에 대한 자료 전체를 바탕으로 대상 자체에 대한 전면적인 진실을 추구하는 동시에 대상 일반에 대한 자료 전체를 놓고 대상 일반에 대한 전면적인 진실도 추구하는 것이다. 그런 의미에서 그 어떤 철학도 형이상학보다 더 높이 올라간 탐구의 방법은 없다. 더 올라갈 수 있는 방법이 있다면 그것은 신적인 계시나 초자연적인 공감 같은 것일 터인데, 그런 것은 더 이상 학문의 방법이 아니다. 본질, 즉 정지체 중심의 형이상학을 비판하고 운동 중심의 형이상학을 확립한 베르크손(Henri L. Bergson)도 자신이 하는 것이 형이상학적 작업임을 한시도 잊은 적이 없고, 형이상학 자체를 부인한 적도 없다. 전통적 이성의 한계를 지적하고 직관을 대안적인 인식 방법으로 내세울 때도 그러했다. 그것은 그가 자신이 하는 일이 무엇임을 명확히 인식하고 있었기 때문이다. 그에 비해 오늘날 형이상학의 극복을 외치는 사람들은 자신이 하는 일이 무엇인지도 모르면서 떠들고 있는 것이다.

그렇다면 이런 주장들이 활개를 치게 된 동기는 무엇일까? 1945년 히로시마에 원자탄이 터지자 사람들은 그 가공할 위력에 경악하지 않을 수 없었다. 그 이후 인간의 손에는 지구를 몇 번 박살내고도 남을 만한 양의 폭탄이 쥐어지게 되었다. 이러한 상황에 대해 철학자들도 반응하지 않을 수 없었고, 미셸 세르(Michel Serres)는 "원자탄이 터지기 이전과 이후의 철학은 달라질 수밖에 없다"고 토로했다. 그러나 그러한 생각이 이념적으로 어떠한 가치를 가지든 그것은 곧 학문에 어떤 의도를 반영하겠다는 선언 이외의 다른 것이 아니다. 생각해 보라. 원자탄이 터지기 이전과 이후의 학문이 달라질 이유가 어디에 있는가? 원자탄 이전과 이후의 물리학이 달라진 적이 있는가? 없다. 세상은 달라지지 않았다. 달라진 것은 다만 인간 세상일 뿐이다. 그렇다면 그것은 그것대로 해결해야지 학문과 이념을 혼동한다고 하여 해결될 문제는 아무것도 없다.

문제는 거기에 그치지 않는다. 지구의 환경은 우려의 수준을 넘어서고 있다. 언제 남북극의 빙하가 녹아내려 땅덩어리들을 집어삼킬지, 언제 오존층이 파괴되어 지구상의 생물들이 모조리 멸망할지 모르는 상태가 되었다. 기술의 발달이 인류를 행복하게 해주기는커녕 오히려 대재앙을 가져올지도 모르는 지경에 이른 것이다. 그러므로 철학자들의 우려는 당연히 기술 자체로 향할 수밖에 없었고, 기술을 넘어 그것을 가능케 한 철학, 즉 형이상학에 비판의 칼날을 겨누게 되었다.

그리하여 '형이상학의 극복'이라는 과제가 철학계의 중심적 화두로 떠오르고, 철학자들은 종래 형이상학의 원리들과 거꾸로 가는 주장을 해야 시대에 뒤떨어지지 않는 것처럼 되어 버렸다. 형이상학의 본질 자체가 세계에 대한 지배를 목적으로 하는 것이기 때문에 그 자체가 제국주의적인 성격을 띠고 있으며, 이성적 사유는 계산적 사유로서 그 역시 지배의 욕망을 숨기고 있고, 본질을 따지는 것은 주변적인 것을 배제하는 지배자적 사유이며, 자기동일성을 주장하는 것은 개인이나 종족, 또는 국가의 이기주의를 부추기는 것이고, 주체나 의지를 강조하는 것 역시 권력적 사유의 허구라는 것이다. 데리다(Jacques Derrida)에 따르면 형이상학의 로고스 중심주의는 주체 중심주의, 이성 중심주의, 남성 중심주의로 연결되는 지배적, 권력적 성격을 내포한다.

그러므로 프랑스 좌파 철학자들인 레비-스트로스(Lévi-Strauss), 라깡(Jaques Lacan), 푸코(Michel Foucault) 등의 구조주의, 레비나스(Emmanuel Lévinas)의 타자성의 윤리, 데리다, 들뢰즈(Gilles Deleuze), 리오따르(Jean-Francois Lyotard) 등의 포스트-모더니즘은 문화의 구조나 시대의 인식 방식에 대비된 주체의 소멸, 무의식에 대한 의식과 이성의 허구성, 동일성에 대한 타자성의 우월에 이르기까지 모두 전통 형이상학에 대한 공격을 멈추지 않았다. 그들은 분명 현대의 문제를 고민하고 있으며 그들에게 배울 점 또한 적지 않다. 한국에서는 그들의 사상이 대대적으로 유행했으며, 구조주의에 대해서는 각 문화의 독자성을 인정한다는 점에서, 포스트-모더니즘에 대해서는 서양 철학이 돌고 돌아 결국 동양의 노장 철학이나 불교 철학에 가깝게 되었다는 점에서 환영하는 사람들이 적지 않다. 단언컨대, 서양 철학자들의 그따위 값싼 동정에 꼽사리를 낀다고 동양철학의 약점이 감추어지는 것은 아니며, 손상받은 우리의 자존심이 회복되는 것도 결코 아니다.

어쨌든 중요한 것은 그들의 사상에 따르면 문제가 해결되느냐는 것이다. 결론부터 얘기하자면 해결될 것은 아무것도 없다. 왜냐하면 그들의 사상은 문제를 문제로서 직시한 것이 아니라 엉뚱한 곳에서 헤매고 있기 때문이다. 형이상학이란 사실 사물을 파악하는 눈 이외의 아무것도 아니다. 모든 것이 육안으로 보인다면 우리는 학문을 할 필요가 없을 것이다. 눈에 보이는 것으로는 문제가 해결되지 않기 때문에 사물의 여러 측면을 탐구하고 거기서 숨겨진 사물의 본성을 끄집어 내어서 보자는 것이 형이상학이다. 그것이 '지배적'이라면 우선 사물을 제대로 본 결과 그것을 다룰 수 있게 되었기 때문일 것이다. 그리고 그것은 사물에 대한 전면적인 앎을 추구하는데 그것 때문에 형이상학을 지배적이라 한다면 분명히 말하지만 형이상학은 지배적일 수밖에 없다. 그러나 그렇지 않은 앎은 무슨 문제를 해결할 수 있으며, 그것이 앎이기조차 한 것일까? 아니면 모든 앎을 지배적이라 할 것인가? 그렇다면 앎 자체가 부정되어야 하나? 아닌 게 아니라 푸코 같은 이는 지식이 곧 권력임을 주장했다. 그렇다고 하자. 그러면 결국 모든 앎을 포기해야 할 것인가? 아니, 그 이전에 푸코 자신의 철학은 무엇인가? 그 또한 하나의 권력인가? 그러면 모든 앎의 이론들 사이의 대립을 이제 권력 간의 투쟁이라 해야 할 것인가? 이런 얼토당토 않는 결론이 나오는 이유는 결국 푸코류의 지나친 일반화의 오류 때문이다. 안다는 것은 모른다는 것보다는 더 유리한 것이지만 참된 앎은 권력의 전제에 대항하게도 해주고 강압적인 힘을 물리치게도 해준다. 결국 앎을 어떻게 사용하느냐에 달려 있는 것이지 앎 자체가 나쁘다거나 할 수는 없는 일이다.

형이상학을 제국주의적으로 본 것도 마찬가지이다. 우리는 여기서 프랑스 좌파 지식인들의 이데올로기적 성향을 읽을 수 있는바, 형이상학으로 강해진 나라가 제국이 되었다는 역사적 사실에 바탕을 둔 주장이긴 하지만 강한 힘을 침략에 사용한 것이 나쁜 것이지 강해졌다는 사실 자체가 나쁜 것은 아니다. 가령 돈을 가졌다는 것 자체는 좋은 것도 나쁜 것도 아니다. 다만 그 돈을 어떻게 쓰느냐에 따라 좋아지기도 하고 나빠지기도 하는 것이다. 이미 고대의 스토아학파 사람들은 돈을 선과는 무관한 것(indifferentia)이라 했다. 그러니까 형이상학이 제국주의적이라는 것은 형이상학과 거기에서 나온 힘의 사용 방법을 혼동한 것이다.

상황은 기술의 경우도 마찬가지이다. 기술 자체는 우리가 소유한 수단으로서 존재할 뿐이다. 문제는 그것을 어떻게 쓰느냐에 있다. 같은 원자력의 기술로 의학에 사용할 수도 있고 폭탄을 만들 수도 있는 것이다. 폭탄이 나올 우려가 있으므로 모든 원자력 기술을 사용하지 말자고 할 수는 없다. 물론 생명 복제 기술의 경우처럼 정책적으로 일정한 방향의 기술 개발을 제한할 수는 있다. 그러나 그 경우에도 전 세계 모두가 동참할 때만 의미 있는 것이지 그렇지 않다면 기술 개발을 규제한 쪽만 손해를 보게 될 것이다. 또 하나, 역시 복제 기술처럼 그것의 발달을 과연 규제로 막을 수 있느냐는 문제, 즉 규제의 실효성도 문제이다. 기술은 우리의 소유물이고, 따라서 그것이 해악이 될 경우에는 항상 규제의 대상이 될 수 있다. 그러나 어떤 것을 규제하고 어떤 것을 인정할 것인가는 매우 신중히 결정해야 한다. 왜냐하면 그 어떤 기술의 발달이 인류를 구원할 것인지, 해악을 끼칠 것인지를 미리 결정하기는 불가능하기 때문이다. 결국 앞으로는 반인륜적이고, 반생명적이며, 반환경적인 기술을 규제해야 할 것은 분명한데, 과연 어떤 것은 규제하고 어떤 것은 풀 것이냐를 정하는 데 모두의 역량을 모아야 할 것이다. 그러나 그것을 판단하기 위해서도 그 기술을 내부로부터 알아야 할 것이다.

기술은 수단이다. 수단은 수단을 가진 자의 뜻대로 될 때만이 진정한 수단이 될 수 있다. 그러므로 그것이 우리에게 해악이 될 가능성이 있으면 언제든지 규제될 수 있어야 한다는 것은 사실이다. 그러나 기술의 해악 때문에 모든 기술을 없애자는 것은 될 일도 아니고 또 그래서도 안 된다. 원자탄이 문제이면 어떻게 해서든 원자탄의 확산을 막고, 기존의 원자탄 보유국도 그 수를 점점 줄여가는 방안을 만들어야 한다. 환경이 문제이면 환경에 해가 되는 제품의 생산을 규제하면서 가능한 한 친환경적인 산업을 육성하고 환경 문제를 해결할 기술을 개발해야 한다. 어쨌든 환경 문제를 해결할 방도는 그 문제를 풀 수 있는 새로운 기술을 개발하는 방법밖에는 없다. 지금 와서 모든 기술을 없애 버리자는 것은 실현 불가능한 몽상에 불과하다. 그렇다면 이제 기술을 가지고 이 상황을 타개해 나가는 것 이외의 다른 방도는 없다. 어떻게 해서든 우리가 가진 수단으로 이 난국을 타개해 나가야 한다. 모든 수단은 수단을 사용하는 자의 판단에 달려 있다. 그 판단력을 키우기 위해서도 형이상학과 이성은 없어서는 안 된다.

이성의 계산적 성격은 부인할 수 없지만, 그것의 부정적인 면은 특히 계몽 이성에서 오는 것으로서, 계몽 이성이 주로 적용된 대상은 물질이었다는 데에 기인한 것이다. 물질을 다루는 이성은 공간적으로 사유할 수밖에 없기 때문에 생물의 생명이나 내적 심리 상태를 사유하는 데에는 한계를 드러내기 마련이다. 그러한 한계는 새로운 형이상학, 즉 새로운 이성, 또는 이성의 확장을 통해 해결할 문제이지 이성 자체를 부정한다고 해서 해결될 문제는 아니다. 이성은 분명 맹목적인 사유 방식은 아니므로 계산을 할 수밖에 없는데 계산 자체가 나쁘다면 더 이상 무슨 말을 할 것인가? 다만 그런 주장 자체는 계산된 것이 아니냐고 물을 도리밖에 없다.

또 무의식을 동원하여 주체를 깨려고 시도해 봐야 소용이 없다. 무의식은 분명 자아의 큰 부분을 차지하고 그것의 힘이 의식보다 훨씬 크다. 또 사람은 살아가면서 참으로 많은 모순을 범하며 앞뒤가 완전히 맞게 수미일관된 삶은 거의 불가능한 것도 사실이다. 그러나 그렇다고 하여 주체가 없어지는 것이 아니다. 삶의 모순을 이야기하기 위해서도 주체의 존재가 전제되어야지, 주체가 없다면 주체의 모순이라는 것 자체가 의미가 없을 것이다. 무의식이 있다는 것은 모든 생명체에 기억이 있다는 것을 의미하고, 기억이 있다는 것은 모든 생명체가 자기동일성을 지니고 있다는 것을 의미한다. 물질은 기억이 없으므로 자기동일성이 없고, 그렇기 때문에 그것은 매순간 타자화한다. 일초 전의 탁자와 일초 후의 탁자는 전혀 동일한 탁자가 아니다. 그 속의 분자들이 끊임없는 운동을 하고 있고, 그 전체의 윤곽선도 무수히 진동하고 있기 때문이다. 그럼에도 불구하고 그것이 동일한 탁자로 보이는 것은 바로 우리의 자기동일성을 외부사물에도 투영했기 때문이다. 그러니까 무의식의 존재는 주체를 해체하는 것이 아니라 오히려 반증한다. 그것은 우리가 알 수도 없는 생명의 시원으로부터의 기억까지 포함하고 있으므로 마치 우리와는 상관없어 보일 수는 있지만, 바로 그렇기 때문에 모든 생명의 이어짐과 모든 생명체의 자기동일성을 입증한다.

역으로 생명의 자기동일성을 부정하는 철학은 모두 일종의 유물론이라 할 수 있다. 생명에 물질의 존재 방식을 뒤집어씌우는 철학이기 때문이다. 동일성과 차이성은 개념상으로는 동전의 양면과 같은 것으로 어느 하나 없는 다른 것은 없다. 동일하다는 것은 항상 한 사물과 그것 아닌 다른 것과 동일하다는 것이며, 자기 자신과 동일하다고 할 때에도 그 자신이 반복되어 등식의 양쪽에 위치를 달리하며 나타나야 한다(A=A). 또 다르다는 것도 다름의 자기동일성이 성립하지 않으면 다름 자체를 이야기할 수 없다. 타자성의 우위를 주장하든 무엇을 주장하든 하여간 타자성을 이야기하려면 타자성 자체의 자기동일성이 성립해야 가능한 것이지 타자성을 주장하는 순간 그것이 다른 것으로 되어 버린다면 타자성을 이야기하는 것 자체가 무의미할 것이다. 결국 타자성과 동일성은 떨어질 수 없다는 이 간단한 변증법을 망각하고 타자성의 우위를 주장한다면 형이상학 공부를 좀 더 하라는 말밖에 더 할 말이 없다.

결국 형이상학과 이성이란 사물을 보는 눈이며 문제는 그것을 어떻게 사용하느냐에 있는 것이지 그 자체가 나쁜 것일 수 없다. 그러므로 원자탄과 환경 문제가 생겼기 때문에 형이상학을 뒤집자는 것은 눈이 있어서 나쁜 일이 보이기 때문에 눈을 찔러 없애자는 말과 같다. 그리고 모든 사람의 눈을 없애지 않는 한 있는 눈이 없어질 리도 만무하다. 문제가 심각하면 할수록 더욱 더 눈을 부릅뜨고 문제를 봐야 한다. 형이상학이란 그렇게 문제를 해결하기 위해 문제를 바라보는 눈 이외의 아무것도 아니다. 앞에서도 이야기했지만 형이상학을 극복하자는 사람들 자신들이 문제를 보는 눈 자체가 이미 형이상학적이다. 그렇지 않았다면 어떻게 형이상학과 같은 고도의 추상적 원리를 문제의 원흉으로 파악하고 그것을 극복할 생각을 했을 것인가. 그것은 마치 나는 바담풍 해도 너는 바람풍 하라는 혀 짧은 훈장을 연상시킨다. 이제 엉뚱한 눈에 문제의 책임을 돌릴 것이 아니라 문제 자체를 직시할 때이다.

다행히 우리에게는 훌륭한 형이상학의 선생님이 계신다. 그가 바로 박홍규이다. 이만한 대학자가 일반 대중에게는 잊혀져 있다는 사실은 우리나라의 학문 수준을 가늠케 한다. 그것은 일반 대중의 잘못이 아니라 철학자들의 잘못이다. 그와 동시대에 살던 철학자들은 한국식 '평등주의'에 젖어 네가 잘났으면 얼마나 잘났냐는 식으로 그를 평가하였다. 한마디로 그들 자신이 박홍규의 깊이를 이해하지 못하고 있었기 때문에 도대체 일반 대중에게 알려주고 자시고 할 계제가 아니었던 것이다. 그러나 아직도 늦지 않았다. 지금부터라도 그의 철학을 연구하고 그 전모를 널리 알려야 할 때이다. 다행히 그의 철학의 전모는 아니지만 그 중요한 일부가 녹취되어 책으로 나왔다. 이제는 어느 정도 그것을 인용하며 그의 철학을 살펴볼 기반이 마련되었다. 그러나 그것을 그냥 읽어서는 무슨 말인지 모르기 십상이다. 그것을 어느 정도 정리하여 그를 읽을 수 있는 바탕이 마련되어야 한다. 우리가 하려는 일이 바로 그것이다. 그의 철학은 잠시 유행하고 말 성질의 것이 아니라 두고두고 음미해야 할 우리의 양식이다. 그만큼 깊다. 우리의 이 작업은 그 발판을 마련하기 위한 시추선이라 해야 할 것이다.

2011년 7월

1
박홍규의 생애와 철학

1

박홍규의 생애

박홍규는 3 · 1운동이 나던 해인 1919년 6월 1일 전남 광주시 서창면 서창리에서 박하정과 송계남의 3남 1녀 중 2남으로 태어났다. 부친은 당시 상당한 규모의 지주였으며 오랫동안 서창면의 면장을 하였다. 그의 장남 동규는 중학교를 다니던 시절 광주학생운동에 연루되어 학교에서 퇴학당했다. 그는 그 이후 별로 할 일이 없어서 약종상을 한 것으로 알려져 있다. 동규의 다음이 홍규이며 다음은 딸인 순길이다. 그녀는 평범한 가정부인이었는데, 박홍규가 죽은 후 묘지에 매장을 할 당시 “오빠! 오빠!” 하며 슬피 울어 거기에 참석했던 제자들의 기억에 남아 있다. 막내는 남자였는데 그에 대해서는 알려진 바가 없다. 박홍규는 평소에 그에 대한 언급을 회피했다고 한다. 왜 그랬는지, 무슨 숨길 만한 비밀이 있었는지는 알 수가 없다. 다만 6 · 25때 인민군으로 잡혀 갔다가 죽었다는 풍문을 들었다는 이야기만 전해진다.

둘째아들이었던 홍규는 어렸을 때부터 동네의 괴짜로 알려졌던 모양이다. 서방소학교(수창초등학교)를 거쳐 광주서중학교 2학년 때에는 가출하여 일본에 간다고 밀항선을 탔다가 잡혀 온 적이 있었다.[1] 왜 가출을 했고 왜 일본에 가려 했는지는 알려진 바가 없다. 아마도 상당히 반항적인 사춘기를 보낸 것이 아닌가 싶다. 그도 그럴 것이 바로 그 2학년 때, 반에서 "일본은 지금 벚꽃이 피듯이 흥하고 있지만, 바로 그 벚꽃이 지듯이 한꺼번에 망하고 말 것이다"라고 말하여 정학을 당했다. 어린 소년으로서는 상당히 논리적인 판단이라 할 수 있는데, 아마도 박홍규의 철학적 자질을 보여주는 일화가 아닌가 한다. 그 길로 중앙중학교가 좋다는 말을 듣고 서울로 올라와 현상윤이 교장으로 있던 중앙중학교에 다녔다. 박홍규에 의하면 중앙중학교가 조회를 조선말로 하니 좋다는 것이다. 그러나 그는 학교를 꾸준히 다닌 것이 아니라 나갔다가 놀다가 제멋대로 다녔다. 교장인 현상윤은 직접 박홍규에게 자기가 다닌 와세다대학에 갈 것을 권했다고 한다. 그리하여 1937년 학교 졸업을 1년 앞두고 미리 시험을 봐서 와세다대학 제1고등학교에 합격했다. 이때 고등학교는 대학의 예과에 해당하는 것이었다. 학교도 제대로 다니지 않은 그가 졸업 1년 전에 예과시험에 합격했다니 공부는 상당히 잘한 것이 분명하다. 박홍규는 나중에까지 와세다대학에 대해 어느 정도 자부심을 가졌던 것으로 보인다. 이태수에 의하면 박홍규가 서울대학교에서 강의할 때 동경제대 같은 제국대학들은 관료주의적인 반면 와

1 박홍규의 생애에 대한 이야기들은 주로 그의 아들 박종면 씨와의 인터뷰(2010. 8. 30.)에 힘입은 바 크다. 이 자리를 빌어 그에게 감사하는 동시에 사모님 살아계셨을 때 증언을 채취했으면 더 좋았을 것이라는 아쉬움도 표현해 본다.

세다대학은 자유로운 학교였다고 회상을 한 것으로 기억하기 때문이다.[2]

아무튼 당시의 와세다대학 예과 3년은 오직 외국어 공부만 시킨 모양이어서 예과 3년을 마친 그의 외국어 실력은 어느 과에 가도 뒤지지 않고 공부할 수 있을 정도였다. 지금까지는 그가 영문학과에 진학했다고 알려져 있었으나 박종면 씨의 증언에 따르면 1940년 법학부에 진학했다고 한다. 그리하여 나중에는 법학부 조교로 교수(一又正雄)와 함께 그로티우스의 『전쟁과 평화의 법』을 번역하였다. 와세다대학을 다닐 당시의 정확한 연보는 현재로서는 불분명하다. 하여간 법학은 그의 적성에 맞지 않았다. 그는 다음 해에 다시 철학과에 들어갔다. 그럴 수 있었던 배경은 예과에서의 어학 교육 덕분이었다. 더군다나 그 사이에 그는 아테네-프랑세에서 불어를 배우고 상지대학 독어과에서 독어를 배웠다. 그런 어학 실력을 가지고 와세다대학 철학과에 다닌 것은 분명한데 거기서 무엇을 배웠는지 또한 불분명하다. 철학과에 다니면서 다시 아테네-프랑세에서 희랍어와 라틴어를 배웠고, 그 사이 칸트, 헤겔, 하이데거, 야스퍼스, 하르트만 등을 수학하였으며, 토마스 아퀴나스의 『신학대전』으로 졸업 논문을 썼다고 알려져 있다. 하여간 박홍규가 철학에 입문한 것은 일제 말기의 일본에서였고, 일본 자체가 독일철학 이외에는 잘 모르던 시대에 박홍규는 특이하게도 희랍철학과 프랑스철학을 공부했다고 할 수 있다. 그 나이에 도대체 무슨 생각으로 그랬을까? 한

2 이태수와의 인터뷰, 2010. 11. 19.

가지 단서는 있다. 앞에서 언급했듯이 중학교 때 벌써 일본의 패망을 언급했다는 것은 그가 어린 시절부터 식민지 시대의 모순에 괴로워했음을 말해 준다. 그는 철들면서부터 왜 나라를 빼앗겼느냐는 질문을 했을 것이고, 그 의문은 자연 서양이란 무엇인가 하는 것으로 옮겨갔을 것이다. 당시의 지배자인 일본의 힘의 핵심이 서양으로부터 왔다는 것은 누가 봐도 명백했기 때문이다. 서양의 원천이 희랍과 기독교임을 어렵잖게 파악한 그는 그 양대 원천에 대한 연구를 병행하면서도, 특히 서양 학문의 원천인 희랍 정신의 연구에 심혈을 기울였던 것으로 보인다. 그리고 그렇게 공부한 희랍철학의 핵심에서 바라보았을 때, 서양철학의 주류는 곧바로 베르크손으로 연결된다는 것이 파악되었을 것이다. 이것은 물론 필자의 추측이다.

한 철학자의 지적 모험의 역정을 제삼자가 추측하는 데에는 항상 위험이 따른다. 그런 외적인 이유 말고도 순수하게 철학 내적인 탐구의 순서를 따르다 보니 그런 결과가 나왔을 수도 있다. 어쨌든 그의 선택은 당대로서는 매우 특이한 것이었는데, 놀라운 것은 그 특이한 선택이 바로 서양철학사의 핵심을 찌르는 것이었다는 점이다. 철학을 개인의 인생관쯤으로 아는 사람들이나 "철학자의 수만큼의 철학이 있다"고 생각하는 사람들의 입장에서야 왜 유독 희랍과 프랑스철학만 철학이냐고 반박할지 모른다. 그러나 철학이 학문인 이상 마음대로 아무 철학이나 만들면 되는 것이 아니고, 철학이 철학 아닌 것과 구별되는 그것의 핵심은 존재하며, 박홍규는 거기를 찌르고 들어갔다. 그것은 서양철학 전체를 한눈에 내려다볼 수 있는 정상으로 통하는 길이었으며, 박홍규 자신이 최고의 형이상학자로 생각하는 플라톤이나 베르크손과 대등한 정신적 높이를 획득하는 길이었다. 플로티노스(Plotinos)마저도 그에 비하면 오류투성이였다! 서양철학을 수용한 지 채 백년도 안 된 상태에서, 그것도 주변의 다른 학문들이 파행을 면치 못하고 있을 때 이런 철학자가 나왔다는 것은 경이로운 일이라 할 수밖에 없다.

철학과를 졸업하고 법학부 조교를 하고 있을 때 태평양전쟁이 전 일본을 휩쓸었다. 그때 그는 배급을 타기 위해 공장에서 일하기도 했다. 이때의 일은 그의 「플라톤과 전쟁」[3]이라는 강의에 자세히 나와 있다. 아마도 동경 대폭격 때의 이야기 같은데 동경 전체가 불바다가 되고 모든 집들이 다 무너져 허허벌판이 되었던 때를 이야기하고 있다. 거기서 그는 배고픔을 비롯한 온갖 고초를 겪다가 귀국했다. 귀국 당시 그는 26세의 젊은 청년이었는데 당시의 일은 별로 알려진 것이 없다. 다만 곧바로 경성치과대학에서 불어 강사가 된 것 같다. 어떤 경로를 통해 그렇게 되었는지는 알 수 없으나 당시의 한국 상황으로 보아 박홍규 정도의 학력으로는 그리 어렵지 않은 일이었을 것이다. 지금까지는 곧바로 서울대학교 철학과 교수가 된 것으로 알려졌으나 그렇지는 않았고 상당 기간을 치대 강사로 활동한 것 같다. 이때의 강사라는 것은 오늘날과 같은 사회적 약자가 아니고 앞으로 당연히 교수가 될 사람이 하는 것이었다. 그가 철학과 교수로 된 것은 1950년대 후반이었던 것 같다. 박종현의 증언에 따르면 1955년 그가 서울대학교에 입학하고 군대에 갔다 왔을 때 박홍

3 『형이상학 강의 2』, 「플라톤과 전쟁」, 민음사, 2004, 168-224쪽.

규가 불문과에서 철학과로 자리를 옮겼다고 한다.[4] 서울대학교에는 당시의 박홍규의 경력에 대해 보존된 기록이 없다. 알려진 사실에 근거하여 추측해 보면 귀국 후 바로 경성치대에서 불어 강사를 하던 박홍규는 몇 년 후 불어과 조교수가 되고 1955년 이후 철학과 교수로 된 것이 아닌가 한다. 그 사이에 박홍규는 1949년에 결혼을 하고, 1950년에는 한국전을 겪는다.

1949년은 박홍규가 30세 되던 해였는데 19세의 현영오와 중매결혼을 한다. 현영오는 공부보다는 운동을 즐기던 활달한 처녀였는데 당시 전라도 지방의 거부였던 현준호의 딸이었다. 부잣집이었음에도 불구하고 집에서는 딸을 대학에 보내지 않았다. 그녀는 박홍규가 공부를 많이 한 사람이라 마음에 들었다고 한다. 제자들에게는 주로 사모님이 선생님을 구박하는 광경이 기억에 남아 있는데 제자들은 역시 훌륭한 철학자가 되려면 크산티페를 아내로 두어야 하는구나 하고 웃었다. 그러나 역시 부인은 남편에게 쌓인 것이 많았는지 나중에 돌아가실 때 임박하여 남편이 불쌍하니 같이 묻히겠다고 했다가 6개월 전부터는 그러지 않겠다고 해서 자식들은 결국 화장을 하고 유골의 40%는 남편의 묘 주변에 뿌리고 나머지는 부친 곁에 뿌렸다고 한다.

사람들은 박홍규의 장인에 대하여 여러 말을 하고 싶을 것이다. 일제 때 그렇게 부자였으니 당연히 친일파가 아니었겠느냐고. 사실 그는 김성수와 함께 호남의 양대 부자 중의 하나였다. 그러나 부자

---

4 박종현, 「소은 박홍규교수의 학자됨과 학문」, 『철학논구』 8집, 1980.

라고 다 친일파라는 식의 생각은 박홍규의 사고방식이 아니었다. 현준호는 유명한 창평의숙 출신인데, 그곳은 임진왜란 때 의병장 고경명의 후손들(창평 고씨)이 세운 학교로 김성수 · 김병로 · 송진우 · 백관수 등이 우국충정을 키우던 곳으로 알려져 있다. 현준호가 세운 호남은행(조흥은행의 전신)의 근본정신도 첫째, 은행에서 일본어를 사용하지 않는다, 둘째, 일본인 직원을 채용하지 않는다, 셋째, 일본인 및 일본 단체에 일체 융자를 하지 않는다는 것이었다. 그로 말미암아 일제의 탄압이 가해져 1942년에는 흑자가 나던 은행이 동일은행에 강제 합병을 당했다. 게다가 그는 창씨개명을 끝까지 하지 않은 사람이었다. 다만 그가 중추원 참의로 일제에 많은 기부를 한 것은 사실인데 그것도 일제의 강압에 의한 것이며, 중추원 참의는 방패막이할 사람도 필요했기 때문이라고 나중에 항의한 적이 있다. 현준호를 어떻게 판단하건 각자의 몫이다. 그러나 박홍규는 천편일률적으로 일본을 싫어한다거나 일본을 좋아하는 종류의 사람이 아니었다. 그것은 조선의 역사나 군사정권에 대한 판단에서도 마찬가지였다. 구체적 예와 여러 측면을 보고 판단하는 사람이었다. 가령 조선 선비들의 귀족적 가문주의는 싫어했지만 그들의 예법의 규칙성은 좋게 평가했다. 군사정권의 독재성은 싫어했지만 한국 사회에 절도를 도입한 것은 좋게 평가했다. 일제를 싫어했지만 일본 무사들의 공정성과 일본 문화의 규격성을 좋아했다. 그러므로 박홍규의 결혼을 놓고 장인이 친일파네 아니네를 따지는 것은 그의 이와 같은 사고방식에서 보면 타당하지 않다 할 것이다.

6 · 25는 박홍규에게 매우 강렬한 흔적을 남겨 놓았다. 아내가 임

신을 하고 있는 중에 발발한 전쟁은 그를 우선 엄청난 생활고에 빠지게 했다. 당시 삼선교에 살던 그는 호기심이 발동하여 인민군의 서울 입성을 구경하러 나가기도 했는데, 한줌의 군사에 민심이 금방 바뀌는 것에 놀라워했다. 어제의 그 사람이 오늘 180도 바뀌는 것을 보고 사람은 전쟁이 나봐야 어떤 사람인지를 알 수 있다고 생각하게 되었다. 그런데 임신 중의 아내가 원인 모를 열병에 걸려 페니실린을 구하러 다니지 않을 수 없었고, 식량을 구하러 포천까지 가야만 했다. 그러다 두 번이나 인민군에게 잡히는 신세가 되었다. 그러나 아직 허술했던 인민군 체제라 한 번은 수송 트럭에서 뛰어내려 도망쳤고, 한 번은 수용소에서 만난 아는 사람(인민군)이 구해 줬다고 한다. 그러다가 9 · 28 수복 이후 광주를 거쳐[5] 부산으로 피난을 간다. 부산에서는 온 국민이 겪던 피난살이의 고달픔을 고스란히 당해야 했다. 전쟁의 후유증은 그에게 잠을 못 자게 하고 잠만 자면 악몽을 꾸는 상태로 몰아넣었다. 그래서 전쟁이 끝난 후에도 한참 동안을 강의도 못하는 상태가 되었다.

사실 박홍규는 그렇게 건강한 편이 아니었는데 항상 위장이 좋지 않아서 부인에게 자주 밥을 끓여달라고 부탁했다고 한다. 아마 밥을 끓여서 죽과 같은 상태로 먹은 것 같다. 그 이후에도 간이 좋지 않아서 항상 자리를 펴고 누워서 배를 뜨듯하게 했다. 그러나 결국은 간이 점점 나빠져 간경화로 되고 나중에는 간경화가 직접적 사인

5 김남두는 서울대 서양사학과의 나종일 교수로부터 6 · 25때 광주에서 박홍규와 함께 괴테의 『파우스트』를 독일어로 읽었다는 이야기를 들었다(김남두와의 인터뷰, 2010. 12. 28.).

이 되었다. 술도 담배도 하지 않는 사람이 간경화로 죽다니 하고 제자들은 어이없어 했는데, 아마 약을 너무 많이 먹어서 그런 건 아닐까 하고 의심하기도 했다. 이것은 그의 아들도 같은 생각이다. 그만큼 박홍규는 약을 좋아했다. 사실 그는 한약(특히 녹용) 때문에 간이 나빠졌다고 생각한 것 같다. 김남두에게 간 나쁜 이야기를 하던 중에 "술 먹지 말고, 한약을 조심하게!"라고 말했다는 것을 봐서 그렇다.[6] 한약은 구체적으로 어디에 좋고 어디에 나쁘다고 정해진 것이 없고, 아마도 양의가 녹용은 간에 나쁘다고 말했기 때문에 그렇게 말한 것 같다.

전쟁 이후 50년대 후반부터 그는 줄곧 서울대학교 철학과 교수로 활동했다. 위에서 잠시 언급했듯이 50년대 초반까지는 거의 강의실에 나타나지 않았지만 그 이후(즉, 1950년대 후반)에는 충실히 강의를 했다. 박종현의 증언도 그것을 말해 주고 있고("그 기나긴 3시간의 강의를 꼬박 채우면서 이제는 오히려 학생들을 다그치는 게 아닌가!"), 이태수의 기억으로도 충실한 강의였다는 것이다. 다만 당시의 분위기상 데모 때문에 5월 정도면 종강을 했고 2학기 때도 10월 정도면 강의를 할 수 없는 지경이 되었다. 하여간 일반적으로 알려져 있듯이 그는 강의를 하지 않았던 쪽이 아니라(물론 6·25 직후에는 그랬지만) 시간을 넘겨 강의하는 쪽이었다. 또 학부 강의는 빨리 끝났지만 대학원 강의는 주로 집에서 희랍어나 라틴어 책을 강독하는 것이었는데, 그것은 한 주도 빠지지 않고 충실하게 강의했다.

---

6 김남두와의 인터뷰, 2010. 12. 28.

강의실에서 박홍규는 무엇보다도 멋있었다. 오늘날 남아 있는 사진으로 그의 아름다움이 잘 전해질지는 의문인데, 박홍규의 얼굴은 분위기 있는 얼굴이었고 여간 잘 찍는 사진사가 아니면 잘 잡아낼 수 없는 것이 바로 그 분위기이기 때문이다. 쌍꺼풀이 없으나 형형한 눈과 날카로운 코, 그리고 단호한 입술은 두 손으로 머리를 쓸어올릴 때 특히 학자다운 풍모와 부드러운 균형을 보여준다. 목소리는 카랑카랑하고 높았으며 전라도 사투리가 많이 섞인 말투였는데 학생들은 그의 말의 내용을 다 알아듣지는 못 했지만 뭔가 매우 중요한, 그리고 듣고 싶은 이야기를 해주는 듯한 묘한 매력에 빨려 들어가곤 했다. 철학사 강의의 교재로 김계숙 교수의 『서양철학사』를 썼는데, 죽 읽다가 "이건 틀렸네!" 하고 그 이유를 설명해 주는 방식으로 진행되었다. 책이 틀렸다니 학생들에게는 기가 막히는 일이었다. 그 당시의 교수는 지금과는 비교도 안 되는 권위를 가지고 있었는데, 유명한 잡지나 글을 쓸 만한 지면들은 모두 교수들이 채우고 있었기 때문이다. 그러나 실상은 우선 외국 서적을 읽을 줄 알면 상당한 수준에 달한 교수라 할 수 있는 지경이었다. 교수들이 주로 의존하던 것은 일본 서적이었다. 게다가 한 철학자의 철학 내용을 통달한다는 것은 매우 어려운 일이었다. 그런 상황에서 박홍규는 외국어, 즉 영어 · 불어 · 독어 같은 서양 언어는 물론 희랍어 · 라틴어까지 통달한데다가 여러 철학자들의 철학을 꿰뚫고 있었다. 이태수는 원래 니체를 좋아했는데, 대학교에서 니체에 관한 이야기를 처음 들은 것이 박홍규로부터였다고 한다. 독일철학을 한다는 교수들이 몇 있었지만 정작 니체에 대해 알고 있는 사람은 박홍규밖에 없었다는 얘기다.

어떻게 이런 일이 가능했을까? 철학에서는 특별한 방법이 없다. 열심히 공부하는 것밖에. 물론 그가 언어에 대한 자질이 뛰어나다는 것은 인정해야 할 것이다. 외국이라고는 일본밖에 가 본 적이 없는 사람이 어떻게 그 많은 언어를 다 습득할 수 있었을까? 지금 생각하면 놀라운 일이 아닐 수 없다. 더구나 일본인들이 외국어에 서툴다는 것은 다 알려진 사실이다. 그런 일본에서 그 언어들을 다 배웠다니! 그중에서도 가장 놀라운 일은 희랍어를 습득한 것이다. 아테네-프랑세에서 배웠다고 하나 희랍어가 1, 2년으로 배워지는 언어인가? 그것을 그는 거의 독학으로 습득한 것이나 다름이 없다. 아무도 공부하지 않는데 혼자서 한다? 이것은 말처럼 쉬운 일이 아니다. 초인적인 의지가 필요한 일이다. 더구나 희랍어는 라틴어처럼 그렇게 완벽하게 정리된 언어가 아닐 뿐 아니라 정리된 문법 자체도 복잡하다. 그러므로 오늘날까지 희랍어는 배우기 어려운 언어로 남아 있다. 만약 박홍규가 희랍어를 공부하지 않았다면 지금까지도 한국에서 희랍어를 배우려는 자가 있었을런지 의문이다. 이미 터득한 사람이 있었기 때문에 그 제자들이 배우는 것이지 그가 없었다면 그 이후도 없다고 해야 할 것이다. 그러니까 희랍어 하나만 가지고도 박홍규는 민족의 지적 지평을 넓힌 역할이 지대하다 할 것이다.

아들에 의하면 박홍규가 한 일에 대해서는 세 가지 기억밖에 없다. "공부, 잠, 산보." 이 세 가지를 밤도 낮도 없이 했다고 한다. 밤늦게건 새벽이건 일어나면 공부하고, 몸이 찌뿌듯하면 산보하고, 피곤하면 잠자고. 그러니까 잠자는 시간을 제외하면 공부 아니면 산보를 했다는 것인데, 산보는 한두 시간 하는 때도 있고 다섯 시간 정도 하는 때도 있고 대중이 없었다고 한다. 산보는 주로 등산을 하거나 시내 여러 곳을 돌아다니거나 했는데, 길을 모르면 물어보았을 것이고 물어보는 것도 자세히 따지듯이 물어보니까 간첩이 아닌가 의심받을 때도 종종 있었다고 한다. 그는 매우 호기심이 강했는데 앞에서도 언급했듯이 6 · 25때도 인민군을 보러 나갔다는 이야기가 「플라톤과 전쟁」에 실려 있고, 이슬람 사원을 보러 이태원에 간 이야기도 어딘가에 나온다. 등산은 아마도 6 · 25 이후 불면증에 시달릴 때 그것을 극복하기 위해서 시작한 것 같고, 효과도 본 것 같다. 결국 건강을 위한 것을 제외하면 산보도 세상에 대한 호기심을 만족시키기 위해 한 것이니까 철학과 마찬가지로 지적인 만족을 위해 실행된 것이고 결론적으로 그는 자고 일어나면 지적인 호기심을 충족하는 일을 계속한 것이다. 그는 친구도 거의 없고 계속해서 공부만 했다. 그것은 생애 후반부까지 계속된 것으로 보이는데, 한평수[7]에 따르면 1980년대 초 박홍규의 집으로 세배를 하러 갔다가 공부할 시간이라고 문전박대를 당하고 돌아오면서 제자들끼리 기분이 좋아 웃었다고 한다.

그렇게 열심히 공부한 그도 1960년대 초반까지는 아까 말한 것처럼 교재를 읽다가 주석을 해야 할 일이 있으면 주석하고 하는 방식으로 강의를 진행한 것으로 보인다. 그러나 60년대 후반(박홍규의 40대 중반)부터는 길게 자신의 생각을 이야기하는 방식으로 강의

7 한평수는 75학번의 철학과 졸업생으로 지금은 인하대 철학과 교수이다.

방식이 바뀐 것 같다. 66학번인 김남두가 들은 강의는 길게 이야기하는 방식이었기 때문이다. 지금 남아 있는 글에서도 1959년 대학신문에 쓴 「고대철학과 근대철학」[8]에 이미 박홍규적 사유의 단초가 보인다. 그러니까 40세가 되던 1959년에는 이미 박홍규적 철학이 시작되었고, 40대 후반에는 그에 기반을 둔 강의가 시작되었다고 보아야 할 것이다. 그의 강의는 봇물 터지듯이 솟아나온다는 느낌을 주었고, 1970년대 초반에 중세철학에 대한 강의를 들은 이정호에 따르면 한 시간의 강의가 끝났을 때 강의를 듣던 학생들이 모두 박수를 쳤다고 한다. 또 1970년대 후반에 강의를 들은 최승환[9]에 따르면 학생들끼리 귓속말로 "보석 쏟아진다. 쓸어 담아라"고 했다고 한다.

공부만 한 그가 관심을 가진 것이 하나 있었으니 그것은 제자들에 대한 관심이었다. 박홍규에게는 '박홍규 사단'이라 이름붙일 만한 수의 제자들이 있었고 다른 것에는 관심을 두지 않아도 제자 키우는 데는 굉장히 열정적이었다는 것으로 알려져 있다. 그러나 그것은 자기편을 많이 만드는 식의 세속적인 제자 사랑이 아니었다. 박홍규의 후임으로 서울대학교 교수가 되었고 제자들 중 가장 사랑을 많이 받은 것으로 알려진 이태수는 우연한 기회에 친구 윤구병이 라틴어를 공부하는 것을 보고 같이 공부하게 되었다고 한다. 그러던 차에 어디서 소문을 들었는지 박홍규가 어느 날 "자네, 라틴어

---

8 박홍규 전집 1 『희랍철학 논고』에 실려 있음.

9 최승환은 76학번의 철학과 졸업생으로 지금은 경희대 법대 교수이다.

공부하러 오게!" 하고 한마디했다. 당시 교수들은 학생의 이름을 알아도 모르는 척하기 일쑤였고, 박홍규 역시 학생들에게 살가운 교수는 아니었다. 그러나 학생들이 무엇에 관심이 있는지를 예의주시하고 있었음이 분명한 것이 바로 그 한 마디로 드러난다. 그리고 그런 말을 들은 학생은 매우 기뻤을 것이다. 이태수는 그 이후로 줄곧 일 주일에 한 번씩 박홍규의 집(삼선교)으로 가서 라틴어 문헌을 읽었다. 루크레티우스를 거쳐 키케로까지 계속 읽게 되었는데 나중에는 일주일에 두 번씩 가게 되어 그것을 준비하느라 모든 시간을 바치게 되었다. 그때 같이 라틴어 문헌을 읽던 사람 중에는 김우창 교수도 있었다. 그런데 묘한 것은 가장 아끼는 제자로 알려진 이태수에게도 집안 사정이라든지 개인적 이야기는 한 번도 한 적이 없었다는 것이다. 나중에 독일 유학 중에 편지가 몇 차례 오간 것 이외에는 아무런 개인적 대화도 없었다고 한다.

그것은 박홍규가 서울대 교수로 끌어간 김남두의 경우도 마찬가지이다. 김남두는 학부 때 형이상학 강의를 듣고는 자기가 듣고 싶었던 이야기를 한다는 느낌을 받았다. 그 후 박홍규 밑에서 공부하기 위해 대학원에 진학하기로 결심했는데 그때에는 전 세대와는 다르게 대학원에 진학한 학생이 6명이나 되었다. 그중 세 명, 즉 김남두, 김진성, 그리고 늦게서야 대학원에 진학한 윤구병이 모두 지도교수로 박홍규를 써 내었다. 어느 교수님이 김남두를 불러서 교수 일인당 학생 2명밖에 지도할 수 없으니 지도교수를 바꾸라고 했다. 김남두는 지도교수가 호떡 뒤집듯이 바꿀 수 있는 거냐며 잘못된 것은 제도이니 자기는 바꿀 수 없다고 대답하고 나왔다. 그리고는 대학원에서 줄곧 박홍규의 강의를 들었는데 그도 역시 독일 유학 중 편지로 지도교수의 결정이나 논문의 주제가 되는 플라톤의 대화편을 정하는 내용을 주고받았을 뿐 그 이상의 개인적인 이야기는 없었다고 한다.

그는 어떤 개인적인 친분이나 감정에 의해 제자를 끌어들이는 것이 아니라 오직 철학의 내용에 의해 그들이 끌리면 오는 것이고 아니면 아니라는 식이었다. 또 위의 두 예에서 드러나듯이 어떤 자리를 약속한 적도 없다. 물론 서울대학교로 끌어간 두 제자에 대해서는 힘을 쓰지 않았다고 할 수는 없지만 그 이전에 그에 대해 약속을 하거나 그 일을 얘기한 적이 없다. 박홍규의 제자들은 비교적 대학에 자리를 잘 잡은 셈인데 단 한 곳도 박홍규가 부탁을 하거나 힘쓴 적이 없다. 그는 그런 일에는 영 젬병인 사람이었다. 다만 공부를 열심히 한다는 그의 명성에 덕을 본 경우는 있을 것이다. 박홍규의 제자라 하면 왠지 공부를 열심히 할 것 같은 느낌을 주었던 것은 분명하다. 이것은 사실 매우 중요한데 왜냐하면 그 이전에 희랍철학을 잘 모르던 사람들은 희랍철학은 그냥 혼자 개론서로 떼고 강의할 수 있을 정도만 공부하면 된다고 생각했기 때문이다. 그런 생각을 돌려놓은 사람이 다름 아닌 박홍규이다. 그러니 그가 없었다면 아마 아직도 한국의 대학에서는 희랍철학을 전공하는 사람이 한 명도 없었을지 모른다. 그렇다면 그것은 한국의 대학이 철학의 기본도 모르고 있다는 이야기가 된다. 으스스한 이야기이다.

친분이나 감정은 완전히 뺐지만 관심이 있는 학생이 있으면 슬쩍, 약간의 관심만 표명하면 그들은 대부분 끌려왔다. 왜냐하면 그 이전에 이미 자신에게 감복하고 있었기 때문이다. 학생들이 감복하고 있느냐 아니냐는 수업 중의 그들의 태도를 보면 안다. 아무리 좋은 이야기를 해도 관심이 없는 학생이 있고 암시만 해도 알아차리는 학생이 있다. 철학과 학생들은 그런 약간의 관심의 표명만으로 끌려오지만 다른 과 출신들은 조금 달랐다. 필자의 경우가 바로 그 경우인데 필자는 법대에 다니다가 대학원을 철학과로 진학했다. 그때는 박홍규의 이름도 몰랐고 개인적으로 가지고 있던 문제가 존재론적인 문제였기 때문에 아무 망설임 없이 존재론을 담당하시던 소광희 선생님을 지도교수로 지망했다. 그래서 열심히 하이데거의 『존재와 시간』을 읽고 있었는데, 대학원의 교과과정이 있었기 때문에 다른 강의도 들어야 해서 프랑스어를 좋아한다는 이유로 박홍규의 『창조적 진화』 강독에 참여하게 되었다. 그런데 첫 시간부터 가슴이 뻥 뚫리는 것 같았다. 다른 학생들과 마찬가지로 "내가 듣고 싶던 이야기이다!" 하고 생각한 것이다.

그 이후로는 대학원 내내 열성적으로 강의에 참여했는데 대학원 학기가 거의 끝나갈 무렵 과 사무실에서 필자를 찾는다는 것이었다. 가보니 사환이 책이 든 봉투 하나를 내밀며 박홍규 교수님께서 필자보고 그걸 집으로 가져다 달라고 시켰다는 것이다. 다른 지도 학생을 시켜도 될 텐데 행정적으로 아무 상관이 없는 필자에게 왜 이런 심부름을 시키시나 의혹 반 기대 반으로 반포에 있는 댁으로 갔다. 사실 기대할 것이 전혀 없었는데 무슨 까닭으로 기대를 가졌는지 모르겠다. 그것은 어떤 묘한 설렘이었다. 나중에 사회심리학 책을 읽고서야 어떤 사람의 심부름이나 일을 해주면 오히려 그 사람을 더 높이 평가하게 된다는 것을 알았다. 선생님께서 그런 생각까지 하셨는지는 모르겠으나 하여간 댁에 도착하니 사모님께서 저쪽 방에 계신다고 안내를 해주셨다. 그 방으로 들어가니 선생님은 자리를 펴고 누우셔서 다리미를 배에 올려놓고 계셨다. 나중에는 건강이 안 좋으셔서 그런 줄 알았지만 당시로서는 아무것도 몰랐던 필자는 그 광경에 약간 놀랐다. "책을 가져왔습니다" 하니 "거기 놓게" 하시더니 한참을 다리미로 배를 다리셨다. 그러시더니 낮은 목소리로 말씀을 하셨는데 지금 기억나는 것은 딱 한마디 말씀이었다. "고전을 한다는 것은 가시면류관을 쓰는 것이야." 그러니까 필자보고 고전을 하라는 말씀이었다. 그 말에는 도저히 거부할 수 없는 어떤 힘이 있었다. 지금 생각해 보면 이것은 교수 사회의 '상도덕'에 위배되는 행위였다. 다른 교수의 지도하에 있는 학생에게 그것을 그만두고 내 것을 하라는 이야기이니 있을 수 없는 일이었다. 그때 필자는 지도교수를 선택하는 것은 학생의 권리라고 생각했다. 그리하여 주저 없이 박홍규의 말에 따랐다. 물론 상황도 도와주었다. 만약 한국에서 계속 박사과정을 공부했다면 보통 심각한 문제가 아니었을 텐데, 프랑스로 유학을 가게 되었고 거기서 하이데거는 "안녕!" 하고 플라톤을 공부하게 되었다. 지금 이러한 선택에 아무런 후회는 없다. 그러나 아직도 소광희 선생님을 뵐 때마다 죄송한 마음을 누를 수가 없다. 선생님께서야 물론 필자 같은 학생 하나쯤이야 추호도 신경 쓰시지 않으셨겠지만 필자 자신 선생이 되고 학생들을 가르쳐 보니 같은 일을 당했다면 얼마나 큰 심적인 타격이 올지 알 수 있게 되었다.

그렇다면 박홍규는 욕먹을 짓을 한 것인가? 아니다. 그로서는 한 학생을 구원한다고 생각했을 것이다. 철학을 제대로 하는 길이 있고, 그것을 그는 보았고, 그 길로 학생을 인도한 것이다. 그것은 마치 전도사가 전도를 하는 것이나 비슷한 것이다. 이 길로 들어와 보면, 아니 원래부터 철학하는 방법대로 철학해 보면, 그러니까 이성의 가장 이성적인 길로 사유해 보면 이 길의 진실됨을 보게 될 것이었다. 예수님이 삶의 진리였다면 플라톤은 철학의 진리였다.[10] 고전을 하면 가시면류관을 쓴다는 말씀도 고전을 하면 재미있는데 왜 가시면류관이라 하시나 당시에는 잘 이해하지 못했다. 그러나 세월이 지나고 보니 참으로 옳으신 말씀이었다. 요즘 같은 세상에는 인기 있는 철학자에 대해 많은 글을 써야 학문도 높은 사람이라고 칭찬을 받는다. 그런데 고전을 공부하고 나면 인기 있는 철학자라는 사람들이 얼마나 터무니없는 말을 하고 다니는지 그 한계가 보이고, 또 아무 글이나 마구 써서는 안 된다는 마음도 생기게 된다. 그러니 고전을 한다는 것은 아무도 몰라줘도 묵묵히 자신의 갈 길을 가야 하는 것이다. 공자님이 벌써 "인부지이불온(人不知而不慍)이면 불역군자호(不亦君子乎)아"라 하셨지만 그게 그리 쉬운 일이 아니다. 그러니 가시면류관일 수밖에! 사실 필자는 결코 박홍규 밑에서 논문을 지도받은 적이 없다. 그럼에도 불구하고 떳떳이 박홍규의 제자라 말할 수 있는 것은 그의 방법으로 읽은 플라톤을 주제로 박사논문을

10 이 말은 플라톤만이 진리라거나 "플라톤이 모든 진리를 말했다거나 플라톤 말이 모두 진리라는 말이 아니다." 다만 철학의 방법은 플라톤을 따라야 한다는 말이다. 따옴표 속의 말은 박홍규가 직접 한 말이다.

썼기 때문이다. 플라톤에 대해 논문을 쓰는 방법은 여러 가지가 있다. 분석철학적 관점에서 쓸 수도 있고, 독일 관념론적 관점에서, 하이데거적인 관점에서, 현상학적 관점에서, 포스트-모더니즘적인 관점에서 쓸 수도 있다. 그런 관점에서 써야 더 독창적인 논문이라 칭찬받을 것이다. 그러나 필자의 관점은 그런 것 다 아니고 오직 플라톤의 관점에서 플라톤을 읽은 결과를 쓴 것이었다. 그것은 어찌 보면 가장 당연한 방법이었고, 가장 전통적인 방법이었다. 그러니까 그것이 가장 독창적이기 어려웠고, 가장 쓰기 어려운 방법이었다. 그러나 필자에게는 선도자가 있었고 그렇기 때문에 꿋꿋이 밀고 나갈 수 있었다.

이상의 이야기는 그래도 좋게 끝난 일이고 그렇지 않은 일도 있었다. 그것은 이남인 교수의 일이다. 이남인 교수가 학생 때, 아마도 대학원 때의 일이었을 것이다. 과 사무실에서 책을 읽고 있는데 박홍규가 들어왔다. 무슨 책을 읽나 보다가 후썰(Edmund Husserl)의 책인 것을 알고 그건 읽어야 소용이 없다고 마구 야단을 쳤다. 이남인은 아닌 밤중에 홍두깨 격으로 멍하니 당하다가 물러났다. 그 일이 있은 후 지금까지도 이남인의 박홍규에 대한 감정은 그리 좋지가 않다.[11] 책을 읽는 학생에게 갑자기 야단을 치니 그 학생이 좋게 받아들였을 리가 없다. 그러나 지금 생각해 보면 그것은 대단한 사랑의 표현이었다고 감히 짐작해 본다. 박홍규는 공부를 별로 못 하는 학생에게는 관심이 없다. 그러나 이남인같이 똑똑한 학생이 후

11 이 선생, 미안하오! 이 선생은 당한 쪽이니까 괜찮을 거요!

썰을 보고 있으니 화가 난 것이었다.

제삼자가 보면 박홍규는 독단적인 면이 없다고 할 수 없다. 그는 항상 "철학은 외우고 다녀야 소용없어!" 하고 말했지만 가령 베르크손의 『물질과 기억』 같은 책은 통째로 외워야 된다고 말하곤 했다. 이것이 모순된 일일까? 아니다. 철학은 항상 독립적으로 생각해야 하는 학문이다. 거기에 정해진 일은 없고 무조건 외워야 할 것은 없다. 그러나 아무리 철학이라도 무턱대고 하는 것은 아니다. 거기에도 원칙은 있고 정해진 일이 있다. 가령 사실에 부합해야 한다는 것이 그것이다. 다른 말로 하면 진리이어야 한다는 것이다. 물론 현대 철학 중에는 사실이라는 것이 어디에 있으며 진리라는 것이 어디에 있느냐는 철학도 있다. 그러나 그러한 주장을 하려면 그 주장이 맞아야 한다. 진실로 사실이 없으며 진리도 없어야 한다. 그렇다면 그 주장 자체도 사실이나 진리가 아닐 것이고, 그러한 주장은 자기 모순적인 것으로 스스로 붕괴되는 주장이다. 이것은 사실 2,600년 전에 소크라테스가 중구난방으로 떠드는 소피스트들을 상대로 확립한 원칙이다. 오늘날에도 철학을 하는 한 이 원칙에서 벗어날 수가 없다. 그런 것도 모르고 철학을 하니 방금과 같은 현대 철학의 주장도 있고 박홍규가 화를 내는 것은 그런 얼토당토않은 주장에 대한 것이다.

사실 이 문제에 대해서는 재미있는 일화가 하나 전해진다. 김남두가 학부 때 박홍규는 칠판에 "실용주의는 철학이 아니다"라고 쓰고 강의를 한 적이 있다. 김남두는 그 구체적 내용이 무엇이었는지는 기억을 못 하지만 그렇게 강의한 사실은 분명히 기억한다. 박홍규의 실용주의에 대한 평가가 어땠는지는 그 이후에 강의를 들은 학생들은 다 아는데 그것은 철학이 아니라는 평가와는 전혀 다르게 베르크손 철학이 실용주의라는 것으로 그것을 매우 높이 평가했던 것은 분명하다. 그렇다면 왜 "실용주의는 철학이 아니다"라고 칠판에 썼을까? 주지하는 바와 같이 실용주의는 우선 절대적인 진리가 고정적으로 존재하는 것이 아니라 그때그때의 상황에 따라 달라진다는 철학이다. 그러니까 우선적으로는 철학의 정신과 어긋난다고 생각했음이 분명하고 그래서 그렇게 칠판에 쓰고 강의했을 것이다. 그러나 더 자세히 살펴보면 실용주의적인 입장에 선다 하더라도 모든 고정적인 것이 다 사라지는 것이 아니고 베르크손처럼 주체의 자기동일성은 인정하는 입장에 설 수가 있다. 그렇다면 진리가 없다는 문제는 해결되며 실용주의 전체를 다 부정할 필요는 없고 베르크손 같은 실용주의는 인정할 수가 있게 된다.

마찬가지로 박홍규는 현상학에 그리 적대적인 것은 아니었다. 베르크손도 어떤 의미에서는 현상학자라고 말한 적도 있다. 다만 현상학만 가지고는 의식을 제대로 알 수가 없고 심리학의 지식 전체가 필요하다고 생각한 것뿐이다. 박홍규는 아마 심리학 전체를 하지 않고 현상학만으로 의식을 탐구하려는 태도에 물들까 봐 학생 이남인에게 화를 낸 것일 것이다. 물론 화를 낸 것은 그렇게 바람직한 것은 아닌데, 평소 박홍규의 성격을 알던 이남인이라면 이해할 수 있지 않을까 생각한다. 박홍규는 평소 화를 잘 내는 편은 아니었으나 뭐랄까 조금 성질이 급한 면은 있었다.

이상이 박홍규의 제자 사랑을 몇몇 예를 통해 이야기한 것이다.

이것은 물론 모든 예를 다 말한 것은 아니고 다른 분들의 이야기가 언급되지 않은 것은 오직 필자가 몰랐기 때문이다. 하여간 그의 제자 사랑은 세속적인 내 편 만들기가 아니라 학문을 제대로 하게 해야겠다는 철학관에서 나온 것이었다. 그러므로 그것은 내 편에 대한 사랑이 아니라 학문하는 인간들을 바른 길로 이끌어야겠다는 뭐랄까 보편적 사랑에 기반을 둔 것이었다. 그렇기 때문에 그와 제자들의 관계는 다정다감한 개인적 관계라기보다는 맨송맨송하고 무미건조한 관계였다. 그렇다고 하여 그의 제자 사랑이 없다거나 옅다는 것을 의미하는 것은 결코 아니었다.

박홍규가 제자들을 키우는 데 신경을 썼다면 친자식들에게는 어떻게 대했는가? 박홍규는 1남 2녀를 두었다. 아까 말했듯 6 · 25 때 가진 첫딸 혜영(1950년 11월생), 둘째는 아들 종면(1953년 10월생), 셋째는 막내 선영(1955년 2월생)이다. 자식들의 아버지에 대한 기억은 우선 무섭다는 것이었다. 아들은 아버지의 눈을 제대로 쳐다보지 못 했다고 한다. 막내딸만 아버지 품에 안길 수 있었을 뿐, 다른 자식들은 전혀 그래보지 못 했다고 한다. 그 막내딸마저 슬픈(?) 기억이 있다. 어느 날 막내를 보고 "너 몇 학년이냐?"고 물었다. "2학년이요" 하고 답하니까, 아버지는 "그런데 중학교냐, 고등학교냐?" 하고 물었다는 것이다. 모두 기가 막혀 했다. 박홍규는 전형적인 옛날 아버지였고 자식들에게 살갑게 굴지 않았다. 박홍규는 어느 날 강의 중에 아버지는 자상한가 하면 엄격하기도 해서 항상 이중적이라고 말한 적이 있다. 엄격한 것은 아버지가 사회를 대표하기 때문이라고 했다. 아마 그러한 생각이 자식들에게 엄한 아버지로 남았던 것이 아닌가 한다. 자식들에게 가장 좋은 기억으로 남아 있는 것은 전 식구가 지리산 횡단을 한 것이라 한다. 지리산 횡단 코스는 지금도 여러 날을 잡아야 하는 어려운 코스인데 그동안 자식들과 여러 가지 이야기도 하고 정도 나누고 한 여행이었던 것 같다. 그때는 아마 자부로서의 모습을 보이려 했던 것이 아닐까 한다. 아들이 고등학교 때 철학과에 가겠다고 한 적이 있었다. 박홍규는 그것을 말렸는데 그 이유가 재미있다. 첫째는 철학자가 되려면 게을러서는 안 되는데 아들은 부지런하지 않은 쪽이어서 안 된다는 것이었고, 둘째는 물려줄 돈이 없다는 것이었다. 철학자가 되려면 돈 걱정을 하지 말아야 한다는 것이 박홍규의 생각이었다. 그 아들은 나중에 아버지의 권유로 치과대학에 입학하여 치과의사가 되었다. 그것을 권유한 이유는 예전에 치과대학의 강사로 있을 때 치과의사가 시간적으로나 경제적으로 가장 여유가 있어 보였기 때문이라는 것이었다. 박홍규는 철학에 모든 것을 다 바친 사람이지만 아들까지 바치지는 않았다. 아들은 보통의 생활인으로 잘 살기를 바란 것 같다.

대학교수는 당시 굉장한 권위를 가지고 있었지만 경제적으로는 보잘것없었다. 월급이 약 15,000원 정도였는데 그것은 쌀 세 가마니 값에 해당하는 돈이었다. 그때 아들 학원비가 5,000원이었다고 하니 월급만 가지고는 생활하기가 어려웠을 것이다. 그래서 문자 그대로 여러 궁여지책을 짜서 생활해야 했는데 우선 했던 것은 '버스 지입'이라는 것이었다. 버스 한 대를 사서 운전수, 조수, 차장의 월급을 주며 운영하는 것이었는데, 차가 어디에 고장이 났다느니, 기름이 많이 들었다느니 해서 운전수와 차장들이 속이기 때문에 결국 작파했다고 한다. 이때 배운 자동차에 대한 지식은 나중에까지 유지되었다고 한다. 다음으로는 삼선동 집에 닭을 한 100여 마리 키웠는데 그것도 이렇게 저렇게 다 잡아먹고 결국 실패로 끝났다고 한다. 그 다음으로는 사채 시장에 브로커들을 통해서 말하자면 사채놀이를 했는데 당시에는 이자율이 상당히 높아서 할 만했던 모양이다. 그러나 1972년 8월 3일 긴급조치로 이른바 8·3 사채동결조치가 발표되어 이자는 묶이고 원금은 분할 상환이 되는 바람에 마지막 원금 받은 걸로 아들의 대학 등록금 내고는 끝을 냈다고 한다. 대학교수가 사채놀이라니 기가 막힐 것이다. 그러나 당시에는 그만큼 살기가 힘들었다. 삼선교의 집은 단독주택으로 새로 낸 아이들의 방은 장작을 때서 난방을 해야 했다. 그런데 겨울이 되어도 좀처럼 장작을 못 때게 했다. 언젠가는 아마 사모님이 임신 중이었는데도 장작을 떼지 못 하게 한 모양이다. 사모님은 그것이 서러웠던지 그 이후로는 부부 싸움만 하면 그 이야기를 꺼냈고, 그 이야기만 나오면 남편은 아무 말도 못 하고 물러섰다고 한다. 철학적으로도 현실주의자인 박홍규는 현실의 생활에서도 도피하거나 물러서지 않고 어떻게 해서든 현실의 문제를 타개하려고 애썼다고 해야 한다. 한 사람의 철학자를 이야기하면서 사채놀이를 했다는 이야기를 하는 것이 그를 깎아내리는 것인가? 아니다. 제자의 입장에서 생각해 봐도 결코 부끄럽지 않다. 그는 어려운 시기를 살려고 애썼던 한 사람의 생활인이었을 뿐이다.

박홍규는 분명 자연적 천재는 아니었다. 이때 천재의 의미는 자기가 하는 일 이외의 다른 것은 모두 모르거나 도저히 할 수 없는 지경의 사람을 말한다. 위인들의 전기를 읽다 보면 이런 사람들을 가끔 만나는데 이런 사람들은 자연이 어느 한 능력만을 제외하고 다른 능력은 모두 바보로 만들어 버린 사람들이다. 박홍규는 그런 형의 천재는 아니다. 다른 것은 다 남들과 같은데 머리만 더 뛰어난 사람이다. 그 자신이 언젠가 "플라톤을 보면 안 그런데, 베르크손만 보면 나는 뭐냐는 생각이 든다"고 말한 적이 있다. 그 베르크손도 앞에 말한 자연의 실수가 아닌 정상적인 천재였다. 그런 의미에서는 박홍규도 분명 천재이다. 모두 다 정상인데 그렇게 공부만 할 수 있다는 것 자체가 바로 천재임을 의미한다. 다른 것에는 전혀 신경을 안 쓴 것은 아니고 조금 신경은 썼는데 많이 쓰지 못 하다 보니 실패하는 수가 많았다. 그것뿐이다.

박홍규는 40년간 교수를 하면서 한 번도 보직을 맡은 적이 없다. 하기야 서울대학교는 워낙 똑똑한 사람들이 많으니 그가 아니라도 맡을 사람이 많았을 것이다. 그러나 그는 도대체 그런 일에 맞지가 않은 사람이었다. 그러니 시키는 사람도 없었으리라. 그런데 요즘의 눈으로는 또 하나 이상한 일이 있다. 그는 아무 글도 쓰지 않았다. 요새야 교수를 계속 하려면 글을 쓰지 않을 수가 없다. 교수의 업적이 모두 몇 편의 논문을 냈느냐에 따라 정해지고 업적이 없으면 진급이 되질 않고 진급이 안 되면 교수직에서 물러나야 한다. 그러나 예전에는 그런 것이 없었다. 지금 생각하면 호랑이 담배 피우던 시절의 얘긴데 하여간 그랬다. 그러니 글을 쓸 필요가 없고, 또 그것이 그 교수의 지적 가치를 나타낸다고도 생각지 않았다. 그것은 지금도 마찬가지이다. 논문을 많이 쓴다고 훌륭한 교수인가? 전혀 그렇지 않다는 것을 교수들은 인정할 것이다. 어쨌든 좋은 글을 쓰는 것은 박홍규의 공부 프로그램에는 들어 있지 않았다. 그런데 1975년경부터, 그러니까 서울대학교가 관악으로 이전했을 때부터 학교에서 강제적으로 논문을 쓰라는 통보가 내려왔는가 보다. 1975년부터 1982년까지 1979년을 빼고 매년 한 편씩 논문을 쓴다. 그것이 지금까지 남아 있는 박홍규의 논문 6편 전부이다. 1981년에 쓴 「대학원에서의 희랍철학 교과목 편성」이라는 글은 일종의 보고서로서 논문이라 보기에는 좀 미흡한 글이라 그것을 빼고 계산한 것이다. 다른 글로는 신문에 투고한 투고문 한 편과 사전에 기고한 두 항목[『세계철학대사전』(교육출판사)의 소크라테스와 베르그송 항목], 그리고 서울대학교 철학개론 책의 고대철학과 중세철학에 대한 비교적 긴 글이 전부이다. 이 모든 글들은 전부 박홍규 전집의 제1권 『희랍철학 논고』(민음사, 2007년 신장판 1쇄본)에 실려 있다. 그 외에 박홍규가 쓴 글이라는 것은 박홍규가 남긴 책(대부분은 서울대 도서관에 기증됨)에 쓰인 메모들과 제자들에게 보낸 편지들이다. 언젠가는 이것들도 모두 모아 출판해야 할 것이다. 그래 봐야 얇은 책 한 권의 분량밖에 되지 않는다. 그의 논문도 다른 사람처럼 그가 직접 쓴 글이라기보다는 그가 구술한 글이다. 구술한 것을 녹음기로 녹음하고 그것을 학생들이 필사를 해 가면 그것을 보고 박홍규가 고치고 해서 완성된 글들이다. 글을 쓰는 것은 정말 박홍규가 선호하던 작업이 아니었다. 그러나 지금 남은 글들을 보면 그 어느 문장가의 문장보다 아름답다. 글은 수식이 많이 들어가야 아름다운 것이 아니고 본질적 내용만을 무미건조하게 이야기해도 그 내용에 들을 만한 것만 많으면 아름다워지는 모양이다. 부처님의 『수타니파타』나 예수님의 산상수훈 같은 것도 그냥 하신 말씀인데도 그 어느 시인의 시보다도 아름답지 않은가.

글 쓰는 것이 그의 주요 작업이 아니었다면 그의 철학이 향한 곳은 어디일까? 그것은 정신의 높이였다. 학생들의 분석력을 높이는 것이 그의 교육의 지향점이었다. 그에게 중요한 것은 높은 수준의 철학 내용이 담긴 글이 아니라 그런 글을 쓸 수 있는 사람의 정신의 높이를 갖추는 것이었다. 그것은 사태를 분석할 수 있는 능력을 키움으로써 가능한 일이었다. 그것은 어떻게 가능한가? 플라톤 보고 이야기하라면 변증법을 터득함으로써 가능하다고 할 것이다. 박홍규는 분석력을 키움으로써 가능하다고 말할 것이다. 그것은 다른 말로 하면 지성의 능력, 즉 지능을 높임으로써 가능하다. 지능이란 사물에 대한 분간력과 추상력을 말한다. 사물의 자연적 분절을 분절선을 따라 정확히 나누어야 하며 그것은 사물의 외양에 얽매어 있으면 안 되고 그것으로부터 떨어질 수 있어야 한다. 그것이 바로 분간력과 추상력인데 그러한 능력을 높일 수 있는 기반은 우선 사물을 잘 분류(classify)하는 데서 성립한다. 분류는 사물들을 동일 공간에 놓고 사물들 각각의 동일성을 확보하는 것이다. 형이상학의 가장 기초적인 작업은 사물 전체를 놓고 분류하는 데서 성립한다. 형이상학의 구체적 내용은 나중에(제3장과 제4장) 살펴볼 것이지만 그러한 분류에서 가장 경계해야 할 것이 자신의 이득이나 감정에 얽매이는 것이다. 그렇게 되면 모든 것이 흐트러진다. 하여간 모든 것을 잘 분석한 예가 일차로 플라톤에서 발견되며 그러한 정신을 잘 터득하는 것이 우선은 분석력을 높이는 것이다. 물론 플라톤에도 분석이 잘못된 경우나 해결이 되지 않는 문제에 부딪히는 경우도 있으니 그것을 넘어서 가야 한다. 매번 새로운 문제가 나올 때마다 상황은 바뀌고 따라서 새로운 분석을 해야 하니 정해진 답은 없고 그렇기 때문에 "철학은 외우고 다녀야 소용없는 일"이 된다. 박홍규가 글을 쓰지 않은 것은 아마도 그러한 세상의 유동성 때문일 것이다. 그러나 분석하는 방법 자체는 변하지 않는 것이니 거기에도 아무 정해진 것이 없다고 할 수는 없다. 박홍규가 "철학은 외우고 다녀야 소용없는 일"이라고 하면서 글을 쓰지 않으면서도 어떤 것은 외우라 한 것은 그런 이유 때문일 것이다. 플라톤 자신이 대화편을 쓴 것도 기록한 것의 그런 고정성 때문이라고 알려져 있다.

그러나 제자들의 눈에는 그의 이야기에도 기록해 두어야 할 내용이 있는 것으로 보였다. 그래서 그의 강의들을 녹음하기 시작했다. 거기다가 정년 퇴임 때의 유명한 「고별 강연」 이후 한 학기에 한 번씩 세 시간 정도의 강의를 돌아가시기 전까지 계속했고, 그것은 녹음하여 그 내용을 책으로 낼 것을 선생님 자신이 의식하고 한 강의들이었다. 「고별 강연」부터 정년 퇴임 이후의 강의들은 박홍규 전집의 2, 3권 『형이상학 강의 1, 2』라는 제목으로 1996년과 2004년에 민음사에서 출간되었다. 나머지 그 이전의 강의는 박홍규 전집 4 『플라톤 후기 철학 강의』라는 제목으로 2004년에, 1981년부터 1983년까지의 『창조적 진화』 강독 강의는 박홍규 전집 5 『베르그송의 창조적 진화 강독』이라는 제목으로 2007년에 역시 모두 민음사에서 출간되었다. 『형이상학 강의 1, 2』는 선생님 살아생전에 책이 나오기를 기다렸는데, 결국 출판을 보지 못 하고 돌아가셨고, 나머지 책이 완간된 것도 돌아가신 지 13년이나 지난 2007년에야 이루어진 일이었다. 그동안 이정호 · 김인곤 · 최화 · 강상진 · 강성훈 · 강대진 · 손윤락 · 전헌상 · 김대오 · 김기영 · 강철웅 · 이정우 · 김경희 · 박윤호 · 이경직 · 김헌 · 이창우 · 김혜경 · 장영란 등의 비교적 젊은 축의 제자들이 필사위원으로, 이태수 · 김남두 · 기종석 · 양문흠 · 박희영 · 이정호 · 김인곤 · 강상진 · 최화 등이 윤문위원으로 모두 수고한 것은 사실이지만 너무 늦게 책이 나오게 된 것은 죄송스러운 일이다. 윤문위원들 사이에 글을 완전히 매끈한 문장으로 만들 것이냐, 선생님의 말투를 살리고 최소한의 윤문만 할 것이냐는 논쟁이 있었지만 후자를 택하는 쪽으로 결론이 났고, 그런 방식으로 책이 출간되었다.

1994년 2월경 박홍규는 몸이 좋지 않다고 느꼈는지 서울대병원 응급실에 스스로 들어갔다. 그는 사실 약을 좋아하는 것처럼 병원에 가기를 좋아하는 성격이었는데, 어쨌든 뭐가 나쁘다는 결론이 났는지 그냥 그대로 입원하게 되었다. 갑자기 병실이 나지 않아 며칠을 열악한 환경의 병실에서 보내게 되었는데, 아드님에 의하면 그것 때문에 병세가 더 나빠진 것 같다는 것이다. 입원 소식을 들은 제자들이 차례로 들러서 병문안을 했는데, 맑은 정신으로 세상사 여러 가지를 화제로 떠올렸다. 특히 병세가 좀 완화되면 차를 사서 우리나라 여러 곳을 돌아다니고 싶다고 말씀하셨다. 그러니까 이때까지는 돌아가신다는 생각은 전혀 없으셨고 다음 학기에 '충족이유율의 형이상학적 근거'에 대해서 강의해야겠다는 작정까지 말씀하셨다.

그러나 돌아가시기 일주일 전쯤 선생님을 찾아뵌 김남두는 그날따라 병세가 괜찮았던지 선생님께서 계단까지 따라 나오시며 "잘 가게!" 하시고 손을 꼭 잡던 일을 기억하는데, 그때 선생님의 큰 손이 따듯했던 것을 잊을 수 없다고 한다. 어쩌면 이때 돌아가신다는 생각을 하셨는지도 모르겠다. 3월 8일 병세가 급격히 나빠지니 의사가 임종을 준비하라고 하여 제자들이 비상대기하고 있었는데 3월 9일 오랜 간병 경력이 있던 간병인이 검은 변을 보신다고 돌아가실 때가 된 것 같으니 사모님을 모시고 오라고 했다. 필자는 과천에서 택시로 사모님을 모시고 갔는데, 병실에 들어가 보지도 못하고 그 길로 기종석과 함께 묘지를 보러 갔다. 그 사이 김남두와 양문흠, 그리고 사모님과 아드님이 지켜보는 가운데서 숨을 거두셨다. 나중의 목격담에 의하면 아무 말씀도 남기시지 않으신 채, 몸에 여러 가지 장치를 꽂고 괴로워하시다가 숨을 거두셨다고 한다.

묘지를 보고 돌아왔을 때 숨을 거두셨다는 말을 처음 듣는 순간 필자에게 든 생각은 '이렇게 머리가 좋은 사람도 죽는구나!' 하는 것이었다. 서울대병원 영안실에서 제자들이 지켜보는 가운데 염이 행해졌다. 흰 삼베로 만든 수의가 입혀졌다. 3일장을 치르고 발인하는 날 윤구병이 밤새 지은 조사를 읽었다. 밤새 술을 그렇게 마시고 언제 지었나, 참 재주가 많은 분이로구나 하고 생각했는데, 잘 되고도 슬픈 조사였다. 장지는 기종석과 필자가 가보고 결정한 여주군 점동면의 남한강 공원묘원이었다. 김남두의 추천을 받아 가본 곳이었는데 높고 험한 다른 곳에 비해 나지막하고 안정돼 보이며 따듯한 느낌의 묘지였다. 무덤의 묘비명은 이정호가 짓고 직접 썼는데, 통

통하고 예쁜 글씨체였다. 묘비는 둘인데 앞의 것은 보통의 묘비로서 앞면에는 "教授忠州朴公洪奎之墓"라 되어 있고, 뒷면에는 가족들의 이름이 새겨져 있다. 뒤의 것은 선생님의 공덕을 찬양한 일종의 학문 치적비로서 앞면에는 "素隱 朴洪奎先生追慕碑"라는 비명과 함께 "自由의 意味는 自由로 因하여 事物의 存在가 確保되는 데 있으므로 本質論的 立場에서 自由의 極值는 本質의 眞相 즉 모든 他者에 對한 永遠한 無感動에서 成立하나 生命의 立場에서 眞正한 自由는 끊임없는 自發性으로 惰性의 支配를 뚫고 모든 事物과 關係맺음속으로 들어가는 데서 成立한다"는 「근원적 자유의 이념에 관한 연구」[12]의 한 구절이 새겨져 있다. 뒷면에는 "소은선생은 현대한국철학사 초창기에 철학에 입문하신 이래 서양철학의 중심을 꿰뚫고 있는 그리스철학의 존재와 생성에 관한 형이상학적 문제를 평생 탐문해 오시면서 특히 플라톤과 베르그송의 철학에 대한 심오한 학문적 통찰과 그 학파를 이룩하신 우리나라 서양고대철학의 유일무이한 태두이시며 그 도정에서 세속의 이름 하나 드러냄 없이 오직 연구와 가르침 외길만을 걸어오신 대의대덕의 학자이자 스승이시다. 다행히 그 일부가 제자들에 의해 녹취 정리되어 책으로 전해질 선생의 그 큰 가르침은 먼 훗날 선생의 학덕을 기리는 이 비석조차 한갓된 먼지로 화할지언정 한국철학사의 큰 축적으로 보존되어 언제나 당대를 일깨우는 소중한 철학적 유산으로 남아 있을 것이다. *Χρὴ φάναι τοὐμόν σῶμα θάπτειν.*[13] 1995년 3월 제자 일동 박전규

12 전집 1 『희랍철학 논고』, 197-200쪽.

박종현 김완수 이창대 이태수 윤구병 김남두 양문흠 손동현 남경희 송영진 기종석 박희영 이정호 조인래 김내균 박홍태 최우원 염수균 박윤호 최정식 유종렬 이정우 우은주 김인곤 강상진 이경직"이라 새겨져 있다. 선생이 잠드신 초봄 선생은 향년 75세였다.

제자들 이외에 박홍규가 가장 욕심을 내던 물건은 책이었다. 어려운 살림에도 불구하고 꾸준히 중요한 책을 사 모았는데, 당시로서는 구하기 힘들던 프랑스 책들을 다량 구비하고 있었다. 미군 군수물자로 들어오던 책을 싼 값에 사기도 했고, 광화문의 범한서적을 이용해서 구입하기도 하였다. 그의 장서는 보통의 교수들을 훨씬 넘는 수준이었는데, 그의 사후 그의 필적이 많이 남아 있는 책 100여 권은 이정호 교수의 정암학당에 보관되고 나머지는 모두 서울대학교 도서관에 기증되었다. 그 책들은 모두 "소은 박홍규 교수 기증도서"라는 도장이 찍혀 학생들에게 열람되고 있다.

---

13 "내 몸을 묻는다고 말해야 한다"(『파이돈』, 115e). 나 자신이나 내 영혼이 아닌 몸만이 묻힌다는 뜻.

2

에피스테메와 독사

박홍규의 철학은 한마디로 형이상학이다. 그러나 문제는 거기에 그치지 않는다는 데에 있다. 오늘날에 와서는 그의 철학이야말로 바로 형이상학 자체가 되어 버렸다. 그러니까 그의 철학은 곧 형이상학이요, 현대에서 형이상학은 곧 그의 철학으로 명맥을 잇고 있다는 말이다. 동양의 변두리인 한국이라는 조그마한 나라에서 서양철학의 핵심 중에서도 핵심인 형이상학이 명맥을 잇고 있다니 참으로 황당무계하게 들릴 것이다. 그러나 '형이상학의 극복'이니 해가며 형이상학이 무언지도 모르는 자들이 오히려 형이상학을 넘어선다며 허명을 떨치고 있는 오늘의 서양을 보라. 그들은 형이상학의 실질은 하나도 이해하지 못하면서 동일성을 극복한다느니, 타자의 우위이니 해가며 철학을 이데올로기의 시녀로 전락시키고 있으며, 그것을 귀동냥으로 배워 온 유학파들과 얼치기 국내파들은 앵무새처럼 한국에도 그러한 담론을 퍼뜨리고 있다. 이처럼 더 이상 형이상학이 무엇인지 모르거나 잊어버린 현대인들에게 그것의 연원인 희랍에서부터의 본뜻을 발굴하여 그 전모를 밝혀 주었을 뿐 아니라, 그것이 현대에서는 어떤 모습을 갖게 되며, 그 의미는 무엇인지까지 낱낱이 분석해 준 것이 바로 박홍규이다. 서양의 어느 누구도 그만큼 형이상학을 이해하고 있는 사람이 없다. 그는 아무리 서양에서 온 것이라 하더라도 허명과 허황됨에 흔들리지 않고 꿋꿋이 희랍적 학문의 정신을 지켜내었다.

물론 그의 형이상학은 그가 발명한 것이 아니라 플라톤, 아리스토텔레스, 베르크손에게서 배운 것이다. 그러므로 서양에도 그들을 연구하는 사람들이 있는 한 형이상학이 완전히 잊혔다고 할 수는 없다. 그러나 그들의 연구는 대부분 플라톤, 아리스토텔레스, 베르크손을 그 자체로서 이해하기보다는 거기에 뭔가 자신의 '독창적인 것'을 넣어야 직성이 풀리는 방식으로 진행되고 있다. 방금 말한 '형이상학의 극복'을 외치는 사람들도 속마음은 다 독창적이고 싶었기 때문에 다른 목소리를 내었을 것이다. 물론 독창적인 것은 좋은 것이고, 선인의 생각을 그대로 답습한다는 것은 바람직한 학문적 태도가 아니다. 그러나 진정으로 독창적인 것은 지금까지 누구도 하지 않았던 말을 하는 것이 아니라, 지금까지의 모든 정신적 축적을 진정으로 딛고 넘어선 것이어야 한다. 즉, 그것이 보지 못한 점을 정확히 파악하고 그에 대한 대안을 제시할 수 있어야 한다. 그 대표적인 예가 다름 아닌 베르크손이다. 그는 영원불변의 진리를 추구하는 전통 형이상학의 정지체 중심주의라는 난점을 극복하고 운동 중심의 형이상학을 제시했다. 그러나 그는 단 한 번도 자신의 철학이 형이상학임을 부인한 적이 없다. 그것은 그가 어디까지가 자신의 독창적인 것이고 어디까지가 전통으로 물려받은 것인지를 확실히 알았기 때문이다. 그러나 오늘날 독창성을 주장하는 자들은 형이상학 자체를 넘어선다고 말로만 떠들고 있다. 형이상학이라는 것이 그렇게 간단히 넘어서지는 것이라면 도대체 형이상학이라는 이름으로 불리지도 않았을 것이다. 누군가가 "세상은 노랗다"고 주장한다면 그것은 그야말로 지금까지 아무도 주장한 바가 없었으니 독창적인 주장이라고 해야 할 것인가? 그러나 그런 식의 독창성이 무슨 소용이 있으며, 그것이 도대체 독창적이기나 한 것인가? 거기에 "아니다. 세상은 빨갛다", "아니, 세상은 파랗다"는 등의 주장이 나와서 자기네들끼리 찧고 까부는 것이 오늘날 서양철학의 전개 형국이라 해도 과언이 아니다. 그러니까 정작 본토에서는 학문의 기본정신과 형이상학이 잊히고 있는 상황에서 그것을 그 누구보다도 강력하게 간직하고 지킨 사람이 바로 박홍규인 것이다.

그런데 그가 말하는 형이상학은 물론 일정한 지식을 필요로 하지만, 그렇다고 적당한 정합성을 가지고 엮어진 일련의 정형화되고 굳은 주장들의 체계로 정리되는 것이 아니다. 그것은 궁극적으로는 어떤 정신의 높이, 분석의 깊이에 도달하는 힘, 또는 능력이다. 그가 글쓰기에 그다지 힘을 쓰지 않은 이유도 결국 중요한 것은 정신력 자체, 분석력 자체이지 그 결과물을 외운다고 철학이 되는 것이 아니라는 생각 때문이다. 그런 분석력을 키우기 위해서는 기본적으로 플라톤, 아리스토텔레스, 베르크손을 배우는 한편, 수많은 문제를 독립적으로 다각도에서 분석하고 종합하는 연습을 끊임없이 수행하여 자신의 분석력을 높여야 한다. 우리는 앞으로 그의 형이상학의 내용이 무엇인지를 좀 더 자세히 살펴볼 터이지만, 우리가 할 수 있는 일은 기껏해야 문자화되어 남아 있는 그의 철학을 좀 더 이해하기 쉽게 역시 문자적으로 해설하는 데에 그칠 것이다. 그 이상은 우리의 능력 밖이다. 모든 성패는 각자의 정신력이 어느 정도까지 높이 올라갔느냐에 달려 있다. 형이상학을 하나의 큰 산이라 했을 때, 우리 모두는 그 끝 모를 정상을 향해 끊임없이 노력하는 존재에 불과하다.

그렇다면 박홍규라는 큰 산을 오르기 위한 출발점은 어디로 잡아야 할까? 모든 내용을 따지기 이전에 가장 기본적으로 주목해야 할 것은 형이상학이 무엇보다도 학문이라는 사실이다. '철학은 학문'이라는 이 너무나 당연하면서도 소박한 명제야말로 희랍적 학문 정신의 기초이며 박홍규 철학으로 들어가기 위한 가장 좋은 실마리이기도 하다. 이때 학문이란 희랍어의 에피스테메(epistēmē)를 말한다. 에피스테메와 독사(doxa)의 구별은 희랍철학의 가장 기본적이면서도 가장 기초적인 구별이다. 그러니까 박홍규의 철학은 철학이 시작된 희랍의 가장 기초적인 정신으로부터 출발하고 있다.

> 'science'(학문)란 말은 나전어의 'scire'(알다), 'scientia'(앎)에서 나온 말인데, 그 말은 우리의 주관적인 어떤 견해나 생각, 자의적(arbitrary)인 사고는 다 빼버리라는 뜻입니다. 그런 것들에 대립된 말입니다. 희랍어의 'epistēmē'(인식)도 마찬가지입니다. 'doxa'(견해, 의견)와 항상 대립됩니다. 플라톤, 아리스토텔레스에서도 다 대립됩니다.[1]

그러나 너무도 당연한 '철학은 학문'이라는 명제의 의미가 오늘날에는 제대로 이해되지 않고 있거나 거의 망각되어 있다. 그리하여 "철학자 수만큼의 철학이 있다"는 따위의 말들이 철학 개론서들에 버젓이 돌아다닌다. 철학의 대상은 무궁무진하므로 무궁무진한 문제들에 대한 철학이 있다면 모를까, 무궁무진한 수의 철학이 있다는 것은 뭔가 좀 이상하다. 가령 물리학의 논문들은 수도 없이 나오지만 그만큼의 수의 물리학이 있다는 이야기는 들은 적이 없다. 물론 물리학에서도 큰 패러다임이 바뀔 수는 있기 때문에 아리스토텔레스 물리학, 근대 물리학, 상대성 물리학, 양자 물리학 같은 변천이 없는 것은 아니다. 그러나 물리학자의 수만큼의 물리학이 있다는 말은 들어 본 적이 없다. 그렇다면 철학에서는 왜 그런 말이 돌아다니는가?

그것은 바로 철학이 학문임을 망각했기 때문이다. 세상이 철학자들의 수만큼 있는 것도 아닌데 철학은 철학자들의 수만큼 있다면 그것은 철학자들이 세상을 보는 눈이 그만큼 다양하다는 의미일 것이다. 다양한 것은 물론 다양하지 않은 것보다 좋다. 그러나 그것이 진정으로 다양한 것인지 다만 다양하게 보일 뿐인지는 따져 봐야 할 문제이다. 다시 말해 진정으로 철학이 다양해진 것인지, 다만 철학으로 보일 뿐 사실은 전혀 엄밀한 학이 아닌, 철학자 개인의 인생관에 불과한 것이 철학이라는 탈을 쓰고 다니는 것은 아닌지 따져 봐야 할 문제라는 것이다. 각자가 세상을 보는 눈이라는 것이 다름 아

---

1 전집 2 『형이상학 강의 1』, 「고별 강연」, 32쪽.

닌 독사이다. 그것은 'dokeō'(보이다) 동사에서 파생된 말로서 각자에게 보이는 것, 각자의 의견 · 견해 · 사상 · 신념 · 인생관 · 세계관을 의미하며, 심지어 '철학'이라는 이름이 붙은 주장들까지도 에피스테메가 될 수 있는 어떤 기준을 벗어났다면 그 역시 철학이 아닌 독사에 포함되어야 한다. 철학은 그러한 독사와 참된 앎인 에피스테메(인식, 학문)를 구별했을 때 시작되었다.

그렇다면 그 양자를 구별해 주는 기준은 무엇인가? 여러 가지가 있을 수 있지만, 가장 중요한 것은 존재 자체의 본성에 따르느냐 아니냐의 기준이다. "있는 것을 있다고 하고, 없는 것을 없다고 하는 것"이 에피스테메이다. 그런데 존재의 본성에 따르는 주장을 하려면 존재를 탐구해야 한다. 존재를 탐구한다는 것은 쉽게 이야기하여 대상이 되는 사물을 탐구한다는 것이고, 사물을 탐구하는 이유는 그 사물 속—이 '속'이라는 것이 핵심이다!—에 있는 내용을 파악하기 위해서이다. 속에 있는 것을 끌어내어야 참된 앎이 되는 것이지, 밖에서 자기 생각을 뒤집어씌우는 것은 한갓 독사에 불과하다. 결국 참된 철학과 각자의 사상(독사)에 불과한 것을 구별하는 기준은 어느 정도 대상으로부터 주어지는 자료(데이터)에 충실했느냐에 달려 있다. 박홍규가 그의 책의 도처에서 데이터를 강조하는 것은 그것이 바로 참된 학문과 그렇지 않은 독사를 나누는 기준이 되기 때문이다.

> …… 요컨대 고전의 학문 정신은 데이터에서 출발한다는 것입니다. 우리가 서양의 학문을 이해하려면, 데이터에서 출발한다는 이 특징을

아무리 강조해도 부족합니다. 왜냐? 신화라는 것은 데이터가 없습니다. 데이터 없는 얘기를 합니다. 그런데 탈레스를 서양 학문의 시조라고 하는 이유는, 그가 현재에 주어진 여러 가지 사물, 여기에는 물도 있고, 흙도 있고, 불도 있고, 세계의 모든 것이 다 있는데, 그러한 자기에게 주어진 데이터의 총체 속에 있는 관계가 무엇이냐는 것을 비로소 최초로 반성해 본 사람이기 때문이죠. 그러면 플라톤은 어떠냐? 플라톤도 그 점에서는 마찬가지입니다. …… 소크라테스는 "이것은 무엇이냐?" 라고 묻습니다. 그 '이것'이 바로 데이터입니다. 우선 데이터가 있고 데이터가 데이터로서 그 자신이 가지고 있는 성격이 무엇이냐고 묻는 것입니다. 즉, 그 데이터가 '무엇이냐?'를 묻는 것이지, 그 데이터에 대해서 내 의견은 이렇다, 저 사람 의견은 이렇다 하는 것은 그만 두자는 얘기입니다. 모든 학문은 각각의 데이터가 있죠. 물리학은 물리학대로 물리현상이 있고, 또 사회학은 사회학대로의 데이터가 있습니다. 데이터 없는 학문이라는 것은 도대체 희랍철학, 플라톤이나 아리스토텔레스에서는 생각할 수가 없습니다. 항상 데이터에서 출발합니다. 그래서 철학이란 모든 이론에 앞서서 데이터에서 출발하여 그 데이터를 학문적으로, 어떤 철학 체계로 정리를 해보고, 그리고 그것을 다시 반성을 해보는 학문이죠. 모든 개별 과학이라는 것은 데이터가 가지고 있는 그 고유한 성격(quality) 때문에 여러 학문으로 나누어진 것이고, 그 데이터를 어떻게 정리하느냐에 따라 또 나누어집니다. 음악은 음악대로, 사회학은 사회학대로, 논리학은 논리학대로 다 데이터가 있고, 수학은 수학대로, 정치학은 정치학대로의 각각의 데이터 위에 학문은 선다는 것입니다. 그 데이터가 만약 없다면, 그것은

> 공중에 뜬 어떤 주관적인 견해나 사상이죠. 물론 그런 철학도 있을 수가 있습니다. 그런 것을 우리가 인생관이나 혹은 세계관이라고 말하죠. 그런 것들은 다 자기의 주관적인 견해일 뿐이죠. 그런 철학은, 희랍철학에서 본다면, 플라톤이나 아리스토텔레스의 입장에서 본다면 좀 곤란합니다.[2]

데이터에 따라가느냐 아니냐가 학문이냐 아니냐를 나누는 기준이 된다. 모든 학문은 각각의 데이터가 있고 데이터가 없는 학문은 곤란하다는 것이다. 그중에서도 철학은 "모든 이론에 앞서서 데이터에서 출발하여 그 데이터를 학문적으로, 어떤 철학 체계로 정리를 해보고, 그리고 그것을 다시 반성을 해보는 학문"이다. 이때 데이터에서 출발한다, 데이터를 따라간다는 것은 그것을 아무렇게나 자기 생각대로 다루는 것이 아니라, 즉 자기의 생각을 밖에서 뒤집어씌우는 것이 아니라 그것의 고유한 성격에 충실해야 한다는 뜻이다. 그렇지 않고 마음대로 다루거나 데이터가 없다면 그것은 주관적 견해, 각자의 인생관이나 세계관이지 학문이 아니다. 플라톤에서 그러한 학문관은 "그것은 무엇인가?"라는 물음으로 제기된다. '그것'이 바로 데이터이며 무엇 '이냐?'의 '이냐?'는 "무엇으로 생각되느냐?"라든가 "무엇으로 보이냐?"가 아니다. 그러니까 사물이 각자에게 보이거나 생각되는 바가 아니라 사물이 그 자체로서 무엇으로 있느냐, 즉 사물의 존재를 묻는 것이다. 그렇게 하려면 사물을 그 자체로 놓

---

2 앞의 책, 13-4쪽.

고 그것에 대한 여러 데이터를 모아야 한다. 그러나 그렇게 하는 것은 매우 어렵고도 긴 탐구를 필요로 하기 때문에 많은 사람들은 그 반대의 유혹에 빠지기 십상이다.

그 사람(헤겔)도 물리학이나 수학을 논하는데, 그 사람이 수학을 얘기할 때는 수학적인 법칙 내부에서 설명의 기초를 찾는 것이 아니라, 밖에서 변증법을 갖다가 뒤집어씌워. 거기가 틀렸다는 거야. 법칙이라는 것은 뒤집어씌우는 것이 아니야. 법칙은 속에서 찾아야 돼, 속에서. 물리현상이나 수학이나, 속에서 찾아야지. 실증과학하고 맞지 않으면 말이야, 그 위에 서 있는 기본적인 인간학(anthropologie), 생명 현상이 무엇이냐, 인간이 무엇이냐에 대해서 맞지 않으면, 사회학이고 뭐고 다 무너져. 그러니까 이데올로기는 학문이 아니라는 거지. 나쁘게 말하면 지적 능력이 미달한 사람이 이데올로기를 가져. 이데올로기가 가치가 있느냐, 없느냐는 그것이 그 시대의 어떤 문제나 사회와 역사에 대해서 어느 정도 효과가 있느냐, 없느냐를 갖고 판단해. 모든 이데올로기가 모조리 틀렸다는 것이 아니라, 결국은 좋은 점도 있고, 옳은 점도 있겠지. 그러나 학문은 이데올로기라 하지 않아. 어째서 이데올로기라고 않느냐? 물리학자는 물리에 대한 이데올로기를 찾지 않아. 물리현상 속에 들어 있는 법칙(law)을 찾아. 이데올로기는 물리현상 밖에 있는 우리 인간의 주관적인 것을 씌워. 그러니까 그것은 학문이라고 하지 않아. 그런데 헤겔은 속에서 어디 찾았느냐, 그 말이야. 찾은 게 어디 있어? 어디서 찾았어, 자기가. 실증과학적인 사실이 나오고, 분류하고, 그 속에서 찾아야 할 것 아냐. 헤겔이 어디서 그런 얘기를 해? 헤겔은 없지. 그러려면 먼저 실증적인 사실(fact)을 주워 모아야 돼, 일단. 모아서 그 속에서 차이(differentia)를 자꾸 찾아내야 돼. 공통치를 자꾸 찾아내야 돼. 그러니까 학문은 전부 우주론(cosmologie)으로 가. 왜냐하면 있을 수 있는 모든 총체가 그 우주론의 질서 속에 반영되어 있어. 질서(cosmos)를 어떻게 해서 거기서 파악해야 할 것이냐는 얘기를 거기서 논의해야 돼. 그것이 학문의 기본적인 것이야. 사실을 떠나서는 이론(theory)이 성립하지 않아. 그거 알아 두어야 돼. 그 이론이 사실에 들어맞느냐 안 맞느냐, 그 이유가 어디에 있어? 들어맞는 이유가 어디에 있어? 가령 물리학을 해서 물리 현상이 거기에 들어맞더라. 그 들어맞는다는 근거가 어디에 있어? 이론적으로 왜 들어맞아? 사실하고 이론이 연결이 되어야 할 것 아냐. 들어맞는다는 것은 연결이 된다는 것 아냐. 연결이 되기 위해서는 어떻게 해? 그 속에서 끄집어내야 할 것 아냐. 내가 누누이 말했잖아. 밖에서 가지고 와서는 연결이 닿지 않잖아, 연결이. 안 들어맞아. 들어맞는다는 보장이 없어. 연결이 되어야 할 것 아냐. 그러니까 속에서, 희랍어로 'analysis'라고 해. 분석한다. 분석은 속에서 끄집어낸다는 말이야. 밖에서 가지고 들어오지 말라는 얘기야. 가령 기독교 신앙처럼 계시된(offenbar) 것에 의해서 한다면 그건 지식이라고 하지 않아. 플라톤이 뭐라고 말하느냐면, 모든 사물 속에 보니까 페라스와 아페이론이 있더라. 그 '속에'라는 말이 중요해. '모든 사물 속에', 그 말은 모든 사물을 어느 것도 분석을 해보니까 페라스가 거기에는 꼭 있더라. 그런 것을 'analysis'라고 해. 엉켜 있는 것을 이렇게 풀어놓는 것. 풀어놓는다는 것은 무슨 얘기냐면, 속에서 끄집어내라, 밖에서 가져오지 말란 얘기야. 헤겔은 밖에서 갖고 왔어. 그러니까 엉뚱한 소리 하지. 들어맞지 않아. 실증과학하고 거리가 멀어. 실증과학하고 거리가 멀면 다른 것하고 다 거리가 멀어. 그 보장 없어. 그럴듯하게 보이는 것뿐이지. 그러니까 이데올로기는 학문이 아니라는 거야. 왜냐면 속에서 끄집어내는 것이 아니라, 자기 의견을 갖다가 붙이는데? 그러니까 물리학자가 칸트도 할 것 없고, 헤겔도 할 것 없고. 칸트 있으나 없으나 상관없대. 물리학은 그래도 다 발전해. 칸트하고 맞지 않았다고 해도 물리학은 발전해. 왜냐? 물질은 'cogito' 갖고 하지 않아. 재고, 재고, 재고, 자꾸 속에 있는 관계(relation)를 따지는 것이지. 사회과학도 마찬가지야. 사회학을 하려면 먼저 가서 봐. 가서 재고, 재고, 가서 미국 사람처럼 재고, 재고, 거기서 분류하고, 그래야 될 것 아냐. 그게 나와야 될 것 아냐? 사회 통계니, 조사니, 뭐가 나와야 될 것 아니야. 나오고 나서 거기서 이런 법칙이 나왔다, 그걸 해야 할 것 아냐. 그 사람들은 이데올로기니까 책상 앞에 자기 혼자 가만히 앉아서 이렇다, 이렇다 얘기해. 그걸 어떻게 믿어? 책상, 걸상이 어떻게 알아? 그러니까 아리스토텔레스가 우리에게 가까운 것에서 먼 데로 간다. 베르그송도 똑같아. 그 말은 베르그송도 먼저 실증과학을 다 해야지. 그걸 보여줘야지. 보여 주고 분류(classify)해서, 그 속에서 'analysis'하는 거야. 사회학 하려면 사회를 먼저 다 알아야 돼. 그 속에서 조사도 하고 뭣도 하고, 벌써 여러 측면에서 먼저 이것이 과연 사실이냐 아니냐 그것부터 따지고. 그런 방식으로서 사회학을 하려고 한 사람이 불란서의 오귀스뜨 꽁뜨야.[3]

대상에 대한 데이터나 사실들이 있고 그 속에서 어떤 법칙들이 이끌어져 나오면 그것은 다시 그 대상에 적용했을 때 들어맞을 수밖에 없다. 그런 것들만이, 즉, 데이터에 기반을 두고 그 속에서 이끌어져 나온 것만이 에피스테메가 된다. 여기서 핵심은 데이터 속에서 나온 것이냐 아니냐이다. 데이터 속에서 재고, 법칙을 찾아내고 거기에 기반을 두고 분류(classification)를 하고 거기서부터 점점 추상해 올라가서 최고의 원리(인용문에서는 페라스, 아페이론이 언급되어 있다)에까지 올라가는 것이 철학이다. 물론 이것만이 철학의 모든 작업은 아니고 그 자세한 과정은 앞으로 설명하겠지만 어쨌든 그렇게 하는 것을 여기서는 분석이라 불렀다. 분석의 희랍어 'analysis'는 속에 묶여 있던 것을 '풀어낸다(lyō)'는 뜻이다. 그것과 반대되는 태도는 속에서 끄집어내는 것이 아니라 밖에서 자기의 생각이나 관점을 뒤집어씌우는 것으로서 위의 인용문에서는 그 대표적인 사례로 헤겔과 이데올로기를 들고 있다. 이것은 물론 헤겔이 모조리 다 틀렸다거나 박학하지 않다는 것도 아니요, 이데올로기가 아무 가치도 없다는 것이 아니라 학문하는 태도는 아니라는 이야기이다. 그러니까 일반 사람들이 위대한 철학자로 알고 있는 헤겔이나 마르크스의 사상도 '사상'이지 철학은 아니며 한갓 "그럴듯하게 보이는 것", 즉 독사에 불과하다는 것이다. 심지어 그런 철학이나 이데올로기에 따라가는 사람들은 머리가 나쁘며 지능이 덜 발달된 사람이다.

---

3 전집 5『베르그송의 창조적 진화 강독』,「강독 10」, 235-7쪽.

어디서 헤겔 철학 같은 것이 유행하느냐면 헤겔하고 똑같이 지능지수가 모자라는 사람들한테서야. 그거 간단해. 러시아 사람들이 왜 공산주의를 믿느냐? 쉽게 말하면 그 사람들은 판단력이 그것밖에 없어. 상황을 판단하는 능력이 그것밖에 없으니까, 그 사람들한테는 그것이 좋을는지는 몰라. 그러나 판단력이 발달한 사람은, 지능 판단이 발달한 사람은 그거 안 맞는데? 그러니까 선진국에서는 헤겔 철학이, 가령 경제학이나 어떤 사회적 이데올로기가 들어오지만은 전면적으로 받아들일 수 없는 것 아냐. 지능지수가 다른데? 생각하는 능력이 다른데? 내가 숭전대학교에서 그런 의미의 강연을 한 적이 있어요. 오래 전이야. 헤겔 철학을 갖고 얘기한 것이 아니라, 동양이고 서양이고 무슨 구별이 있냐? 모든 문화의 근본이라는 것은 지능지수의 발달에 따른다는 얘기를 한 적이 있어.[4]

이데올로기를 믿는 사람들은 그것을 '믿는 것'이지 학문적으로 분석한 것이 아니다. 그러니까 분석하고 들어오는 사람들과는 현실에 대처했을 때 비교가 안 된다. 그것을 여기서는 "지능지수가 낮은 사람들"이라고 폄하하고 있다. 여기서부터 박홍규의 비판은 오컴(William of Ockham)의 면도날 같은 날카로움을 발휘한다. 그 첫 번째 희생자가 독일철학이다. 헤겔을 위시한 대부분의 독일철학의 특징은 나름의 체계를 세우고 그것으로 모든 것을 설명하려 드는 것이다. 단 하나의 사실도 체계와 어긋나면 무너지는 것은 체계이지

4 앞의 책, 238쪽.

사실이 아니다. 유명한 프랑스의 철학 격언처럼 "체계는 가고 사실은 남는다." 그러나 체계의 철학들은 자신의 체계에 어긋나는 사실이 있으면 그것을 무시하거나 아니면 어떻게 해서든 사실을 체계 속으로 집어넣으려고 애쓴다. 물론 체계를 세우는 것도 그리 간단한 일은 아닐 것이며, 나름대로의 근거가 있으니까 세웠을 것이다. 그러나 그러한 체계는 그것이 근거하고 있는 사실을 벗어나면 들어맞지 않는 경우가 대부분이다. 그럼에도 불구하고 그의 체계를 고집하는 것은 그야말로 어린아이들이 떼를 쓰는 것이나 마찬가지이며, 그것이 가장 쉬운 사태 대응법이기도 하다. 그러나 어른들은 그렇게 하지 않는다. 세계에 대한 자신의 생각이 틀렸으면 고쳐야 할 것은 자신의 생각이지 세계가 아니다. 관념이 삶을 위해 필요한 것이지 삶이 관념을 위해 봉사하는 것이 아니다. 그것이 어른들이 삶을 대하는 태도이다. 그러나 세상에는 몸과 나이는 어른인데 생각은 아이에 머물러 있는 사람들이 있다. 북한의 집권층을 보면 쉽게 이해될 것이다. 자기네 관념이 국가를 이끌어 갈 능력을 잃었음에도 불구하고 끝까지 아집을 버리지 않고 자신들의 생각이 옳다고 주장한다. 신념이라는 미명하에. 그 '신념'이라는 것이 다름 아닌 독사이다.

이데올로기도 그렇다. 그것은 사안마다 거기에 맞게 사물을 탐구하는 것이 아니라, 일정한 관념에 생각을 고착시키고 그것에 따라 편먹고 싸우는 것이다. 마르크스가 "철학은 이제부터 세계 해석이 아니라 세계 변혁"이라 했을 때, 그것은 자기가 변혁시키고 싶은 방향과 관념대로 철학을 몰고 가겠다는 선언이고, 따라서 그것은 사태에 충실한 것이 아니라 자기의 인생관이나 사상을 밖에서 덮어씌우겠다는 것에 불과하다. 가난한 사람 없이 다 같이 잘 살자는 사상이 아무리 멋져 보여도 그런 방식으로는 그런 세상이 오지 않는 것을 어떻게 할 것인가. 그러니까 이런 것을 '믿는' 사람들은 생각이 그것밖에 되지 않는 사람들, 즉 "지적 능력이 미달한 사람들"이라 할 수밖에 없다. 다시 한 번 말하거니와 관념이 삶을 위해 존재하는 것이지, 삶이 관념을 위해 존재하는 것이 아니며, 절망이 아니라 고착된 관념이야말로 죽음에 이르는 병이다. 그러므로 헤겔이나 독일철학에 대한 박홍규의 비판은 통렬하다.

> 독일철학자는 자기가 다른 사람과 다른 어떤 것을 얘기해야만, 언어 사용법도 나는 이렇게 얘기한다고 해야만, 뾰족한 무엇을 얻는 것처럼 철학해. 말 사용 자체도, 내가 말한 새로운 것은 이런 것이다. 허허허. 다른 사람이 하는 말하고 다르다. 하여간 말, 용법이나 무엇이나 자기는 뭐 뾰족한 걸 얘기해야 돼. 그러니까 불란서하고는 정반대야. 불란서는 모두가 알아듣는 말을 가지고 철학을 해. 전혀 달라.[5]

데이터로부터 이끌어낸 지식을 이야기하는 사람은 특별한 문체를 쓸 필요가 없다. 오히려 그것을 많은 사람들에게 알리기 위해 누구나가 쓰는 말을 사용한다. 철학의 경우에는 그것이 사실은 더 어려운데, 왜냐하면 일반인들에게 말하기 어려운 내용을 그들의 어법

5 앞의 책, 231쪽.

에 맞추어 표현하려면 그만큼 더 많은 노력이 필요하기 때문이다. 그러므로 그러한 철학적 글쓰기는 관대함(générosité)의 표현이기도 하다. 더 많은 사람들을 위해 자기가 어려움을 감수하는 것이 바로 관대함이기 때문이다. 그러므로 선진국의 철학자일수록 누구나 알아들을 수 있는 말로 철학을 한다. 그 대표적인 예가 프랑스이다. 그러나 당시에는 문화적 변방에 속하던 독일은 철학자들끼리나 알아들을 수 있는 철학적 은어(jargon)를 사용한다. 그렇지 않으면 자기만의 언어 세계를 스스로 만들어 그 세계에 들어가지 않으면 아무도 이해할 수 없는 말을 사용한다. 그러니까 철학자마다 언어 사용법이 다 다르다. 그렇게 자기만의 어법으로 이야기해야 뭔가 '뾰족한 것'을 이야기하는 듯한 자기도취에 빠진다. 사실 오늘날에 와서는 상황이 역전되어 오히려 프랑스 철학자들의 글은 어렵고 독일 철학자들의 글이 명확하다. 그것은 프랑스가 더 이상 학문과 문화의 중심지가 아니라 변방으로 추락하고 있음을 보여 주는 것이다. 어쨌든 박홍규의 시대까지는 그 반대였고 독일철학은 어렵게 이야기하는 것이 더 철학적이기나 한 듯이 진행되었고, 그러한 전통은 그대로 일본으로 건너간다.

> [일본 사람들이 독일철학을] 독일보다 더 많이 해. 자네가 그랬던가? 야스퍼스 묘가 있는데, 거기 찾아가는 사람이 누구냐 하면, 일본 사람하고 한국 사람이라고. …… 나도 독일 가서 공부하는 사람한테 들었어. 일본은 아주 절대적이야. 그런데 해방 후에 달라졌지. 여러 가지 하고, 영미철학도 하고 프랑스철학도 하고 관심이 넓어졌어. 일

본 사람들이 플라톤 이해하기 어렵지. 그거 이해 못 해. 고전 모르고는 절대로 플라톤이나 베르그송은 이해 못 해. 법이고 무엇이고, 전부 독일서 받아들였어. 의학도. 그때는 독일이 과학이 성했거든. 그러니까 의학이니 물리학, 우선 일본이 필요한 것을 거기서 받아들였어. 과학도. 그래서 한국에서도 그전에는 전부 다 독일 말을 썼어. 해방 후에 영어 쓴 것이지. 의사들도. 좌우간 독일 말 썼어. 그리고 또 하나 독일 철학이 편리한 것은 무엇이냐 하면, 책 몇 권만 읽어도 얼른 논문을 쓸 수 있다는 얘기야. 몇 권만 읽어도 학생으로서 논문이 나와. 직장을 갖기 쉬워. 왜냐? 요컨대 독일철학은 강단 철학이야. 학생들한테 가르치는 철학이야. 그러니까 학생들은 그것을 배워가지고 얼른 논문 쓰도록 되어 있다고. 그런데 이런 철학은 논문 하나 쓰려고 해봐, 베르그송 읽어 갖고. 힘들어. 논문을 쓰려면 이거 다 알아야 해, 처음부터 끝까지. 그렇지 않으면 일부만 보고 쓸 수도 없고. 잘못 하면 맨 실증과학 얘기만 한다. 허허허. 나이가 들어야 하고. 일본서도 베르그송 연구해 놓은 것 보면 전부 실증과학이야. 이건 기본적인 형이상학을 이해하지 못 하면 안 돼. 도대체 문제 자체, 이 질서(ordre) 자체의 위치를 몰라, 철학상의 위치를. 이해가 안 가. 희랍철학도 그래. 그것 얼른 해갖고 얼른 논문 나오지 않아. 플라톤, 아리스토텔레스도 그렇고. 얼른 논문이 안 나와. 그러니까 얼른 출세하려면 독일철학 갖고 해야지.[6]

제국주의 시대에 독일을 통해 서양의 문물을 받아들였던 일본은

6 앞의 책, 232-3쪽.

철학도 독일식 철학이 지배했었고 그것은 그대로 경성제국대학을 통해 한국에도 전해졌다. 그런 독일철학의 특징은 강단 철학이라는 데에 있다. 도제화되어 있는 강단에서 철학을 배우고 선생을 따라서 자기네들끼리나 통하는 논문을 쓰고 그것에 의해서 인정을 받아 다시 강단에 서는 방식의 독일철학은 위에서 말한 방식으로 철학을 하고 따라서 거기에 익숙해지면 빠른 시간 내에 논문도 쓰고 출세할 수도 있었다. 그러나 형이상학에 대해서 조금이라도 글을 쓰려면 그 전체를 알아야 하고 그러려면 많은 시간이 필요하고 나이도 들고 해야 하므로 단시일 내에 이루어질 수 있는 것이 아니다.

박홍규의 비판의 칼날이 가장 먼저 독일철학으로 향했다는 것은 아마도 그가 재직했던 서울대학교의 상황과도 무관하지 않을 것이다. 일제 시대로부터 해방 이후에 이르기까지 서울대학교에서 독일철학의 영향력은 지대한 것이었다. 그런 시대에 그는 그것이 진정으로 학문하는 태도로부터 나온 철학이 아니라고 비판하고 있는 것이다. 그러나 그의 비판의 칼날은 독일철학에 멈추지 않는다. 해방이 되자 영미 계통에서 유학한 학자들이 속속 입국하고 그들은 종래의 독일철학이 논리적인 비약으로 채워져 있으며 엄밀하지 못 하다고 비판하고 나섰고, 그것은 상당한 설득력을 가지고 학생들에게 먹혀들었다. 그러나 박홍규는 영미 분석철학에도 찬동할 수 없었다. 언어 분석을 하면 언어에 관한 명료한 개념은 가질 수 있을지 모르지만 사물 자체에 대해서는 아무것도 가르쳐 주지 않는다는 것이다.

> 그러니까 얼른 출세하려면 독일철학 갖고 해야지. 그러고 또 요새

> 영미철학 계통도 출세하기에 좋아. 논리적으로 따지고 하잖아? 그것도 얼른 할 수 있는 철학이야. 얼른 논문이 나올 수 있는 철학이야.[7]

언어 분석을 하면 언어에 대해서는 뭔가 밝혀 줄지는 모르지만 다른 것은 아니다.

> 기호와 기호 사이의 관계에 붙잡혀 있는 한 물리적 세계를 못 벗어나. 우연적인 것이야, 그게. 사물과의 관계하고 달라. 그러니까 논리학을 아무리 해도 철학이 되지 않는다는 걸 알아둬야 해. 조심하라고. 도움되는 것도 있겠지만 말이야. 논리 구조란 문장구조 아냐? 저 외부 세계에는 문장이 없잖아? 문장구조가 어디 있어?[8]

기호끼리의 관계나 논리적 구조는 그 자신의 구조를 갖는 것이지 외부 세계의 구조와는 관계가 없다. 그러니 그것을 아무리 연구해 봐야 사물에 대해서는 알려주는 바가 없다. 말로 하는 영미철학의 성격은 스콜라철학과 거의 비슷하다. 스콜라철학과 같은 강단 철학은 강단을 세운 사람들의 의도가 있고 그 의도에 들어맞게 교과과정도 짜여 있어 거기에 맞게 공부해야만 시험 점수도 잘 딸 수 있고 나중에 출세하기도 좋다. 그리고 그것은 말로 이루어진다.

---

7 앞의 책, 233쪽.

8 전집 3『형이상학 강의 2』,「철학이란 무엇인가」, 91쪽.

게르만 민족이 침입해 들어올 적에, 그 사람들은 미개인이니까 스스로 데이터를 다룰 수가 없었습니다. 스스로 데이터를 다룬다는 것은 성숙된 지능을 가진 사람만이 할 수 있는 것이지, 그렇지 않은 사람들은 할 수가 없습니다. 국민학교 학생들은 스스로 데이터를 다루지 못하니까 선생이 하라는 대로 배웁니다. 바로 그런 과정이 중세 초기에 시작됐죠. 그러니까 국민학교에서 가르치듯이 우선 예전에 있었던 희랍이나 로마의 학문을 가르치는 것이죠. 지능이 성숙되면 스스로 데이터를 다뤄야만 될 텐데, 스콜라철학은 데이터를 다루지 않습니다. 데이터를 다루는 사람은 대체로 공학자, 가령 다리를 놓는 사람이나 건축가, 연금술사 같은 사람들이었죠. 그 사람들은 실지로 데이터를 가지고 싸우는 사람들이죠. 학원이라는 것은 인간이 만들어낸 하나의 제도입니다. 그리고 그 학원 속에서의 학문은 교수와 학생 사이의 가르침에 기초합니다. 그리고 교수는 강의 계획(plan)이 있어서, 그 계획에 따라 학생들에게 가르치죠. 그런데 학원이라는 것이 인위적인 제도이기 때문에, 그 학원을 세운 사람, 학원을 지배하는 사람, 학원을 지배하는 어떤 사회적인 최고의 기능에 의해서 지배를 받습니다. 중세기에는 그것이 로마 법왕이죠. 로마 법왕이 이것을 가르치라고 하면 그 학원은 전부 로마 법왕에 의해 지시된 철학을 교과과정(curriculum)으로 짜서 가르칩니다. 그러니까, 백년 가도 천년 가도 가르치는 방식에 있어서 똑같은 것을 되풀이한다는 결과가 나옵니다. 학원 철학은 요컨대 주입식이며, 나쁘게 말하면 일종의 세뇌작용이죠. 그러니까 폐쇄적이죠. 요컨대 데이터는 취급하지 않습니다. 아리스토텔레스는 데이터에서 출발해서 어떤 이론을 끄집어냈지만, 스콜라철학자는 데이터는 취급하지 않습니다. 어떤 과학사에 보면, 스콜라철학자는 가령 말 이빨이 몇 개냐고 물으면, 실제 가서 말의 이빨 수를 세 보지 않고, 아리스토텔레스의 책을 봐라, 그러면 거기 있을 것이 아니냐고 한답니다. 데이터는 취급하지 않습니다. 데이터는 망각하고, 어떤 일정한 계획에 의해 짜여진 교과서를 배워 가지고, 얼마나 이해했느냐, 네가 잘 이해했느냐, 내가 잘 이해했느냐, 자꾸 토론을 하지요. 말로 증명을 해야 됩니다. 그래서 거기서 논리학이 발달합니다. 본래 논리학은 말로 증명할 때, 즉 논증(argument)할 때 생긴 겁니다. 희랍 사람들은 자꾸 논쟁하거든요. 플라톤 대화편이 전부 토론 아닙니까. 그런데 아리스토텔레스는 실증과학자라, 말로 해봤댔자 무슨 소용이 있느냐, 데이터가 증명을 해야 한다고 생각합니다. 그래서 데이터를 직접 취급하는 학문과 말로써 증명하는 학문을 완전히 구별해서, 말로써 증명하는 학문은 학문에 넣지 않아 버렸죠. 현재 우리로서는 좀 편협해 보이지만, 이를테면 그만큼 자신만만하다는 얘기지요.[9]

아리스토텔레스가 데이터를 직접 취급하는 학문과 말로써 증명하는 학문을 구별했다는 것은 논리학과 다른 개별 학문을 구별했다는 말인데, 아리스토텔레스는 분명히 그의 학문 분류에서 논리학을 넣지 않았다. 이론학, 실천학, 제작학으로 나뉘는 그의 학문 분류는 대상에 따른 분류인데 거기에 논리학이 포함되지 않았다는 것은 논리학에 고유한 대상이 없다는 말이다. 그것은 모든 학문에 대상이

9 전집 2 『형이상학 강의 1』, 「고별 강연」, 28-9쪽.

있는데 논리학은 고유한 대상이 없다는 것을 의미하며, 논리학을 아무리 해봐야 알려지는 바, 즉 대상이 없다는 것을 뜻한다. 그 말은 논리 분석을 주로 하는 언어분석 철학을 아무리 해봐야 알려지는 것은 없다는 말이다. 즉 분석철학은 해봐야 소용없다는 말이 된다. 아리스토텔레스에게 논리학은 단지 예비학이었는데, 그 말을 바꾸면 분석철학은 철학은 하지 않고 준비운동만 계속하고 있다는 얘기가 된다. 분석철학이나 스콜라철학이나 모두 강단 철학이라는 점에서 같다. 강단 철학은 박홍규가 비판하는 대표적인 한 철학의 유형인데 그것은 강단을 세운 사람이나 권력자가 원하는 지식을 선생이 나름대로 짜서 가리키는 것이지 진리를 추구하려고 데이터를 직접 다루는 것이 아니다. 그 자신 강단 철학자 중의 하나였던 박홍규는 강단 철학의 그러한 비진리적 성격을 누구보다도 뼈저리게 느낀 사람이었다.

> 거기에 반해 스콜라철학과 같은 학원 철학은 데이터의 성격은 생각지 않고, 밑도 끝도 없는 어떠한 이론을 내세워서는 그것을 자꾸 학생들에게 주입시킵니다. 그러나 그러한 방법은 희랍철학에서는 곤란합니다. 또 불란서 철학에서도 곤란합니다. 또 서양철학의 주류도 아닙니다.[10]

이 '밑도 끝도 없다'는 말이 재미있는데 강단 철학은 자신이 하는

10 앞의 책, 53쪽.

이야기의 연원이 무엇인지도 모르면서, 또는 알더라도 무시하면서 하여간 권력자가 원하는 바이니 이렇게 알아라는 식으로 가르친다. 그러니 '밑도 끝도 없'이 가르칠 수밖에 도리가 없지 않은가? 그런데 그것이 다만 강단 철학만의 특징이 아니라 데이터에 근거하지 않은 모든 독사들도 모두 그러한 특징을 가진다. 위에서 정해진 생각을 가르치려니 그것과 맞지 않는 상황이 발생하면 "하여간 그런 거야. 토 달지 말고 그냥 외워"라고 할 수밖에 없지 않은가? 마치 영화 「넘버 3」에서 배우 송강호가 자신의 말에 토 다는 똘마니에게 재떨이고 뭐고 마구 던지면서 내뱉는 대사와 같은 상황인 것이다. 철학이 그런 모습을 가져서는 곤란하다. 그렇다면 그렇지 않은 철학을 해야 할 텐데 그렇지 않으려면 결국 데이터에 충실하게 철학하는 수밖에 없다. 그것이 플라톤에서 출발한 서양철학의 주류이며 아리스토텔레스를 거쳐 갈릴레오를 지나 그 전통은 프랑스로 간다는 것이다.

서로마의 문화권 속에 들어 있는 것을 대체로 서구라파라고 우리가 일반적으로 말할 수 있는데, 불란서는 갈로-로맹(Gallo-romain) 문화에서 드러나는 것처럼, 로마의 문화의 맏딸이라고 할 수 있습니다. 중세기에 로마에는 가톨릭교회의 법왕이 있고, 불란서에는 대학이 있고, 독일에는 황제가 있다고 하는데, 그것은 지금도 옳습니다. 그러나 플라톤으로부터의 서양철학, 서양 학문의 정수는 어디로 가냐 하면 불란서로 갑니다. 그리고 아까도 말한 바와 같이 실증과학의 그 배열이라든가, 분류, 분할은 오귀스뜨 꽁뜨가 해 놓은 것이 기본이고, 베르그송은 무엇을 재느냐를 묻고, 거기에 어떻게 대답하느냐에 따라서 모든 것이 달라집니다. 그리고 플라톤의 존재론만이 그것에 대한 정당한 대답입니다. 요컨대 서양의 그런 실증과학에 대응할 수 있는 이론은 베르그송에서 끝납니다. 왜냐하면 플라톤이 말한 것처럼 사물을 정리할 수 있는 것은 시간에서냐 공간에서냐 둘뿐이에요. 플라톤은 둘 다를 놓았고, 아리스토텔레스는 공간에서 형상 이론(form theory)을 놓았고, 베르그송은 시간에서 정리했습니다. 그 이외에는 없어요. 요컨대 서양철학의 주류는 데이터에서 출발합니다. 예전부터 서양의 학문은 대상화된 것을 취급했습니다.[11]

그러한 프랑스철학이란 결국 꽁뜨와 베르크손[12]의 철학을 말한다. 크게 보면 플라톤, 아리스토텔레스에서 시작한 참된 앎으로서의 철학은 여러 우여곡절을 통하고 특히 갈릴레오를 거쳐 꽁뜨, 베르크손으로 이어진다. 어찌 보면 매우 단순한 이런 철학사 파악은 그러나 가령 존재와 존재자의 철학을 구별한 하이데거보다는 훨씬

---

11 전집 2 『형이상학 강의 1』, 「고별 강연」 53-4쪽.

12 베르크손이나 베르그송이나 같은 사람이다. 박홍규 선생님은 옛날식으로 '베르그송'이라 발음하셨는데 아직도 표준말은 베르그송이다. 옛날에는 'Bergson'을 일반적인 불어 발음법에 따라 '베르그송'으로 읽었다. 그러나 이것은 원어 발음에 맞지 않는다. 정작 프랑스에서는 'Bergson'을 독일식 이름으로 생각해서 '베르크손'이라 발음한다. 필자는 거기에 맞춰서 '베르크손'이라 쓴다. 몇몇 학자들은 '베르그손'이라 쓰는 사람도 있는데 그것은 표준말에도, 원어의 발음에도 맞지 않는 얼치기 타협안이다. 'gs'는 'x'와 같은 발음이 나는 철자로 그것의 발음은 [gz]가 아니면 [ks]이다. 'exister'에서의 'x'는 [gz] 발음이 나며, 'taxi'에서의 'x'는 [ks] 발음이 난다. 그러니까 'Bergson'은 '베르그존'이 아니면 '베르크손'이라 발음해야 하는데, 프랑스에서는 물론 후자로 발음한다.

성숙한 파악이다. 하이데거 식으로 철학사를 본다면 그것은 결국 하이데거 자신의 존재의 철학과 그것 아닌 다른 모든 존재자의 철학으로 나누는 이분법적 파악이다. 어떻게 철학사가 그렇게 둘로 나누어질 수 있겠는가? 이것은 마치 나 아니면 다 나쁜 놈이라는 식의 유아적 시각이다. 그에 비해 박홍규의 철학사 파악은 여러 가지 철학이 있고 그것들은 물론 다 나름의 존재 이유가 있겠지만 정리하여 보자면 데이터에 근거를 둔 철학과 덜 그런 철학으로 나눌 수 있다는 것이니 훨씬 더 어른스러운 파악임을 부인할 수가 없다. 사실 필자가 보기에도 프랑스철학은 실증적 성격이 다른 어떤 나라보다 강하고, 형이상학적 요소도 가장 강한 것으로 보인다. 그렇기 때문에 오히려 역으로 오늘날과 같이 형이상학을 극복하려는 노력도 나온 것이 아닐까? 그것은 어찌 돼도 좋다. 하여간 박홍규의 철학사 파악은 데이터에 근거한 철학과 그렇지 못한 철학으로 구별한 것인데, 의문이 드는 것은 데이터에 근거한 철학이 주류라면 왜 그쪽이 훨씬 많아야지 그렇지 않은 쪽이 더 많은가 하는 점이다. 우리보고 얘기하라면 그렇지 않은 쪽이 더 쉽기 때문이라고 답하고 싶다. 그러나 박홍규는 좀 더 세련되게 대답한다. 철학은 모두 인간의 능력, 뒤나미스(dynamis)로부터 나오는 것인데 능력이 문제되는 한, 한쪽으로 완전히 치우친 경우, 즉 데이터를 완전히 다 아는 경우나 완전히 다 모르는 경우는 나오지 않는다는 것이다. 거기는 전지전능도 완벽한 무지도 나오지 않고 모두 어중간한 중간의 상태만 나온다. 다만 그 중에 데이터에 충실한 정도가 더 높은 경우가 플라톤이나 아리스토텔레스, 베르크손일 것이고, 다른 철학들은 거기에 못 미치는 경우가 될 것이다.[13] 인간의 일이란 항상 중간의 영역 어디선가 일어나는 것이요, 아무리 플라톤이나 베르크손이라 하더라도 모든 것을 다 설명할 수는 없고, 아무리 헤겔이라 하더라도 모든 것이 다 틀린 것은 아니라는 것이다. 다만 철학이란 앎 중에서도 가장 탁월한 앎을 추구하는 것이므로 철학을 하는 이상 가장 탁월한 쪽으로 선택해야 한다는 것이다.[14]

이제 마치 모든 것이 상대화된 것 같은 느낌을 가질지 모른다. 잘 해 봐야 100점은 받을 수 없고 못 해 봐야 0점은 나오지 않는다면, 이렇게 하나 저렇게 하나 마찬가지라는 걸까? 분명 그 말은 아니다. 혹시 옛 동양의 선인들이라면 그렇게 생각했을지도 모른다. 어차피 죽을 목숨 뭘 그리 아등바등 애를 쓰는가? 인생은 나그네 같으니 잠시 쉬어 간들 어떠하며, 놀다 가면 어떠하리. 나 혼자만의 인생이라면 그래도 될지 모른다. 그러나 잘하는 개인 여럿과 못 하는 개인 여럿이 모이면 나중에는 99점과 1점의 대비가 될지 모른다. 그런 차이를 우리는 조금 과장을 보태어 천양지차라 부른다. 사람들끼리 모여서 천양지차가 되면 한쪽은 지배자, 한쪽은 노예가 된다. 물론 지배자가 되는 것이 좋냐, 나쁘냐를 따질 수는 있다. 그러나 그것은 그래도 50점 정도는 맞은 사람들 이야기지 노예가 되어 버린 다음 생각할 일은 아니다. 중간 영역에 있는 사람들끼리는 그 영역 내에서의 차이가 크다. 99점과 1점은 모두 점수라는 면에서는 같지만 한쪽

---

13 전집 3 『형이상학 강의 2』, 「철학이란 무엇인가」, 도처에서.

14 같은 책, 같은 곳.

이 다른 쪽보다 99배 크다. 주인과 노예는 사람이라는 점에서는 같지만 한쪽이 다른 쪽에 대해 생사여탈권을 쥐고 있을 만큼 크다. 물론 철학 가지고 그렇게야 되겠느냐고 문제를 제기할 수는 있다. 그렇지 않을 수도 있다. 그러나 철학을 하는 한에서는 좋은 쪽을 택해야 한다는 것은 사활의 문제이다. 철학을 하는 한 독사에 만족하지 말고 에피스테메를 택하는 것은 사활의 문제이다.

3

형이상학의 방법

그렇다면 에피스테메로서의 형이상학은 어떤 것인가? 형이상학의 내용을 말하기 이전에 우선 그것을 어떻게 할 것인가를 먼저 살펴봐야 할 것이다. 에피스테메로서 적합한 방법으로 탐구된 내용이어야 하기 때문이다. 박홍규는 여러 군데에서 형이상학을 하는 방법을 이야기하지만 정작 정리된 형태로 논한 것은 찾기가 힘들다. 그러므로 그가 이야기한 것을 토대로 우리 나름대로 그 방법을 한 번 정리해 볼 필요가 있다. 앞 장의 논의에서 이미 형이상학의 방법에 대한 논의가 상당 부분 이야기되었으니 거기서부터 출발해 보자. 학문으로서의 형이상학은 무엇보다도 개인적인 인생관이 아니라 참된 앎이어야 한다는 것은 이제 두말할 필요가 없을 것이다. 그러므로

원칙 1. 형이상학은 독사가 아니라 에피스테메이다.

그것이 에피스테메가 되려면 또한 당연히 데이터에 기반을 둔 것이어야 한다. 에피스테메는

원칙 2. 그러므로 데이터에 기반을 두어야 한다.

모든 학문은 있는 것에 대한 탐구, 즉 어떤 대상에 대한 탐구이어야 한다. 그런데 개별 학문은 개별적 대상을 탐구하지만 형이상학은 무엇을 탐구하는가? 개별적 대상이 아니라 대상 일반을 대상으로 하는 것이 바로 형이상학이다. 즉 형이상학은 전체에 대한 탐구이다. 이 전체성에 관해서는 조금 있다 더 자세히 살펴볼 것이고, 우선 대상이 전체적인 존재라는 것에만 주목하자. 전체적인 존재를 데이터로 삼고 탐구한다는 것은 거기에 개인적인 관심이나 개인적 생각을 집어넣는 것이 아니라 그 데이터 속에서 그 데이터가 일반적으로 어떤 성격을 가졌느냐를 탐구해 내어야 한다. 그래야만 그렇게 나온 결과가 맞는지 아닌지 검증할 수가 있고 검증되는 것만이 에피스테메이다. 그리하여 에피스테메는

원칙 3. 그리고 데이터 속에서 나와야 한다.

속에서 무엇이 어떻게 나오는가? 데이터는 성격이 여러 가지여서 일률적으로 정하기 어렵다. 데이터란 무엇인가? 가장 쉽게는 우리가 눈을 뜨면 내 눈앞에 전개되는 일련의 사건, 사물, 사태들이다. 그것을 어떻게 볼 것인가가 철학의 출발점이 된다. 그중에서도 플

라톤에게서 데이터가 어떻게 나오는지가 매우 특이한 경우인데 우선 그것을 살펴보자.

그러면 도대체 플라톤에서 데이터는 어떤 성격을 띠고 있느냐 하는 문제가 나옵니다. 가령 아리스토텔레스하고 비교해 보면 대단히 흥미롭습니다. 아리스토텔레스는 사람이 있으면 그냥 사람이지, 늙은 사람, 누구누구의 아들, 어디서 온 사람 등으로 말하지는 않습니다. 아리스토텔레스에서는 그냥 사람이에요. 왜냐하면, 아리스토텔레스에 있어서는 늙은 사람이니, 젊은 사람이니, 어디서 온 사람이니, 누구 아들이니 할 적에, 그 젊다느니, 누구 아들이니 하는 것은 전부 사람에 대해 우연적인 속성이기 때문에 학문에서는 별 가치가 없다는 것이죠. 그러니까 그런 것들을 다 빼버립니다. 다시 말하면 아리스토텔레스가 말하는 데이터라는 것은 벌써 아리스토텔레스의 체계(system)에 의해서 추상화된 데이터라는 것입니다. 근세 물리학에 대해서도 우리가 그런 말을 할 수가 있고, 베르그송에 대해서도 그런 말을 할 수 있고, 모든 다른 철학에 대해서도 그런 얘기를 할 수가 있습니다. 그러나 플라톤의 데이터는 그렇지 않습니다. 이 사람은 늙었는데, 이름은 무엇이며, 누구누구의 아들이고, 어디서 왔고, 무엇하러 온 사람이라는 등등으로 자세히 나옵니다. 다시 말하면, 고유명사의 입장에서 데이터가 주어집니다. 철학적인 데이터라는 것은 개별 과학적인 데이터와는 달리 모든 데이터의 총체를 의미합니다. 플라톤은 그 데이터의 총체에 접근할 때에, 우선 직접적인 어떤 역사적 사건으로서, 다시 말하면 우리의 추상적인 사고가 하나도 들어가지 않는 상태에서부터 데이터를 이해합니다. 그러니까 실제 여기 있는 개별적인 누구인데, 몇 살 먹은 사람이고, 누구의 아들이고, 돈이 있고, 서울대학교에 다니는 사람으로 나오지, 아리스토텔레스처럼 그냥 사람, 그냥 집, 그냥 개로 나오지 않습니다. 이것이 플라톤에 있어서의 데이터의 특징입니다. 이것은 모르긴 몰라도 내가 알기로는 거의 유일무이한 경우입니다. 철학에서 사실 고유명사를 사용해서 저술을 쓴 사람도 있죠. 그것도 기억이 나는데, 그러나 유명한 철학자로서는 그 점에 있어서 플라톤이 특별한 사람이에요. 플라톤에서는 데이터가 항상 시간과 공간 속에서 고유명사로 표기될 수 있는 구체적인 사람을 중심으로 해서 일어나는 어떤 사건으로서 있게 됩니다. 그래서 그 사람들이 어떻게 우연히 만나게 되어 가지고, 그 만나는 사람이 철학자이거나—무지렁이라면, 대화는 안 통하겠죠—그 당시의 지식인들, 엘리트들이죠. 그 만난 사람들의 종류에 따라서, 대화의 계기가 되고, 거기서 비로소 어떤 문제가 나오면, 이제 그것이 무엇인가고 묻고, 거기에 대한 대답을 가지고, 그것은 그렇지 않고, 이렇지 않느냐, 하는 식으로 자꾸 말이 진행되는데, 그 결과가 어디로 가냐는 것은 우리는 모릅니다. 읽어 봐야 알지요. 어떤 계획(plan)이 있는 것이 아닙니다. 또 플라톤 자신은 대화록에 한 번도 등장하지 않고, 그 이름만 『파이돈』 편과 『소크라테스의 변명』에 한 번씩 나올 뿐입니다. 대체로 남이 말하는 것을 자기는 옆에서 듣고, 기록하는 식으로만 씌어져 있어요. 그런데 그 속에 들어 있는 데이터로서의 사람들이라는 것이 전부 구체적인 개인들입니다. 그러니까, 아테네에 사는 어떤 사람, 그런데 그 아테네는 어디에 있냐 하면 땅에 있고, 또 땅은 우주 속에 하나의 별로서 있고, 우주에는 또 다른 항성들이 있습니다. 플라톤의 우주론은 봉쇄적인 체계니까 우주도 하나의 고유명사입니다. 플라톤에게만 있으며, 고유명사로 지칭될 수 있고, 어떤 관계를 가지고 있는 하나의 사물이죠. 그러니까 그런 고유명사의 극한에서 본다는 것이 플라톤의 데이터의 특색입니다.[1]

아리스토텔레스에서는 데이터가 이미 자기 철학에 의해서 정리되어 있어서 본질적인 것과 우연적인 것이 구별되고 따라서 우연적인 것은 빼고 본질적인 것만 구별되어 나오지만 플라톤에서는 그런 이론적인 것이 들어가기 이전 상태의 데이터가 나와서 플라톤은 단지 그것을 기록하는 방식으로 나타난다는 것이다. 인용문에도 나오지만 이러한 경우는 서양철학사에서 플라톤에서만 일회적으로 일어난다. 그때 각 사람이나 사물들은 항상 어떤 시간과 공간 속에 있는 고유명사로, 그것의 개별적 조건, 즉 상황들과 더불어 나타난다는 것이다. 그 말은 즉 사물들이 여러 조건들과 뒤엉켜서 드러난다는 뜻이다. 그렇게 엉킨 것 그대로는 다루기가 힘들고 그 엉킨 것들을 우선 하나하나씩 떼어 놓아야 한다. 그러려면 무엇을 해야 하는가? 무엇보다도 먼저 운동을 빼야 한다. 운동을 빼면 질들은 엉키고 묶인 것에서 풀려서 그 연결들을 끊고 흩어진다.

플라톤에 있어서 데이터는 시·공간 속에 들어 있는데, 만약에 운동이 빠진다고 해보자. 그러면 질들은 모조리 연결에서 떠나서 전부

1 전집 2 『형이상학 강의 1』, 「고별 강연」, 14-6쪽.

흩어집니다. 흩어져서 그 자체 전부 유(有)로 됩니다. 그런 것을 우리가 보통 분석이라고 하죠. 희랍어로 'analysis'(분석)란 'ana-', 즉 위로, 되돌려서(zurück), '-lyo', 즉 풀어 놓는다는 뜻입니다. 그 분석이라는 말은 플라톤에서는 안 나오고—'lyo'라는 말은 나오지만—아리스토텔레스의 논리학에서 나오는 말이에요. 그 뒤에 그 말을 여러 학자들이 자기 마음대로 쓰는데, 그 기본 의미는 '풀어서 돌려준다', 또는 '자기 본성대로 놓는다'는 뜻입니다. 운동에 있어서는 우리의 인식의 대상인 질이 전부 묶여져서 무엇이 무엇인지 모르게 됩니다. 그러니까 시간이 공간과 관계를 맺고 있는데, 거기서 운동을 빼버리자는 것입니다. 그러면 그 속에 들어 있는 질은 전부 풀어져서 자기 자신의 동일성(identity)을 찾게 됩니다. 그런데 이 물리적 세계는 전부 질로 꽉 차 있습니다. 물론 거기에는 양도 들어 있죠. 아까도 말한 바와 같이 연장성 속에 들어 있으니까. 어쨌든 물리적 세계는 질로 꽉 차 있는데, 그것들을 묶어주는 것이 바로 운동이라는 그 요소입니다. 그러니까 운동을 다 빼버리면 이 물리적 세계 속에 들어 있는 모든 질은 전부 다 흩어져서 나와 버립니다. 그러니까 지금 여기 물리적 세계에서 주어진 사각형에는 제이 성질(secondary quality)도 들어 있고—제이 성질이 들어 있지 않으면 선을 그을 수도 없습니다—제일 성질(first quality)도 들어 있고, 모든 질이 다 들어 있습니다.[2]

엉킨 것을 풀면, 즉 운동을 빼면 그 속에 묶여서 연결되어 있던 질

2 앞의 책, 20-2쪽.

들이 풀려 나온다. 그렇게 풀려 나온 질은 다른 것들과의 연결을 끊었으므로 오직 자신만의 개별성, 독자성을 가지게 된다. 그것을 여기서는 '자신의 동일성을 찾'는다고 하고 있다.

> 요컨대 운동에서 벗어나면 자기동일성이 부여돼. 제일 첫 단계로 자체적인 것(kath' hauto)에서 자기동일성이 부여돼.[3]

자체적인 것은 자기동일성을 넘어서서 모든 공간성이 완전히 빠졌을 때 성립하는 것으로서 자체성이 공간 속에 들어오면 자기동일성이 된다. 그것은 나중에 더 자세히 살펴볼 것이고, 하여간 각자에게 자신의 자기동일성을 돌려준 후에야 철학적 반성의 대상으로 삼을 수 있다. 자기동일성을 가진 것은 다른 것으로 환원되지 않으므로 거기에 각자의 관심이나 인식 주관의 의도가 끼어들 수 없다. 그렇기 때문에 형이상학의 대상이 될 수 있다.

> 그러나 물리적 세계를 벗어난 세계에선 모든 것에 자기동일성(identity)이 주어진다면—이것이 대단히 중요해—그것이 어떤 성질이든지 간에 인식의 대상이 된다, 그 말이야. 자기동일성이 주어진다는 것은 그것 나름대로의 어떠한 성질이 있다는 것이고, 공간이건 무엇이건 자기동일성이 주어지면 다른 타자와 구별이 되고, 타자 바깥에 있기 마련이야. 그렇지? 타자와 섞이면 자기동일성이 성립하지 않

---

3 전집 3『형이상학 강의 2』,「철학이란 무엇인가」, 93쪽.

으니까. 그러면 인식 주관이 그것을 맘대로 할 수 있나, 없나? 맘대로 못 해. 인식 주관 속에 들어 있는 것이 아니야. 진정한 인식 주관은 그것을 객관화해서 볼 수 있는 것이야. 그럼 인식 주관 바깥에 있어. 희랍어에서 뭐든지 간에 'auto'(그 자체)를 붙이면 항상 밖에 있어. 섞이지 않아. 그걸 자체성이라 그래. 'itself'(그 자체), 그건 밖에서 주어져. 안 섞여.[4]

시·공간 속에 뒤섞여 있는 질들에서 운동을 빼면 개별 질들이 자기동일성을 가지고 드러난다. 그것을 우리는 분석이라고 한다. 분석이란 묶여 있는 것을 푸는 것이다. 그렇게 풀면 질들이 자기동일성을 가진 것으로서 드러난다. 자기동일성을 가진 것은 다른 것의 밖에 있는 것이고 다른 것과 섞이지 않는다. 형이상학은 그런 자기동일적인 것을 가지고 하는 것이다. 박홍규의 책의 도처에서 자기동일성을 확보하라는 요청은 바로 그런 이유 때문이다. 그러므로 우리는 다음과 같은 원칙을 세울 수 있다.

원칙 4. 형이상학은 자기동일성이 확보된 것을 가지고 한다.

그렇게 자기동일성이 확보되었을 때 대상화가 가능하다.

그렇지, 대상화가 될 수 있다는 애기야. 왜냐하면 A는 A대로 자기

4 앞의 책, 100쪽.

동일성이 있고, B는 B대로, C는 C대로 자기동일성이 있다는 것은 A와 B가 안 섞인다는 얘기야. 밖에 있다. 접촉은 할 수 있어. A가 자기동일성을 갖는다는 것은 주관에 의해서 맘대로 못 한다는 얘기야. A가 자기동일성을 가지고 있다면 B가 A를 맘대로 못 해, C도 A를 맘대로 못 해, 알아들었지? 주관도 맘대로 못 해. 주관이 맘대로 못 하는 것이 대상이야. 대상을 'object', 'Gegenstand'라고 하지? 'Gegenstand'란 것은 저항한다는 얘기야. 저항한다는 것은 무슨 얘기냐? 내가 그걸 변화시키려 하는데 그걸 반대하는 것, 자기 고집을 부리는 것, 자기동일성을 갖는 것이야. 동일성을 갖고 있기 때문에 'Gegenstand'라고 해. 자기동일성을 가지고 있지 않으면 저항할 필요가 없는 것 아냐, 그렇지? 변화해 버리지? 내가 그걸 파악하려고 하면 변해 버릴 것 아냐? 뉴턴 물리학에서 말하는 것처럼, 저항한다는 것은 그것이 나름대로 내가 미는 힘과는 다른 그 자체의 동일성을 가진 무엇인가가 있다는 것이지. 물리학적인 어떤 동일성이 있기 때문에 저항하는 거야. 그러니까 자기동일성이 주어지면 그것은 인식이 돼. 대단히 중요해.

그런데 가령 공간은 감각적으로는 인식이 되지 않아. 운동도 그렇고. 그런데 뭐든지 자기동일성이 주어지면, 자체적인 것(kath' hauto)으로서 자기동일성이 주어지면, 인식의 대상이 된다는 얘기야, 알아들었지? 이것은 대단히 중요해.[5]

5 앞의 책, 101-2쪽.

그렇게 자기동일성을 부여하면 모든 것은 대상화되어 드러난다. 그리고 변하지 않는다. 아까 앞에서는 질적인 것만 우선 이야기했지만 질뿐만 아니라, 시간, 공간, 관계맺음의 원리 등 모든 것이 그 속에서 드러난다. 드러나는 내용에 대해서는 다음 장에서 더 자세히 살펴볼 것이지만 우선 여러 가지 질이 엉켜 있는 상태를 풀어주면 질이 드러나는데 이 질은 항상 동시에 공간과 더불어 드러난다는 것에 주의하자. 그렇게 자기동일적인 것은 정의가 된다. 정의가 되면 정의된 것으로서는 하나이다. 이 하나를 플라톤은 이데아(=에이도스)라 부르고 이데아는 반복되는 것이 하나가 될 때, 즉 공간성이 다 빠졌을 때 성립하는 것이다. 그것을 자체성(kath' hauto), 또는 즉자성이라 부른다. 그 각각을 연결시켜 주는 것이자 구별해 주는 것이 공간이다. 사물을 그런 공간에 위치시키는 것이 바로 정의이다. 그러한 공간은 자기동일성을 확보해 주는 공간이며 그런 공간의 대표적인 것이 유클리드기하학 공간이다. 자기동일성을 확보하는 것이 곧 그것을 정의하는 것이고 정의는 플라톤이 말하는 이데아를 확보하는 것이다. 그러므로

원칙 5. 그렇게 자기동일성을 확보하는 것이 바로 정의를 내리는 것이며, 그것은 바로 이데아를 확보하는 것이다.

정의만 내리면 모든 것이 대상으로 떠오르고 자기동일성을 갖게 된다.

요컨대 정의의 공간에는 좌우간 정의만 되면 모든 것이 다 들어가. 인식되든 안 되든, 운동이고 시간이고 공간이고 허위고 무고 뭣이고 모두 다 들어가. 그런데 철학은 모든 것(panta)을 취급하고, 그 모든 것은 사물(pragma)로서 나타나야 되잖아. 그러니까 바로 정의가 가능한 공간에서 정의의 대상으로 나타난 것만을 이제 비로소 철학은 취급할 수 있게 되는 거야.[6]

그러면 정의의 대상, 즉, 다시 말하면 형상(eidos)으로서의 사각형은 어디서 성립하느냐, 그 말이에요. 기하학적 공간에서 성립하는 사각형은 얼마든지 되풀이될 수 있지만 형상으로서의 사각형은 되풀이될 필요가 없죠. 하나예요. 다시 말하면, 유클리드기하학에서 말하는 것처럼 똑같은 것은 합동해서 하나가 되는데, 바로 하나가 되었을 때 거기에서 공간은 끝납니다. 왜냐하면, 공간이라는 것은 둘 이상이 있어야 성립하는 것이기 때문입니다. 공간이란 두 개 이상의 질을 연결시켜 주는 하나의 연속성입니다. 물론 각각 다르게 구별하면서. 그러니까, 형상으로서의 사각형은 공간이 끝나는 곳에서 단 하나로서 성립하고, 그것을 우리는 즉자적으로 존재한다고 합니다.[7]

자기동일성을 가진 것에서 더 올라가면 공간이 끊어지는 데까지 가고 거기서 단 하나로서의 즉자적인 것이 성립한다. 그러나 정의

---

6 전집 2 『형이상학 강의 1』, 「인식과 존재」, 236쪽.

7 전집 2 『형이상학 강의 1』, 「고별 강연」, 20-2쪽.

의 대상인 자기동일적인 것은 거기에 공간이 들어간 것이고, 그것은 플라톤의 "그것이 무엇이냐"는 물음의 대답이 되는 것이다.

탈레스부터 플라톤에 이르기까지, 지적 기능이 죽 발달되었다고 했지? 그래서 플라톤이 "그것은 무엇인가(ti esti)?"를 물은 것, 이것이 대단히 중요해. 왜 무엇이냐를 묻느냐? 지난번 강의는 그 동기적인 입장에서 설명했지. 이번에는 인식론적인 차원에서, 인식 능력의 발달 과정에서 나타나는 '무엇이냐?'가 문제야. 이 세상에 여러 가지 것들이 있으니까, 무엇이냐를 물어. 파르메니데스처럼 우주가 일자(一者)일 적에는 무엇이냐를 묻지 않아. 파르메니데스는 존재가 존재로서 가득 차 있다, 모든 것이 같다는 거야. 그러나 플라톤에서는 모든 것이 다 다르니까 무엇이냐를 묻는데, 그때 그런 여러 가지의 구별이 분명해져야만 이 다(多)의 세계가 나타나. "무엇이냐?"의 대답은 뭐야? 정의(definition)야, 정의. 그러니까 대상의 세계에서 정의를 넘는 학문 체계는 없어. 그거 알아둬야 돼. 공간에서 볼 때 정의를 넘는 학문 체계는 없어. 그게 대단히 중요해. 정의를 넘는 인식이 있느냐, 없느냐? 대상의 입장에서는 없어. 그러나 가령 베르그송은 정의하는 지성(intelligence)이 자기 자신의 생명 그 자체로 다시 돌아와서 하나가 될 때, 전인적으로 움직일 때에는 생명적 기능으로서 넘어선다고 해. 또 이런 감각 기능 밑에 무의식적인 것, 진정한 자유 같은 것이 나와. 직관으로 나갔다가 신비주의(mysticism)로 나갔다가 해. 그런 기능 자체로 돌아가지 않으면 넘어설 수 없어. 그러나 그것도 대상화시켜 놓으면, 신비주의는 무엇이냐, 직관은 무엇이냐 하는 정의가 나와야 될 것 아냐? 그러면 대상화돼 버려. 대상화되면 또 항상 정의가 나와. 알아들었지? 항상 대상화시켜서 규정하면 정의가 나와. 베르그송은 생명현상은 정의의 대상이 아니라 경향(tendency)만 있다고 해. 왜냐하면 정의는 딱딱 끊어야 나오니까. 그러나 경향은 무엇이냐는 것에 대해서 또 정의가 나와야지? 그러니까 이 정의란 것은 학문적 사고에서는 항상 따라다녀. 가장 최고야. 대상화시킬 때에는 이것을 넘어설 수가 없어. 요컨대 대상화시키지 않고 주체적인 기능 자체 속으로 들어갈 때만 다시 넘어설 수 있는 것이지, 대상화할 적에는 항상 정의가 나와. 정의를 따라가. 그러니까 플라톤 철학은 대상화해서 보는 철학이야.[8]

플라톤 철학은 사물에 대해서 "그것은 무엇인가"를 묻는데, 그것을 묻는다는 것은 정의를 내리라는 말이고, 따라서 사물을 대상화해서 보는 철학이다. 그렇지 않은 철학들은 말할 것이다. 대상화되지 않는 것들은 어떻게 할 것이냐고. 그러나 그런 것도 학문을 하는 한에서는, 즉 학문의 대상이 되는 한에서는 또한 정의되어야 한다. 그러므로 학문을 하는 한에서 정의한다는 것이 항상 문제가 된다. 베르크손 철학은 바로 대상화하지 말자는 철학의 대표적인 경우인데 그렇다고 직관만 하고 가만히 있자는 것이 아니고 말로 표현을 하든지 어떻게든 해야 한다. 그러면 다시 정의하지 않을 수가 없다. 위의 인용문에서 나오는 베르크손 이야기가 모두 그런 것이다. 신비주의란 원래 감추어져 있는 것으로서 말로 표현이 되지 않는 것인데

8 전집 3『형이상학 강의 2』,「철학이란 무엇인가」, 108-9쪽.

그냥 거기에 머무는 것이 아니라 학문을 하는 한에서는 역시 대상화하지 않을 수가 없다. 생명의 경향도 끊을 수 없는 것이기 때문에 정의할 수 없는 것인데 그것에 대해서도 역시 말을 해야 하는 한 정의 내리지 않을 수가 없다. 그래서 정의란 "학문적 사고에서는 항상 따라다닌다"는 것이다.

그런데 자기동일적인 것, 정의된 질들은 공간과 더불어 주어진다. 공간이란 무엇인가?

> 여기서 우리는 공간이라는 것이 무엇이냐는 것부터 이해를 해야 돼요. 플라톤 철학을 이해하기 위해서도, 그 뒤의 철학을 이해하기 위해서도 이것은 기본적인 문제입니다. 공간은 시간하고 대립이 되는데, 시간은 운동이 있어야 돼요. 그런데 여기서 문제되는 것은 질(quality)입니다. 제일 성질(first quality)은 공간이 가지고 있는 질이죠. 그런데 공간이라는 것은 항상 정지해 있는 것, 구별되는 것, 이것은 여기에 있고, 저것은 저기에 있다고 구별될 수 있는 것들에만 씁니다. 여기에 있다, 저기에 있다는 것은 무엇으로 아느냐 하면, 여기에 있는 사물의 질과 저기에 있는 사물의 질이 다르거나, 또 그 양쪽을 다르게 하는 질이 중간에 있기 때문입니다. 질이라는 것은 각각 서로 다른 것을 말합니다. 다른 것을 질이라고 하지, 같은 것은 질이 아니라 양이라고 합니다. 그런데 질이 각각 자기동일성(identity)을 가지고 있으면 운동은 성립하지 않습니다. 운동이라는 것은 따라서 질이 연결되어야만, 묶여져야만 성립합니다. 그러니까 한 마디로 말해서 시간, 운동이라는 것은 질의 연속 과정, 연결되는 과정이라고 얘기할 수 있습니다.[9]

질들은 시간과 공간 속에서 주어지는데, 공간은 시간과 반대되는 것이다. 시간은 질들을 연속시키는 과정인 운동이 일어나는 곳인 데 비해 공간은 질들을 서로 구별되게 해주는 무엇이다. 플라톤의 철학은 공간적 철학으로서 가장 먼저 공간을 객관적으로 다루려고 한다. 그 방법은 바로 재는 것이다.

> 어쨌든 요점은 재지 않는다면 모든 사물에 대한 정확한 지식은 없고, 주관적임을 면할 수 없다는 것입니다. 사물을 정량적으로 재야 됩니다. 잰다는 것은 또한 그것이 되풀이될 수 있다는 것을 의미합니다. 재어진 것과 재어진 것 사이에 일정한 관계가 있고, 그것이 되풀이될 때, 우리는 그것을 법칙이라고 합니다. 당시에 있었던 그러한 학문이 바로 기하학이죠. 기하학은 땅을 잰다는 뜻입니다. 또 지금은 양을 가지고 얘기했지만, 모든 질(quality)에 있어서도 다 마찬가지예요. 데이터가 연장성 속에 들어 있다는 것은 다 같고, 다만 질을 잴 때에는 정도차(degree)가 문제된다는 것만 다릅니다. 정도차를 어떻게 정확히 잴 수 있느냐, 어느 정도 붉냐, 어느 정도 희냐, 어떻게 하면 더 흰색을 내느냐 등이 문제되죠. 하여간 그런 학문의 전형이 당시에는 기하학이었습니다.[10]

플라톤뿐만 아니라 모든 실증과학자들도 우선적으로 하는 일이

9 전집 2 『형이상학 강의 1』, 「고별 강연」, 20-2쪽.

10 위의 책, 17-8쪽.

재는 것이다. 물론 제일 성질이 재어지느냐는 문제가 플라톤에서는 항상 제기되지만, 그것도 하여간 객관적으로 탐구되는 한 어떤 방법으로든 재어져야 한다.

> 쟀다는 데 문제가 있어. 실증과학자가 하는 일은 맨 처음에 재. 첫째 재. 현대물리학하고 고대물리학이 어디가 다르냐? 어느 정도 미시적으로 사물을 잴 수 있느냐에 있어. 잴 수 있어. 'arētē'는 하나도 재지 않았지. 재지 않고 얘기만 하고 있잖아, 지금. 여기는 제이 성질이 아니라 제일 성질인데 우선 2피트라고 딱 잰 데 있어. 재. 실증과학자가 하는 일은 맨 처음에 재는 데 있어. 재려면 무엇을 재? 데이터가 있어야지? 그러니까 데이터 없는 모든 지식은 실증과학이 되지 않아. 알아들었지? 데이터가 있어야 할 것 아니야. 데이터가 없는 학문은 자기 견해나 우리의 사회적 관습이지 실증과학은 되지 않아. 이것을 반드시 주의해야 돼. 요컨대 플라톤 철학에서 베르그송에 이르는 가장 중요한 문제는 데이터가 없이 얘기하지 말자는 거야. 데이터 없는 얘기는 하지 말재. 그런데 데이터가 우리에게 어떻게 주어지느냐 하면 맨 처음에 우리에게 이렇게 잴 수 있는 것으로서 주어져.[11]

그러므로 공간적 철학과 실증과학이 우선 해야 하는 원칙은 다음과 같은 것이다.

---

11 전집 5『베르그송의 창조적 진화 강독』,「강독 26」, 607-8쪽.

원칙 6. 개별 과학이나 공간 철학은 우선 공간을 재며, 반복되는 것을 잰다.

공간을 재면 거기서 정량적 법칙이 나오고, 정량적 법칙이 나오면 정량적 학이 나온다. 희랍에서 그런 학문으로 대표적인 것이 기하학이다. 마치 근대 철학의 전형이 물리학이듯이 기하학은 플라톤 철학의 전형이 된다. 어쨌든 잰다는 것은 데이터를 취급하는 가장 기본적인 원칙이 된다.

원칙 7. 재면 거기서 정량적인 법칙이 나오고, 법칙이 나오면 정량적 학이 나온다.

> 그러면 연장성, 유클리드기하학이란 것을 봐. 모든 학문 중에서 우리에게 주어진 데이터에서 추상적인 세계로 올라갈 수 있고 또 추상적인 세계를 바로 연장성의 세계에서 검증할 수 있는 학문의 가장 전형적(typical)인 학문의 하나가 바로 유클리드기하학이야. 그렇지? 그걸 머리에다 딱 집어넣어 둬. 사실 우리가 플라톤 읽어 보면 핵심적인 점이야. 요컨대 데이터가 있어야 된다는 것. 그 다음에 정량적인 학이 나와야, 법칙이 나와야 된다는 것. 재어야 된다는 것. 그 다음에 정량적인 관계 법칙이 나와야 된다는 것. 정량적인 것이 나오지 않으면 법칙(law)이 나오지 않는다, 추상화되지 않는다, 이걸 아주 분명히 해야 돼.[12]

정량적인 법칙이 나오고 정량적인 학이 나온다는 것은 그것은 사물 속에 항상 반복되는 것이 없나를 살펴보는 것이다. 형이상학의 대상이 되는 것은 사물 전체인데, 고대에서는 그 사물 전체를 우선 '자연'이라고 보았고, 그 자연을 자연으로서 탐구하는 것이 자연학이다. 그러므로 형이상학은 우선 자연학을 놓고 그 속에서 항상 반복되는 법칙이 무엇인가를 본다.

> 자연학(physics) 속에 들어 있는 되풀이되는 것을 끄집어내어서 그것을 취급하는 것이 형이상학이지. 모든 자연학 속에서 들어 있는 언제든지 반복(repeat)되는 요인을 끄집어내서 상호관계를 논하는 것. 자연학은 무엇을 대상으로 하느냐 하면, 자연, 사실의 세계를 논하는데, 물론 형이상학자는 자연학하고 사실의 세계를 동시에 논해. 자연학만 갖고 논하지 않아. …… 가령 아리스토텔레스 같으면, 자연학에서 언제든지 되풀이되는 것, 가령 형상(Form)과 질료(matter)더라, 개체더라.[13]

모든 자연학 속에서 반복된 것을 끄집어내면 그것은 사물들을 성립시키는 원리가 될 수도 있다. 가령 아리스토텔레스의 형상과 질료처럼. 그런 원리를 찾아낼 수만 있다면 그것을 근거로 각 사물들의 연관관계도 살펴볼 수가 있다. 그러므로 다음과 같은 원칙을 채

---

12 앞의 책, 614-5쪽.

13 전집 3『형이상학 강의 2』,「철학이란 무엇인가」, 111쪽.

택할 수가 있다.

원칙 8. 각 사물 속에서 반복되는 요인을 끄집어낸다.

모든 사물에서 반복되는 것을 끄집어낼 수만 있다면 그것이 모든 사물의 원리로서도 기능할 수 있다. 그러므로 반복되는 것을 끄집어내는 것은 형이상학적 원리를 찾는 데 매우 중요한 방법이 될 수 있다. 그것은 다음 장에서 드러날 것이다. 한편 위의 인용문에도 나왔듯이 반복되는 것이든 무엇이든 무언가를 끄집어낸다는 것은 다른 말로 하면 추상한다는 것이다. 또 정의를 내리고 자기동일성을 찾는 것도 사물을 추상하는 것이라 할 수 있다. 추상은 각 개별 사물을 그것과 관련을 맺고 있는 다른 것과 구별하는 것이다. 각 사물이 관계를 맺고 있는 것은 민족 · 가족 · 혈연 · 관심 · 관습 · 편견 · 언어 · 기호 · 소망 등 여러 가지이다. 정의를 내린다는 것은 그 모든 것을 벗어난다는 뜻이다. 이것을 한마디로 표현하면 물리적 세계와 신체를 벗어나는 것이 된다. 그에 대한 설명은 「철학이란 무엇인가」라는 강의 전편에 걸쳐 설명되어 있다. 우선 그 내용을 보자.

철학이란 사물을 지적으로 가장 탁월하게 취급하는 능력이다. 그런데 탁월이라는 것 자체가 정도 차가 있다는 말이다. 그러니까 그것은 여러 다른 철학이 나올 수 있다는 이야기이지 어느 하나의 완전한 전지전능한 철학만이 있다는 것이 아니다.

그런데 철학이라고 하는 것은 요전 시간에 이야기했듯이, 사물을 지적으로 가장 탁월하게 취급할 수 있는 능력이야. 그런데 이 탁월이란 말 그 자체가 비결정론적이야. 정도(degree)가 있다는 얘기야. 그러니까 어떤 철학은 어떤 측면에서 다른 철학보다 탁월하다는 얘기는 할 수 있지만, 어느 하나의 철학만 있다고 할 수는 없어. 하나의 완전한, 전지전능한 철학은 없어, 있을 수가 없어. 만약 전지전능하다면 하나의 철학만 나와야 돼. 그러나 하나의 철학만 나올 수는 없어.[14]

철학이 능력의 문제로서 항상 정도 차를 가지고 나타나는 과정이란 이야기는 이미 앞에서 했다. 그런데 탁월한 지능의 주체자는 영혼의 자기이다. 그 주체자가 자신의 기능을 가장 잘 발휘하는 것은 그것을 방해하는 것을 벗어났을 때이다. 그런데 그 방해자는 자기 속에 있는 자기가 아닌 것 즉, 신체이다. 신체를 벗어나야 자체적인 것을 본다.

그러면 이제 지능이 가장 탁월하게 사물을 볼 수 있는 경지가 어디냐 하는 문제가 생겨. 플라톤의 대화편을 가지고 이제 한번 보잔 말이야. 그러면 지능의 주체자는 영혼(psychē)의 자기운동(autokinēsis)의 '자기(auto)'야. 영혼이 주체자야. 그러니까 가장 탁월하게 사물을 볼 수 있는 때는 영혼이 그 기능을 완전(full)하게 발휘할 때야. 플라톤에서는 영혼에 두 가지 기능이 있어. 하나는 운동 그 자체를 유지하려고 하는 능력으로서의 지적 능력이고, 또 하나는 그것을 방해하는 것

14 앞의 책, 84쪽.

이야. 방해하는 것은 어디서 주어지느냐? 밖에서 주어지는 수밖에 없어. 자기(auto)에 대해 그것을 방해하는 것은 항상 밖에서 주어져, 따로. 그런데 플라톤은 『파이돈』편에서 그것의 극한치를 놓아. 즉, 우리의 신체적인 것을 놓아. 그러니까 영혼이 신체로부터 해방되어서 볼 때에는 사물을 그 자체로서 봐. 우리 눈으로 볼 수 없는 것, 자체적인 것(kath' hauto)을 봐. 『파이돈』편의 어디냐면 말이야, 내가 면수만 일러줄게, 봐. 83a-b, 여기 봐. "그것(영혼) 자체가 사유하는 것은 어떠한 것이든 존재자들 중의 자체적인 것이다(ho ti an noēsē autē kath' hautēn auto kath' hauto tōn ontōn). ……" 그러니까 우리 인식 기능은 영혼이 하는데, 이제 말한 바와 같이 신체 속에 가둬져 있다는 조건 속에서만 보는 걸 감각이라고 하지? 결국 감각을 떠난다는 얘기야. 플라톤은 물질이 영혼을 거꾸로 가는 운동을 한다고 해. 그래서 물질이 영혼을 방해, 제약하고 있어. 그걸 벗어나야 된다는 얘기야. 완전히 벗어날 때는 "auto kath' hauto tōn ontōn", 즉 존재자 그 자체를 본다는 거야.[15]

신체란 우리가 가지고 있는 물질적인 측면이다. 즉, 물질이 영혼을 방해한다. 거기서 관심 · 의견 · 관습 등이 나온다. 그 모든 것을 떠나야 한다.

우리가 행동할 때는 관심(interest)이 들어가지? 그런 것에서 떠나

15 앞의 책, 84-5쪽.

라고 했어. 『테아이테토스』 편에서 그런 것을 떠나야 철학자가 된다고 얘기했지? 발 밑에 있는 모든 일상생활에 무관심(amelēs), 즉 관심을 두지 않고 천체를 보거나 자체적인 것을 보는 것을 철학가라 했지? 요컨대 신체에서 떠나야 돼. 『테아이테토스』 편에서 또 뭐가 나오느냐 하면, 프로타고라스의 상대설 나오지? 신체를 가지고 있어서 그렇지? 때에 따라, 사람에 따라 의견(doxa)이 다르다고 했어. 그게 무슨 얘기냐? 사회라는 것이 왜 성립하느냐는 것을 생각해야 돼. 사회라는 것은 두 사람이 있어야 사회가 되지, 한 사람 갖고는 안 돼. 그런데 그때 가령 하나의 유기체처럼 간이나 폐가 합해서 연결되어 있으면 사회라고 하지 않아. 떨어져 있어야 돼. 나는 나고 너는 너다, 딱 구별되어야 돼. 그러면서 관계를 맺어야 사회가 성립돼. …… 그러니까 생명력이 갈라지는 것은 우리의 신체에 의해서 나는 나고 너는 너라는 이런 개체가 딱 성립할 때야. 이 신체의 개체성을 파괴해 버리고 나면 속에 있는 생명이 하나로 뭉쳐. 하나의 근원으로 돌아가. …… 그러면 여기에는 여기 나름대로의 생활 습관, 행동 방식이 형성될 거 아냐? 그래서 상대적이 된단 말이야. 일본 사람은 일본 사람, 한국 사람은 한국 사람, 중국 사람은 중국 사람대로 관습(nomoi)이 생겨서 행동 방식, 생활 방식이 달라. 환경에 적응하는 방식이 다르니까. 그러면 거기에는 거기 나름대로의 관습이 있고, 거기에 따라서 상대적인 가치 평가가 있어. 그러니까 그런 것이 성립하는 이유는 요컨대 신체(sōma) 때문이야. 신체라는 것은 지금 여기서 물리적 세계(physical world)를 대변하고 있는 거야. 물리적 세계에는 신체가 있을 뿐만 아니라, 운동이 있어. 물리적 운동(physical movement)이 있어. 그것이 특징이

야. 그러니까 우리가 추상한다는 것은 물리적 세계에서 벗어난다는 애기야.[16]

신체에서 각자의 관심, 의견, 민족, 혈연, 관습이 생겨나고 그것은 물질의 운동 방식으로 물리적 세계를 반영한다. 조금 더 읽어 보면 편견, 기호, 언어, 소망도 생긴다. 그런 것 모두를 벗어나야 한다. 그러려면 물리적 세계를 벗어나야 한다.

우리가 추상한다는 것은 물리적 세계에서 벗어난다는 얘기야. 가령 유클리드기하학 같은 추상적 학문이란 것은 삼각형이 있는데 그것을 일일이 재어서 하는 기하학이 아니라는 말이야. 물리적 세계에 있다면 실제로 재어야지? 재어야 되는데 재지 않고 내포(implication) 가지고 하는 것이지? 그러니까 그것은 물리적 세계 속에 들어가지 않는다는 것을 곧 알 수 있지? 그래서 아리스토텔레스는 그것을 사유 질료(hylē noētē)라 그러지. 물리적 공간(physical space)이 아니라 사유적(noetical)인, 즉 이론적인 공간이야. 거기서만 성립해. 요컨대 물리적 세계 속에 들어가지 않는다는 얘기야. 완전히 벗어났다는 얘기야. 그러니까 플라톤에서 물리적 세계와 물리적 세계에 들어가지 않는 세계, 물리적 세계가 아닌 세계가 완전히 구별되었다는 거야. 이것이 대단히 중요해. 왜냐하면 아까도 말한 것같이 희랍에서 안다는 말을 보면 전부 구체적인 것, 경험적인 것에서 추상적인 것으로 올라가. 다

16 앞의 책, 86-7쪽.

그렇게 되어 있어. 'eidenai'(보다, 알다)라는 말은 첫째 눈으로 본다는 얘기지? 그러나 나중에는 눈으로 보는 것이 아니라, 눈으로 보는 것 자체를 넘어서서, 그것도 포함해서, 안다는 것 일반으로 가. 철학, 즉 'philosophia'란 말도 구체적인 행동을 해서 사물을 잘 처리한다는 의미에서 나중에 지적으로 처리하는 것을 뜻하게 돼. 'theoria'(관조)는 눈으로 실제로 보는 건데, 나중에는 추상적인 것이 돼. 이론적 학(theoretical science)이라고 할 적에는 눈으로 보는 것이 아니야. 희랍의 안다는 말을 분석해 보면, 전부 구체적인 물리적 세계에서 추상적 세계로 올라간다는 것이 특징이야. 그것이 뭐냐 하면 지능이 그렇게 발달했다는 얘기야. 우리말로 하면, 눈으로 본다, 그것으로 끝나, 그렇지? 추상적인 의미는 없지? 그런데 희랍어에서는 그렇지 않아. 눈으로 본다는 것이 나중에 추상적으로 안다는 얘기가 돼. 희랍어에 안다는 말이 거의가 다 그래. 추상적으로 올라가, 전부 다. 그 말은 지능이 그렇게 구체적인 저급 상태에서 추상적인 세계로 부상했다, 물리적 세계에서 물리적이 아닌 세계로 올라갔다, 지능이 발달했다, 그 얘기야.[17]

그렇게 지능이 발달하면 신체적 물리적 세계에서 벗어나 사물을 그 자체로서 본다는 것이다. 그 말은 즉 사물을 자기동일적으로 취급하면 신체적 물리적 차원에서 벗어나서 추상해야 한다. 그것을 원칙으로 세우면 다음과 같다.

---

17 앞의 책, 87-8쪽.

원칙 9. 자기동일성을 확보하는 것은 사물을 추상한다는 뜻이다. 추상은 물리적 세계와 신체를 벗어난다는 것을 의미한다. 그럴 때 민족 · 가족 · 혈연 · 관심 · 관습 · 편견 · 언어 · 기호 · 소망 등을 벗어나게 된다.

그렇게 추상하여 사물을 정의하면 모든 것들이 동시에 주어진다. 그러면 이제 진정한 형이상학이 가능해지는 길이 열린다.

> 정의의 대상이 되면 있을 수 있는 모든 것이 서로 동시에 주어질 수 있어. 이게 대단히 중요해. 동시에 주어지니까 이 문장을 쓰지, 동시에 주어지지 않으면 문장 못 쓰지, 그렇지? 문장을 쓰려면 동시에 주어져야 될 것 아냐? 그러면서 그 하나하나가 딱딱 자기동일성을 갖고 있어야 명확한 기술이 성립해. 그것이 조건이야. 그런데, 가령 여기 책이 하나가 있다고 했을 때, 이 속에 들어 있는 지식 내용을 전체로서 취급할 적에 도대체 이것은 어떤 성격을 갖고 있느냐, 다시 말하면 대상화될 수 있는 지식의 일반적인 성격은 무엇이냐 하는 문제가 나와. 왜냐하면 철학은 탁월하게 취급하는 것인데, 탁월하게 취급한다는 것은 일부만 취급하는 것이 아니라 가능한 전부를 취급하는 것이니까. 그런데 전부라 했을 때, 내가 갖고 있는 지식 전부, 저 사람이 가지고 있는 지식 전부, 내용이 다 달라. 저 사람 다르고 이 사람 다르고, 플라톤이 가지고 있는 지식 다르고, 현대인이 가지고 있는 지식 달라. 그러나 그 나름대로 가지고 있는 지식, 대상화될 수 있는 지식의 전체의 성격은 무엇이냐 하는 문제가 나와. 철학이라고 하는 것은 으뜸 되게

> 탁월하게 사물을 취급하는 거니까, 가능한 한 하나라도 남겨 놓지 않고 취급해야 탁월하지, 그렇지 않으면 탁월하다고 말 못 하지. 그러니까 탁월함의 극한치는 그때그때 주어진 지식 내용의 전부를 총체적으로 연관지어서 그것이 어떠한 관계에 있는가 하는 것을 따져야 돼. 한 사물이 주어질 때 그것만 취급하면 안 돼. 모든 사물과의 총체적인 연관하에서 취급해야 탁월해, 알아들었지? 철학의 의미는 그거야.[18]

모든 것이 동시에 주어지면 그 전체를 놓고 사물을 전체의 총체적 연관에서 취급할 수 있게 된다. 그렇게 하는 것이 바로 형이상학이다. 이를 원칙으로 세우면 다음과 같이 된다.

원칙 10. 사물을 정의하면 모든 것이 동시에 주어진다. 그 전체를 놓고 총체적 연관에서 사물을 취급하는 것이 형이상학이다.

전체 사물이 주어졌을 때 가장 먼저 무엇을 해야 하는가? 흩어진 사물들은 무조건 동일선상에서 모으는 것이 아니라 그들 사이의 상호 연관 관계를 보면서 그것들을 정리해야 한다. 그것이 분류(classification)이다. 그러므로 다음과 같은 원칙이 성립한다.

원칙 11. 모아진 전체 사물을 분류한다.

---

18 앞의 책, 109-10쪽.

그러니까 형이상학은 요전에도 말한 바와 같이 원칙적인 것을 논해야 돼. 원칙적인 것을 논하려면 모든 사물을 제각기 다 분류(classify)해야 돼. 철학은 요컨대 사물을 제대로 다 분류한다는 얘기야. 분류하지 않으면 안 돼. 분류하지 않으면 철학이 나오지 않아. 실무자는 분류하지 않아도 상관없어. 가령 요전에도 말한 바와 같이 수 자체와 기호 자체는 분류하지 않아도 아무 상관없어. 그러나 철학은 곤란해. 철학하는 사람은 아, 이런 것은 수의 현상이고 이런 것은 기호라고 분류를 딱딱 해야 돼. 그렇지 않으면 원칙적인 문제는 나오지 않아. 학문의 위치가 나오지 않아. 분류를 해서 이것이 이러니까 두 개가 합해져 있다, 그것을 설명하는 것이 철학이란 학문이야. 그렇지? 그냥 분류하지 않고 받아들이면 곤란해. 만약에 분류를 하지 않는다고 생각해 보자. 환원주의자들처럼 가령 모든 것이 물리현상으로 돌아간다고 가정을 해보자. 유물론자와 같이 생리현상이든 뭐든 전부 다 물리현상으로 돌아간다고 가정해 보자. 그러면 그런 사람이 모순율이나 동일률을 얘기할 필요가 있는가, 없는가? 실지 헤겔 같은 일원론자들은 모순율을 얘기하지 않아. 다 까먹어. 어떤 형태로든지 까먹어. 요컨대 분류를 하지 않는 학문은 어떤 이유로든 간에 모순율과 동일률을 까먹어. 왜 까먹어? 분류하면 모든 개별적인 학문이 나와. 개별적인 학문은 개별적인 그 범위 내에서만 적용이 되는 거고 다른 것에는 적용이 되지 않는다는 가정이 나와. 그러니까 모든 학문 전체를 취급할 수 있는 원칙은 모든 개별 과학으로 환원될 수 없다는 이론이야. 모순율과 동일률은 그럴 때만 성립해. 한 학문이 다른 학문으로 환원된다면 그것만 하면 되는 것 아냐. 실지 그 사람들은 모순율, 동일률을 논하지 않아. 만약 논한다고 하면 어딘가 잘못 됐어. 일원론자들이나 유물론자들이 모순율, 동일률 논하나? 논할 필요가 없어. 유물론자뿐만 아니야. 어떤 종류건 간에.[19]

분류는 형이상학의 기본이고 이것을 하지 않으면 모든 것을 혼동하게 된다. 분류를 하지 않으면 환원주의로서 결국은 유물론 같은 것으로 돌아가기 마련이다. 분류한다는 것은 결국 무슨 뜻인가?

> 그러니까 모든 것을 분류하라는 말은 사물을 모조리 먼 데서 보라는 얘기야, 존재론은. 객관화해서 보라는 얘기는 먼 데서 보라는 얘기야. 유물론자들은 물질 속에 톡 빠져 있으니까 그런 소리 하는 것 아냐, 빠져 있으니까. 그러니까 우리 인식이란 것은 항상 대상화해서 먼데서 보라는 얘기 아냐. 우리 지능이 발달하면 발달할수록 객관화해서 멀리서 봐. 제삼자의 입장에서 봐. 지금 여기 어린애서부터 발달한다는 발달심리학자가 그것을 다 증명하고 나서는 얘기 아냐. 폭 빠져 있는 사람들은 모순율, 동일률이 없어. 폭 빠지면 자기 학문만 갖고 모든 걸 다 보려고 하지.[20]

분류를 하라는 것은 어느 한 군데에 폭 빠지지 말고 사물을 먼 데서 보라는 이야기이다. 그것은 결국 사물에 자신의 존재를 돌려주

19 전집 5 『베르그송의 창조적 진화 강독』, 「강독 23」, 557쪽.
20 위의 책, 558쪽.

는 작업이다. 분류하려면 같은 것은 같은 것끼리 모으면서 다른 것은 다른 것임을 알아야 한다. 그 과정이 다름 아닌 변증법이라 불리는 과정이다. 이 과정에 대한 논의를 박홍규의 지금 남아 있는 문헌에서 찾기는 어렵다. 그러므로 플라톤으로 직접 들어가서 그것을 한 번 살펴볼 필요가 있다. 이것은 특히 『소피스트』 편에서의 변증법에 대한 기술의 부분인데 이 부분에 대해서는 필자가 이미 「소피스트편의 세 가정과 변증법」[21]이라는 글에서 살펴본 바가 있으므로 그 부분을 주로 참고하여 논할 것이다. 우선 『소피스트』 편에서 변증법에 대해서 기술한 부분부터 보자.

> 그것(변증법)을 할 수 있는 사람은 다음과 같은 것을 충분히 꿰뚫어 볼 수 있어야 하네. (1) 하나하나 각각이 따로 떨어져 놓여 있는 여러 사물들을 통하여 그 모두로 펼쳐져 있는 하나의 형상(mian idean dia pollōn, henos hekastou chōris, pantē diatetamenēn)과 (2) 하나의 형상이 밖에서 감싸고 있는 서로 다른 여러 형상들(pollas heteras allēlōn hypo mias exōthen periechomenas), (3) 다시 여러 전체들을 두루 하나로 통일하는 하나의 형상(mian au di' holōn pollōn en heni synēmenēn), (4) 그리고 모두가 따로따로 분리되어 있는 여러 형상들(pollas chōris pantē diōrismenas)을 말이네. 그런데 이것은 곧 유에 따라서 그들 각각이 어떻게 서로 관계를 맺을 수 있으며, 어떻

21 최 화, 「『소피스트』 편의 세 가정과 변증법」, 대동철학, 24집, 2004, 439-65쪽, 특히 454-61쪽 변증법의 부분.

게 맺을 수 없는지를 분별할 줄 아는 것이네.[22]

이 간단한 구절이 변증법을 묘사한다니 플라톤도 참 코믹한 데가 있다. 이렇게 간단히 묘사되었기 때문에 오해의 여지도 많았고 실제로 특히 분석철학적 관점에서 여러 이견이 있어 왔다. 그 점에 대해서는 위에 언급한 우리의 논문을 참조하길 바란다. 하여간 스텐젤 이래로[23] 이 구절은 변증법적 운동의 상승과 하강(또는 'synagogē'와 'diairesis')을 표현하는 것으로 간주되었다는 것만 지적하자.

변증법에 대한 전체 묘사를 통해 'hen'과 'polla'가 핵심어의 역할을 한다. 엘레아의 방문객이 '늦깎이들(opsimatēs)'을 비웃을 때 이미 일과 다의 문제, 즉 "ta polla hen"(다는 하나다)과 "to hen polla"(하나는 다이다)의 문제가 암시적으로 언급되었었다(Soph. 251a-c). 일과 다의 문제가 제기되면, 거의 자동적으로 'technē'의 문제가 나온다. 그것은 이 문제가 사물의 본성과 그들 사이의 관계에 관한 모든 탐구의 일반적 절차이기 때문이다. 일과 다→'technē'→변증법의 묘사에 이르는 도식은 『파이드로스』편과 『필레보스』편에서도 정확히 반복된다. 특히 『필레보스』편과 『소피스트』편에는

---

22 Soph. 253d-e. 디에스는 (1)의 'pollōn'을 형상으로 생각했으나, 사실은 각각의 사물들로 봐야 한다(Diès, *Le Sophiste*, 365쪽). 이 구절에서 형상들은 모두 여성으로 수식되어 있고, 중성으로 받은 것은 모두 개별적 사물들을 가리키는 것으로 보아야 한다. 우리는 곧 이 점의 중요성을 알게 될 것이다.

23 Stenzel, *Plato's methode of dialectic*, 97-106쪽(D. J. Allen 역, Arno Press, New York, 1973). 그의 해석은 특히 디에스(*Politique*, xv-xxx쪽)와 콘포드(*Plato's theory of knowledge*, 266-68쪽)에 의해 지지받았다.

동일한 기술의 예들이 등장하며, 하나의 감각적 사물에 대해 여러 속성들을 붙이는 문제에 대한 비웃음 또한 똑같이 반복된다.

중요한 것은 일과 다의 문제의 '일'의 본성이 무엇이냐는 문제이다. 그것은 더 이상 완전한 하나가 아니라, 『파르메니데스』편의 '있는 하나', 즉 관계 속에 들어온 하나이다. 그렇기 때문에 그것이 다(多)로 분석되고, 또 다가 그것으로 통합될 수도 있는 것이다. (1)과 (2)는 "ta polla hen"을 묘사하는 것이며, (3)과 (4)는 "to hen polla"를 묘사하는 것이다. 변증법은 모든 관계 법칙들의 법칙을 다루는 관계들의 일반 법칙이므로 거기서 등장하는 일자는 관계 속에 들어온 일자일 수밖에 없다.

(1) 특이하게도 스텐첼(Julius Stenzel), 디에스(August Diès), 콘포드(F. M. Cornford)는 모두 "henos hekastou keimenou chōris"를 최하위의 형상이라 해석하는데,[24] 그것은 아마도 그들이 고메즈-로보(Gomez-Lobo)와 마찬가지로 변증법은 형상에만 관계되는 것이라 생각했기 때문일 것이다. 그러나 『파이드로스』편이나 『필레보스』편에서도 모두 출발점은 감각물로부터이다.[25] 이 문장에서 중성은 모두 일반 사물, 즉 개별적인 사물을 받을 수밖에 없다. 그러므로 "하나하나 각각이 따로 떨어져 놓여 있는 여러 사물들을 두루 통하여 그 모두로 펼쳐져 있는 하나의 형상"을 본다는 것은 감

24 Stenzel, 같은 논문, 102쪽, Diès, 같은 책, 365쪽, Cornford, 같은 책, 267쪽.

25 "여러 곳에 산재해 있는 것들(ta pollachê diesparmena)을 전체의 조망을 통해 하나의 유일한 형상으로 가져오는 것"(『파이드로스』 265d3-4). "그때그때 놓여 있는 것들(hekastote themenous)"(『필레보스』, 16d1-2).

각적인 사물들을 전체로서의 하나로 묶을 수 있는 하나의 본성을 파악한다는 말이다.[26]

(2) 다음 단계로 "하나의 형상이 밖에서 감싸고 있는 서로 다른 여러 형상들"이란 위와 같이 파악된 여러 형상들을 더 상위의 형상이 하나로 포괄하는 것을 묘사한다. 많은 주석가들이 이 단계가 존재에 의한 운동과 정지의 감싸기와 유사하다는 것에 강한 인상을 받는다. 그들은 틀린 것이 아니다. 존재가 운동과 정지의 유라고 말하는 것을 두려워할 필요가 없다. 엘레아의 방문객 자신이 분명히 그렇게 말하고 있기 때문이다(『소피스트』, 250b). 플라톤에서는 아리스토텔레스와 같이 더 이상 환원 불가능한 범주는 없으므로, 존재가 얼마든지 운동과 정지를 포괄할 수 있고, 따라서 그것도 이 단계에 포함된다. 다만, 여기서 문제되는 것은 오직 존재에 의한 운동과 정지의 감싸기만이 아니라, 모든 형상들 일반의 감싸기라는 것만 주의하면, 아무 문제가 없다.

(3) 'au'는 방향이 거꾸로 뒤집혀서 지금까지와는 반대로 내려간다는 것을 표시한다. 이번에는 하나가 다시 자신 속에 다를 포함하고 있으며, 다는 그 자체 또 하나의 전체이다. "다시 여러 전체들을 두루 하나로 통일하는 하나의 형상"이란 방향을 거꾸로 하여 하나의 형상이 하나로 통일하고 있는 그 아래에 여럿이 속해 있고, 그 여럿은 각각이 다 전체라는 것이다.

---

26 Waletzki, 같은 논문, 243쪽, 245쪽, Rodier, "Sur l'évolution de la dialectique de Platon", *Etude de la philosophie grecque*, 58쪽.

(4) 그 전체는 다시 더 낮은 형상들로 나누어질 것이며 결국에는 스텐쩰이 '원자적'이라 부른 형상들, 즉 서로로부터 완전히 분리된 형상들에게까지 이를 것이다. 그 '원자적' 형상들이 "모두가 따로 따로 분리되어 있는 여러 형상들"이다. 그런데 이번에는 감각물에까지 내려가지 않는다. 감각물은 끊임없이 변하여 그것들에 대해서는 학문이 불가능하기 때문이다. 여기에 오해가 없기를 바란다. 개별적 사물에 대한 학문이 없다는 것은 개별적 사물로부터 출발하여 얻은 통찰이 개별적 사물에 적용되지 않는다는 말이 아니다. 만약 그렇다면 그 통찰은 잘못된 것에 불과할 것이다. 여기서는 그런 말이 아니라, (3)과 (4)의 단계는 최고의 원리로부터 최하위 원리까지 내려오는 학문의 체계를 표현한 것이기 때문에, 그런 원리로서의 학문의 체계에 개별자는 포함되지 않는다는 말이다. 물론 우리는 오늘날 개별적 사물에 관한 학, 가령 이집트학이나 중국학이 있다는 것을 우리는 안다. 그뿐만 아니라 사실 역사학 일반이 우선은 개별적 사실을 기록하는 작업으로부터 출발한다. 각각의 사건은 과거인 한에서, 즉 안정적인 한에서 학문의 대상이 될 수 있다. 그러나 그것은 학문의 단계에서는 가장 초보적 단계에 불과하다. 역사학이 학문이라는 이름에 걸맞는 학문의 자격을 획득하는 것은 역사가가 여러 사건들을 묶어서 하나의 원인으로부터 설명할 수 있는 통찰력을 가질 때이다. 문제는 항상 여러 현상들 배후의 사물의 내적 본성을 파악하는 통찰력을 가지느냐 아니냐에 달려 있으며, 플라톤의 학문은 항상 원인-학이다. 왜냐하면 다수의 사태들을 꿰뚫는 사물의 내적 본성을 파악한다는 것은 각 사태들의 원인을 설명할 수 있다는

것을 의미하기 때문이다. 가령 소피스트가 무엇인지를 안다면, 왜 저기 서 있는 저 사람이 소피스트인지를 알고, 또 설명할 수 있어야 한다는 것이다.

『필레보스』 편의 소크라테스가 말했듯이, 변증법은 "그것을 말하는 것은 전혀 어렵지 않으나, 실제로 행하는 것은 매우 어렵다. 왜냐하면 기술의 영역에서 만들어낸 모든 것은 그 길을 통해서 발견된 것이기 때문이다"(『필레보스』, 16c). 바로 그 『필레보스』 편에 나오는 예들이 그 절차가 도대체 어떤 것인지 더욱 분명히 이해하게 해줄 것이다. 우선 대체로 우리의 (1)과 (2)에 해당하는 올라가는 단계가 묘사된 예를 보자.

> 소크라테스: 어떤 신이건 신적인 인간이건 목소리가 무한하다는 것을 알았을 때—이집트의 전통에 따르면 퇴트(Teuth)가 그랬다고 하는데—그가 최초로 그 무한에서 모음이 하나가 아니라 여럿이라는 것을 알아차리고, 또한 다른 것들은 울리지는 않지만 어떤 음가를 가지는데 그것들 역시 일정한 수가 되며, 세 번째 문자의 종류로 우리가 오늘날 무성이라 부르는 것을 구별해 내었다는 것이야. 다음으로 울리지도 음가를 가지지도 않는 무성을 하나하나 각각에까지 나누고, 모음과 중간의 것들도 같은 방식으로 나누어서, 그것들의 수를 정하고, 그들 각각에 그리고 그 모두에 음소(문자소)라는 이름을 주었다네. 그리고 우리들 중 아무도 그것들 모두 없이는 어떠한 하나 그 자체도 배울 수 없음을 통찰하고, 그 공통의 유대가 하나이며 그 모든 것들을 어떤 방식으로든 하나로 만들어 준다고 생각하고 그것들에 하나의 기술로

이름을 붙여서 문자술이라 불렀네.(『필레보스』, 18b-c)

우선 무한으로부터 출발하여 모음, 자음, 무성이라는 큰 덩어리들을 파악하는 과정이 묘사되어 있는데, 그 모음, 자음, 무성음 각각이 바로 "하나하나 각각이 따로 떨어져 놓여 있는 여러 사물들에 두루 통하여 그 모두로 펼쳐져 있는 하나의 형상"들에 해당한다. 거기서 다시 더 올라가서 그 전체가 문자술이라는 하나의 학문에 이르는 길이 설명되어 있다. 그것이 바로 "서로 다른 여러 형상들"을 "하나의 형상이 밖에서 감싸는" 것이다. 물론 여기에는 『소피스트』편에서처럼 순수하게 올라가는 길만 따로 묘사되어 있는 것이 아니라, 모음, 자음, 무성음에서 개별적 소리로 다시 내려가는 작업이 중간에 끼어 있다. 그런데 그런 내려가는 길조차 우선 전체를 파악하는 눈이 없으면 불가능하다. 사실 모음, 자음, 무성음이라는 큰 덩어리 자체가 목소리라는 더 큰 덩어리의 파악 없이는 불가능했기 때문이다. 그러니까 현실적 적용에서는 올라가는 길과 내려가는 길이 서로 섞여서 왔다 갔다 한다는 것이 더 옳은 관찰일 것이다. 그러나 전체적으로 보면 개별 사물에서 각각의 음소들을 구별해 내고, 거기서 다시 더 위의 모음, 자음, 무성음으로 올라가고, 거기서 다시 전체를 하나로 묶어서 문자술이라는 하나의 학문에 이르는 길을 보여준다고 할 수 있다. 그렇다면 이번에는 내려가는 길은 어떠한가? 그것에 대해서는 음악의 예가 더 적합하다.

소크라테스: 이 기술(음악)에서도 역시, 그리고 이 기술에 관한 한

> 소리는 하나일세. 프로타르코스: 어떻게 그렇지 않을 수 있겠습니까. 소크: 그리고 고음과 저음이라는 둘을 놓고, 세 번째로는 평음을 놓음세. 그렇지 않은가? 프로: 그렇습니다. 소크: 그런데 단지 그것만 알아서는 음악가라고 할 수가 없네. 물론 그것을 몰라서야 음악에 대해서는 말하자면 전혀 문외한이 될 테지만 말이야. 프로: 분명히 그렇습니다. 소크: 그러나 여보게, 자네가 고음과 저음에 관해 음의 간격의 수가 얼마이고 성질은 어떠한지, 그 간격의 한계는 무엇이고, 그것으로부터 얼마만큼의 결합이 생기는지—옛사람들이 통찰하여 자신들의 후손인 우리들에게 화음이라는 이름으로 전해준 것이네—를 알며, 몸의 움직임에서도 또한 그와 유사한 사태가 일어나는바, 그 역시 옛사람들에 따르면 그것은 수로 측정되고 리듬과 박자라 불러야 하며, 동시에 모든 일과 다에 대한 탐구도 그렇게 해야 한다는 것을 명심하라 했다는 것, 그러한 것들을 안다면, 자네는 현명하게 될 것이야. 그리고 무엇이든 존재하는 것 중의 다른 어떤 하나에 대해서도 동일한 방식으로 탐구하여 파악하게 된다면, 그 어떤 것에 대해 자네는 능력 있는 자가 될 것이네.(『필레보스』, 17c-e)

소리라는 하나로부터 출발하여 고음, 저음, 평음의 셋으로 가고, 거기서 다시 여러 세부 사항을 거느리고 있는 화음과 리듬과 박자로 내려간다. 그 세부에서 더 내려갈 수 있으면 내려갈 수 있는 데까지 가야 할 것이다. 처음의 하나가 "여러 전체들을 두루 하나로 통일하는 하나의 형상"이 되겠고, 내려갈 수 있는 데까지 내려간 최하위의 형상들, 가령 개별적인 음과 같은 것이 "모두가 따로따로 분리되어 있는 여러 형상들"이 될 것이다. 물론 이 음악의 예도 『소피스트』편처럼 완전히 이상적인 하강의 길을 보여주는 것은 아니고, 가령 고음, 저음, 평음의 셋과 화음, 리듬, 박자의 셋 중 어느 것이 더 위이고 아래인지가 좀 불분명하게 되어 있다. 그러나 앞의 예와 마찬가지로 여기서도 전체적으로 보아 하나에서 여럿, 여럿에서 더 세부의 여럿으로 내려가는 변증법적 운동은 그려져 있다고 볼 수 있다. 그것은 현대적 용어로 말하자면, 체계화된 학문의 모습을 띠고 있다.

그런데 이와 같은 변증법적 절차는 방금 살펴본 바와 같은 각 개별 학문 내에서만 이루어지는 것이 아니고, 학문 전체에서도 가능하다. 그러면 이제, 학문에서 학문으로, 가정(假定)에서 가정으로, 존재자에서 존재자로 점점 올라가서 최후에는 '무전제적인 것(anypotheton)'(『국가』, 510b), 즉 무조건적 절대로까지 올라갈 수 있다. 그런 학문은 모든 존재자들, 즉 존재자 전체에 관한 학문일 뿐 아니라, 존재로서의 존재, 즉 존재 그 자체에 관한 학이 된다. 그것은 또한 존재자 전체의 조건에 관한 학이기도 하며, 최고의 존재들에 관한 학이기도 하다. 그런 최고의 존재들, 즉 최고류들(megista genē)의 본성과 그들 사이의 관계를 다루는 것이 바로 변증법이다. 그러므로 그것은 "유에 따라서 그들 각각이 어떻게 서로 관계를 맺을 수 있으며, 어떻게 맺을 수 없는지를 분별할 줄 아는"(『소피스트』, 253e) 학문이다. 이곳은 너무나 눈부셔서 "이 장소의 빛으로 말미암아 바라보기가 결코 쉽지 않"기 때문에, "대중적 영혼의 눈은 그 신적인 것에 눈을 떼지 않고 바라보고 있을 수가 없다"(『소피스트』, 254a). 그것은 바로 철학자의 영역이다.

이상의 논의에서 결국 변증법이란 사물을 탐구하는 방법이고, 사물을 탐구하려면 전체를 놓고 그것을 분류하여 최고의 원리까지 올라갔다가 다시 아래로 내려오는 것이다. 그리고 형이상학에서는 사물들의 전체적인 연관이 파악된다. 전체적인 연관이 파악된다는 말은 개별 사물을, 전체를 지배하는 원인과의 연관관계에서 파악한다는 말이다.

> 그러니까 존재(ousia)가 성립하는 원인을 가지고서 사물에 대한 우리의 지식의 전체를 설명을 해줘야만 철학이 돼. 한 사물을 총체적인 관점에서 본다는 것은 무슨 뜻이냐 하면, 모든 사물을 성립시키고 있는 원인에 그것을 환원시켜야만 그것이 다른 모든 사물과 관계를 맺게 돼, 알아들었지? 이게 대단히 중요한데, 전체를 이루고 있는 그 사물을, 그것을 구성하고 있는 원인에다가 환원시켜야만 전체와의 연관성이 주어지더라. 알아들었지? 그러니까 존재론이라고 하지. 철학이란 것은 아까도 말한 바와 같이 전체, 가능한 한 전체를 파악해야 되겠다는 거야.[27]

이것도 하나의 원칙이 될 수 있다.

원칙 12. 각 개별 사물을, 그것들 전체를 성립시키는 원인에 환원시켜야 전체와의 연관성이 주어진다.

---

27 전집 3, 『형이상학 강의 2』, 「철학이란 무엇인가」, 112쪽.

형이상학의 방법 중 분류에 대한 설명은 결국 플라톤의 변증법에 대한 설명이고 그것은 “말하는 것은 전혀 어렵지 않으나, 실제로 행하는 것은 매우 어렵다. 왜냐하면 기술의 영역에서 만들어낸 모든 것은 그 길을 통해서 발견된 것이기 때문이다.” 무엇이든 말하는 것은 쉬우나 실제로 행하는 것이 어렵다. 형이상학도 “사물을 전체적으로 탁월하게 다루는 방법”이라고 말하는 것은 쉬우나 실제로 하는 것이 어렵다. 하여간 이로써 형이상학의 원칙들이 대체로 정리가 되었다. 이를 다시 한 번 정리하면 다음과 같다.

원칙 1. 형이상학은 독사가 아니라 에피스테메이다.

원칙 2. 그러므로 데이터에 기반을 두어야 한다.

원칙 3. 그리고 데이터 속에서 나와야 한다.

원칙 4. 형이상학은 자기동일성이 확보된 것을 가지고 한다.

원칙 5. 그렇게 자기동일성을 확보하는 것이 바로 정의를 내리는 것이며, 그것은 바로 이데아를 확보하는 것이다.

원칙 6. 개별 과학이나 공간 철학은 우선 공간을 재며, 반복되는 것을 잰다.

원칙 7. 재면 거기서 정량적인 법칙이 나오고, 법칙이 나오면 정량적 학이 나온다.

원칙 8. 각 사물 속에서 반복되는 요인을 끄집어낸다.

원칙 9. 자기동일성을 확보하는 것은 사물을 추상한다는 뜻이다. 추상은 물리적 세계와 신체를 벗어난다는 것을 의미한다. 그럴 때 민족 · 가족 · 혈연 · 관심 · 관습 · 편견 · 언어 · 기호 ·

소망 등을 벗어나게 된다.

원칙 10. 사물을 정의하면 모든 것이 동시에 주어진다. 그 전체를 놓고 총체적 연관에서 사물을 취급하는 것이 형이상학이다.

원칙 11. 모아진 전체 사물을 분류한다.

원칙 12. 각 개별 사물을, 그것들 전체를 성립시키는 원인으로 환원시켜야 전체와의 연관성이 주어진다.

이상이 우리가 정리한 박홍규의 형이상학의 방법이다. 그것은 사실 일반적으로 형이상학은 그렇게 한다고 알려진 것과 하등 다를 바가 없다. 지금까지 좀 덜 알려진 바가 있다면 자기동일성을 확보한다는 정도일 것이다. 그러나 그것도 플라톤에서 정의와 이데아의 중요성을 간파한다면 쉽게 동의할 수 있는 것이다. 그러니까 한 마디로 정리하자면 박홍규의 방법은 전통적으로 형이상학의 방법이라 알려진 것을 그대로 물려받은 것이라 할 수가 있다. 다만 그 의미가 뭔지를 좀 더 자세히 설명해 준 것뿐이다. 그러면 이제 그 방법을 통해 어떠한 결과가 얻어지는지를 살펴봐야 한다.

4

형이상학의 세 원리: 에이도스, 아페이론, 포이운

앞 장에서 말한 에피스테메의 방법대로 형이상학을 하면, 어떤 결과가 나오는가? 그 결과는 한 마디로 박홍규의 철학 전체이다. 그러니까 지금 남아 있는 그의 책들만으로 이야기하자면 그 책들의 내용을 다 합친 것이라 말할 수 있다. 이것은 사실이지만 그러나 그렇게 말해서는 황당할 것이므로 그 내용을 추려서 이야기할 필요가 있을 것이다. 우선적으로 추려지는 것은 고전적 형이상학의 내용이 될 것이다. 그중에서도 가장 기본이 되는 것은 형이상학이 "모든 사물을 성립시키고 있는 원인에 그 사물을 환원시켜야만 그것이 다른 모든 사물과 관계를 맺게" 된다고 할 때의 그 "모든 사물을 성립시키고 있는 원인"이 무엇인가를 밝히는 것이다. 앞 장의 원칙 8.에서 이미 인용된 구절을 바로 뒤이은 구절을 보자. 형이상학의 대상이 되는 것은 사물 전체인데, 고대에서는 그 사물 전체를 우선 '자연'이라고 보았고, 그 자연을 자연으로서 탐구하는 것이 자연학이다. 그러므로 형이상학은 우선 자연학을 놓고 그 속에서 항상 반복되는 법칙이 무엇인가를 본다. 자연 속에 엉킨 것을 풀면 무엇이 나오는가? 앞 장에서는 질들이 나온다는 것만을 주로 이야기했지만 과연 질들만, 즉 서로 고립된 것들만 나오는가?

자연학(physics) 속에 들어 있는 되풀이되는 것을 끄집어내어서 그것을 취급하는 것이 형이상학이지. …… 베르그송의 형이상학이 자연학과 연결될 수밖에 없는 것은 왜 그래? 왜 형이상학자만이 자연학의 기본적인 분류를 해주느냐, 그 이유는 어디에 있느냐는 말이야. 그 이유는 어디에 있어? 그걸 알아야지. 그래야 자연학하고 형이상학하고 관계가 맺어질 것 아냐. 베르그송같이 자연학에서 혹은 물리적 세계에서 언제든지 반복되는 것만 끄집어낸다고 해보자. 그럼 무엇이 나와? 반복되는 것을 고립시키면(isolate) 무엇이 고립돼? 고립시킨다는 것은 분석한다는 것이니까, 관계를 맺지 않는 측면이지. 그런가? 어떻게 돼? …… 그러면 이 세상은 하나도 관계 맺어져 있지 않다고 해야 돼. 고립시킬 필요도 없어. …… 분과 과학은 구체적인 것인데, 그래서 어때? 분석한다는 것이 무엇이냐는 말이야. 추상(abtract)한다는 것이 무슨 뜻이냐는 말이야. 언제나 반복되는 것만을 끄집어낸다는 것은 거기서 언제든지 관계를 맺지 않는 측면만 반복되는가? …… 여기 여러 가지 것이 엉켜 있는데 여기서 반복되는 것을 끄집어낸다는 얘기야. 끄집어낸 나머지가 무엇이야? 끄집어내진 결과(result)가 뭐야? 무엇이 고립(isolate)돼? 고립된다는 것은 관계를 맺지 않는 것만 고립되느냐? 무엇이 고립되느냐 생각을 해 봐. 가령 플라톤 같으면, 누누이 말한 바와 같이 분석해 보면 에이도스하고 작용자(agent)하고 질료(matter), 세 개가 나와. 다 분석해 보니까 그것이 나오더라. 그러면 이데아 같은 것은 딱딱 관계를 맺지 않지만, 그러나 질료나 작용자 같은 것은 역할이 뭐야? …… 그렇지, 관계를 맺게 하는 측면이지. 관계를 맺으면서도 동일성(identity)을 성립시키게 해주는 것이 작용자야. 그러니까 엉킨 것을 분석해서 나오는 최후의 것은, 관계 맺어져 있는 것에서 분석해야 되니까, 관계 맺어지지 않는 측면하고 그 관계 맺어지지 않는 것을 관계를 맺어서 구체적인 것이 나오게끔 하는 측면이 고립되어서 나와. …… 그렇지? 그래야 할 것 아냐? 추상한다는 것은 무슨 얘기야? 추상한다는 것에 대한 잘못된 오류를 제거해야 돼. 추상한다는 것은 그것이 관계를 끊어 주니까 관계를 맺지 않는 것만 추상하는 것이 아니라 동시에 관계를 맺게 하는 측면도 추상화돼. 추상화한다는 것은 무슨 얘기냐? 분석(anaysis)이라는 것은 엉켜 있는 것을 이렇게 풀어 놓는다는 얘기야. 그러면 거기서 나중에 플라톤의 이데아 같은 것이 나오지. 이데아는 나중에 가서는 관계 맺지 않아. 독립해 있어. 그 경지에 도달해. 그러면 추상화하면 그것만 나오느냐 말이야. 추상화의 대상이 무엇이냐는 말이야. 독립된 이데아를 맺어서 이 구체적인 세계를 나오게 하는 요인도 거기서 추상화되어야 할 것 아냐. 그렇지 않으면 구체적인 것이 나오지 않잖아. 이데아만 추상화되는 것이 아니야. 아리스토텔레스에서 형상(Form), 질료(matter)도 고립(isolate)돼서 나온다는 얘기지, 형상만 나온다는 얘기는 아니야. …… 구체적인 세계하고 아페이론과 작용자(agent)를 구별해야 돼. 플라톤 식으로 말하자면 그 세 개의 요소가 합해서 되어 있지만, 추상화해서 나온다 할 적에는 에이도스같이 구별된 것도 나오지만,

구별된 것을 관계를 시켜서 이 책을 나오게 하는 것도 추상화되어서 나온다는 거야. 그렇지 않으면 추상화가 절반밖에 되지 않잖아. …… 그러면 형이상학이란 무엇이냐 하면 개별 과학에서 반복되는 것을 취급하는 것인데, 그러면 형상만 취급하는 것이 형이상학이냐? 그러면 곤란해. 관계 맺게 하는 것도 취급해야 될 것 아냐? 그렇지? 그러면 실제로 그것이 관계를 어떻게 맺는가를 다 봐야 될 것 아냐. 작용자의 기능을 다 봐야 형이상학이 나오잖아. 그러면 관계 맺는 세계가 나올 수밖에 없어. 관계 맺는 세계가 나올 것 아냐? 그러면 자연학(physics)이 나와. 다만 어디가 다르냐? 추상하기 이전의 세계는 일회적(eimalig)인 것이지만, 자연학에서 논하는 것은 일회적인 것은 빠지고 되풀이되는 것만 나와. 자연학이 나올 수밖에 없어. 알아들었지? 자연학이 나와야 돼. 그러니까 형이상학자(metaphysician)가 자연학을 정초시켰다는 이유는 바로 거기에 있어. 필연적으로 나오도록 되어 있어. 플라톤의 『티미아오스』는 최초의 자연학인데, 쉽게 말하면 연역적인 자연학이란 말이야. 'kata physin'(본성에 따라서)이라는 말을 딱 썼어. …… 본성에 따라서라는 말은 그 함축(implication)에 의해서 이 우주가 이렇게 나온다. 알아들었지?[1]

자연 속에서 되풀이되는 것을 끄집어내면 고립된 것들만 나오는 것이 아니라 고립된 것들을 서로 연결시켜 주는 것들도 나온다. 세상은 고립된 것들이 연결되어 있기 때문이다. 그 연결시켜 주는 것

1 전집 5 『베르그송의 창조적 진화 강독』, 「강독 17」, 410-3쪽.

은 플라톤에서는 두 개이다. 작용자와 질료이다. 질료만 놓으면 모든 것이 무규정적으로 되어 버리므로 자기동일성을 가지도록 올려주는 작용자도 필요하다는 것이다. 그러니까 플라톤에서는 에이도스, 질료, 작용자 셋이 가장 높은 형이상학의 원리가 된다. 이것이 『티마이오스』 편에서는 에이도스, 방황하는 원인, 데뮤르고스로 나타나고, 『필레보스』 편에서는 페라스, 아페이론, 포이운으로 나타난다. 이 세 원리는 자연학에서 추출된 원리이므로 그것이 그 자체 자연학의 근거가 된다. 그러니까 형이상학을 하려면 먼저 자연학이 나와야 한다. 그것을 하는 것이 형이상학자의 일이고, 따라서 형이상학자는 우선 자연학을 정초한다. 위의 세 원리는 매우 중요하므로 다른 구절에서 다시 한 번 그 출현을 살펴보자.

> 『티마이오스』 편에서 그 원인(aitia)이란 것은 우주가 성립하는 이유나 원인이지, 성립하지 않는 이유는 아니야. 이 우주가 어떻게 해서 존재(ousia)가 될 수 있느냐 하는 원인을 찾는 거야. 찾고 보니까 거기에 방황하는 원인하고 형상(idea)하고 제작자(demiourgos)가 나오더라는 얘기야. 이 우주에는 물체(sōma)도 있지만 운동도 있는데, 운동을 하는 한에서 보면 우주가 없어져야 되고, 실지로 없다고 주장한 사람이 있는데, 없다는 것은 동적(dynamic)으로 보면 모순이 돼. 그런 주장을 한 사람이 바로 제논인데, 그 제논의 반론에서부터 읽어야 돼. 방황하는 원인이 플라톤이고 베르그송이고 어느 철학, 어느 형이상학이든지 간에 항상 관문이야. 여기서부터 들어가야 돼. 플라톤을 잘못 읽어서 형상 이론(idea theory)에서 그를 논하는데, 그건 잘못이

야. 그것은 아리스토텔레스가 플라톤의 형상 이론을 중요시한 뒤부터 나온 것이지. 그러나 철학 그 자체의 입장에서 보면 결국 형상이 아니라, 방황하는 원인이 중심이야. 그런데 방황하는 원인은 그 자체가 원인으로서 불완전하고 방황하기(errant) 때문에 그것만 갖고는 존재(ousia)가 나오지 않아. 그래서 보충하는 원인(aitia)이 있어야 되겠는데, 그 하나가 형상이고 하나는 제작자라는 얘기야. …… 이건 존재론(Ontologie)의 기본이 되니까. 요컨대 방황하는 원인 갖고는 존재가 안 나오더라. 존재가 나오려면 먼저 딱 끊어져야 되겠더라. 또 거기서 존재, 있다는 것이 나와야 하는데, 있다는 것은 변화 속에서는 나오지 않으나, 변화 속에서 나올 때는 자기동일성을 가지고 나오더라. 방황하는 원인 속에서 어떤 동일성이 나올 때에는 어떤 관계, 어떤 사태가 이루어지느냐? 연속성이니까 A에서 B에 도달되지 않는 측면이 있고 또 그것만 있으면 안 되니까 연속되는 측면이 있더라. 되는 측면은 시간이고, 안 되는 측면은 우리가 공간이라고 하더라. 공간의 성립은 형상이라고 하더라. 시간의 측면에서 동일성을 인식하는 것은 제작자라고 하더라. 딱 나와.[2]

제논의 이야기가 나오지만 그것은 나중에 살펴볼 것이고 우선 세 원리에 초점을 맞추어 살펴보자. 운동하고 뒤섞여 있는 세상의 근본 원인은 '방황하는 원인'이고 우선적으로 그런 세계를 다루는 것이므로 그것이 가장 기본이 되는 원인이다. 그러나 그것만 나오는

2 전집 3『형이상학 강의 2』,「철학이란 무엇인가」, 111-2쪽.

것이 아니라 존재도 나오므로 존재의 원인이 있어야 한다. 그것의 원인은 형상과 제작자이다. 형상은 사물들의 불변적 성질이므로 그것만 가지고는 방황하는 원인을 설득할 수가 없다. 그래서 불변적 공간 말고 운동으로서 시간적 측면에서 존재로 끌어 올리는 원인이 있어야 하고 그것을 제작자라 한다. 그러니까 방황하는 원인, 형상, 제작자라는 세 가지 원인이 나온다. 고전 형이상학은 사실 이 세 가지 원리를 중심으로 이루어진다. 현대 철학 중에는 이 세 가지 원리를 몰라서 엉뚱한 데서 방황하는 철학이 많다. 어쨌든 박홍규가 보기에 모든 데이터의 공통점은 그 세 원리이기 때문에 데이터에 충실한 형이상학은 그 세 가지를 기본으로 놓고 이루어질 수밖에 없고 따라서 그 형태도 다음 세 가지밖에 없다. 플라톤, 아리스토텔레스, 베르크손이 그것이다.

그러니까 형이상학의 완성이라는 것은 이상적인 것이지, 현실적으로 있을 수 있는 형이상학은 되지 않지. 그러니까 한 사물을 규정하는 데서 이 우주의 총체적인 모든 사물을 정의(define)하고 그것과의 총체적인 연관 속에서 한 사물을 정의해야만 진정한 의미에서 형이상학적인 사물의 정의가 나오지만, 그것은 이상적인 것이고, 어떻게 한 사람이 다 하느냐 말이야. 그래도 최소한도 기본적인 분류만큼은 해줘야 된다는 얘기야. 누가 했느냐? 『티마이오스』편하고, 아리스토텔레스의 『형이상학』, 그리고 베르그송이 했다. 실증과학을 모르면 곤란해. 왜냐하면 사실의 세계에서 출발하니까. 다른 의미로 쓴 형이상학은 그런 형이상학이 아니야. 아니라는 것을 알아야 돼.[3]

플라톤, 아리스토텔레스, 베르크손이 나온다는 것은 이야기가 되었는데 왜 그런지는 설명되지 않았다. 조금 더 자세히 살펴보자.

그러니까 일원론이 아니라 베르그송은 원칙으로 보면 삼원론이야. 질(quality)하고 기능(function)하고. 아니, 운동의 수동성(passivity)하고 능동성(acivity)하고 그리고 질하고. 요컨대 에이도스하고 작용인(agent)하고 아페이론이야. 베르그송은 에이도스의 객관성만 없애버렸어. 플라톤이든지 어느 철학이든지 이 세 개는 다 같아. 언제든지 거기서 출발해. 질이 있고, 운동도 있고, 운동의 능동성과 수동성이 있다, 여기서 출발하는데, 다만 이것을 설명할 때 에이도스 갖고 하느냐, 기능을 갖고 할 것이냐, 혹은 둘을 다 놓느냐, 이 문제만 남아. 형이상학은 요컨대 세 개 이상 없어. 그러니까 플라톤은 『티마이오스』편에서 에이도스하고 데미우르고스 둘 다 놓았다. 아리스토텔레스는 움직이지 않는 일자가 있는데, 운동을 전부 그리로 종속시켰다, 목적론이고. 베르그송은 자발성(spontanéité)으로 움직이지 않는 것을 종속시켰다. 이 세 개의 구조 이외의 다른 형이상학이 나올 수가 없어. 만약에 실증과학과 연결되는, 다시 말하면 동일성(identity)을 취급하는데 동일성은 아까도 말한 바와 같이 아페이론하고 일자가 쭉 연결되는 사이에서만 있는 것이지, 딱 떨어져서는 없어. 끊으면 안 돼. 끊으면 실증과학하고 관계가 다 끊어져. 그러니까 실증과학에 가정(hypothesis)을 줄 수 있는 형이상학은 세 개밖에 없어. 아무리 해봤

3 전집 5 『베르그송의 창조적 진화 강독』, 「강독 17」, 410-3쪽.

댔자 결국은 베르그송 입장에서나, 베르그송과 비슷한 얘기를 하든지, 아리스토텔레스 형상-질료 이론(form-matter theory)이나, 중요한 부분은 아리스토텔레스와 똑같은 소리를 하든지, 뭐 그런 얘기가 나오는 것이지, 딴소리 못해. 중요한 부분에서는 딴소리 못해. 베르그송은 그 당시에는 분자생물학이니 그런 것이 없으니까.[4]

여기서 기능과 능동성은 포이운으로서 동일한 것이고 수동성은 아페이론이며, 질은 에이도스이다. 어떤 기능을 한다는 것은 능동적으로 운동하는 것이고 포이운(poioūn)은 희랍어 'poiein', 즉 '(능동적으로) 무엇을 하다' 동사의 현재분사이므로 그 셋이 같은 것이다. 아페이론은 무규정자라는 의미이지만 운동의 측면에서는 능동적 포이운이 아닌 수동적 측면을 의미하므로 양자는 같은 것이다. 또 에이도스는 그 의미 자체에 질이라는 의미를 가지고 있다. 형상은 바로 질로서 하나하나 나누어지는 것이므로 페라스이다. 결국 위의 인용문은 페라스, 아페이론, 포이운의 세 원리를 이야기하고 있는 것이며 이 셋을 놓고 페라스 중심으로 정리하면 아리스토텔레스와 같은 목적론이 되는데, 왜냐하면 아페이론으로부터 포이운까지 모든 사물이 일렬로 배열되고 포이운은 최고의 목적인 형상과 일치해 버리기 때문이다. 포이운을 중심으로 정리하면 베르크손 같은 운동 중심의 형이상학이 되는데, 왜냐하면 세계는 능동 운동과 수동 운동, 즉 자발성과 물질성의 대립이 되고, 질은 그 양자 사이의

4 전집 5 『베르그송의 창조적 진화 강독』, 「강독 8」, 188-9쪽.

만남의 결과로서만 성립하는 것이 되기 때문이다. 그에 비해 이 세 원리를 최초로 추출해 낸 플라톤은 페라스와 아페이론을 모두 놓고 우주를 설명하려 했고, 그 결과가 『티마이오스』편과 같은 우주론이 된다. 그러면 거기서는 데뮤르고스가 형상을 보면서 방황하는 원인을 설득해서 이 우주가 생성됐다는 형이상학이 된다. 다만 여기서 아페이론은 독립적 설명 원리가 되지를 못 하는데, 왜냐하면 그것은 혼동의 원인이지 설명의 원인은 아니기 때문이다.

이 세 원리에 대해서 그냥 이렇게만 말해서는 조금 이해가 되지 않을 것이다. 박홍규는 사물이 가지는 공통적 요소라고 말했지만 논리적으로 따져도 또 그렇게 세 가지로 나오게 되어 있다. 박홍규의 문헌에는 나오지 않지만 가령 데이터 일반의 특성인 존재와 그것에 대립되는 무의 입장에서 설명할 수도 있다. 에이도스는 완전한 무에 대립되는 존재 자체로, 아페이론은 존재도 무도 아닌 것으로, 그리고 포이운은 아페이론에 자기동일성을 부여하는 자기동일적 운동으로 설명할 수 있다. 이에 대한 이야기는 근간의 졸저 『플라톤의 존재론』을 참조하시길 바란다. 어쨌든 박홍규는 이 세 가지에 대한 강의를 여럿 남기고 있다. 에이도스에 대해서는 「『파르메니데스』편 강의」를, 아페이론에 대해서는 「필연」과 「방황하는 원인」이라는 강연과 「『티마이오스』편의 필연에 대한 아처-하인드의 견해를 음미함」이라는 논문을, 자기운동자에 대해서는 「자기운동 I」과 「자기운동 II」를 남기고 있다. 그 문헌들을 중심으로 세 원리를 살펴볼 필요가 있다.

에이도스에 대하여

에이도스에 대해서는 앞에서 워낙 많이 논했으므로 특별히 따로 논할 필요가 없을 정도이다. 이미 앞 장에서 이야기했지만 묶여 있는 것을 풀어 놓으면 질들이 흩어져 나오는데 그것들 각각이 에이도스들이다. 여러 성질들, 사물의 본성들이라 이해하면 될 것이다. 다만 에이도스에 대해 박홍규가 종합적으로 논한 구절이 있으므로 그것만 살펴보자.

> 다(多)로서 성립하는 현실적인 진상을 탐구하기 위하여 모든 사물에 대하여 던져진 '이것은 무엇이냐?'는 물음도 비은폐성의 지침하에 해명될 수 있다. 이 물음의 의미는 그 사물이 다른 사물이 아니며 그 사물로 존재케 하는 이유를 사물 자체에서 찾는바, 그렇게 되거나, 그렇게 나타나거나, 그렇게 사유되는 근거를 탐구하는 것이 아니라, 그것이 직접적으로, 즉 객관적으로 그렇게 성립하는 근거를 찾는 것이다. 이러한 물음의 존재 이유는 그러한 근거가 현실에서 은폐되어 있는 데 있으며, 진상의 탐구는 그러한 근거를 은폐하고 있는 요인을 제거함을 뜻한다. 사물의 진상은 사물에서 그것을 은폐하는 것을 제거함으로써 성립한다. 그런데 은폐는 사물이 단적으로 부정되는 것이 아니므로 은폐에서는 일자(一者)와 타자(他者)를 예상하며 타자와의 관계를 맺음에서 연유하는 사태인 것이다. 이러한 관계 맺음의 사태는 필연적으로 일자를 타자화(他者化)하므로, 사물의 진상은 그 사물이 타자화되지 않는 극한점에서 성립하며 사물이 시간, 공간, 관점의

변화에도 불구하고 그것으로서 성립하는 극한치인 것이다. 그러므로 사물의 진상은 모든 타자에 대한 관계 맺음을 완전히 단절함에서 성립하며, 모든 타자에게 절대(絶對)함으로써 성립한다. 그러므로 각 사물의 진상은 그 사물에만 고유한 것이며 그 자신의 내용에 있어서도 타자와의 관계 맺음을 포함하고 있지 않으므로, 내외(內外)의 구별은 없으며 일자화(一者化)한다. 일자는 그 자체에 대해서는 진상이며 타자에 대해서는 절대상(絶對相)이 되는데 절대함에는 상대적인 무가 아니라 절대적인 무, 즉 허무가 요청된다. 허무는 은폐하는 모든 것이 완전히 없으며 일자를 부정하는 요인이 완전히 없다는 것을 의미한다. 무(無)는 자기모순된 개념이며 존재에 대하여 아무런 영향을 미치지 않는 극한점에서 성립하므로 허무를 통해서 일자는 시간, 공간, 그리고 관점을 초월하여 그 자체로서 성립할 수 있으며, 또 외부로부터 아무런 간섭을 받지 않으므로 모든 시공을 넘어서 존속한다. 즉 일자로서의 본질은 허무가 아니므로 그 자체 실재하며 그것을 부정하는 요인은 그것밖에 없다.

그러므로 본질로서의 진상은 1) 타자 일반, 2) 관계 맺음 일반, 3) 허무 일반에 대비하여 규정된다. 사물의 진상은 다른 모든 사물과 전체적으로나 부분적으로나 교환될 수 없는 그 사물에만 고유한 내용이며, 관계 맺음 일반의 법칙에서 오는 모든 규정을 배제하며 최후로 무가 아니므로 그 자체로 실재한다.

진상의 이면(裏面)은 타자에 대한 절대상이다. 그리고 이것은 허무로 인하여 가능하다. 그러므로 본질 사이에는 상호 해후(邂逅)가 없으며 상호 간섭이 없다. 상호 해후는 우연의 원인이며 상호 간섭은 비공존의 원인이다. 그런데 존재에 속한 모든 것은 허무가 아닌 이상 본질로 화한다. 그리고 본질들은 허무를 통하여 서로 절대하므로 서로 우연하지 않고 서로 간섭하지 않으므로 영원히 공존한다. 역으로 영원에는 일자만 있지는 않으며, 다의 본질로서의 진상이 모조리 필연적으로 공존한다. 즉 영원은 질과 양에 있어서의 다의 진상의 대명사이다. 영원에 있어서 다의 질의 진상은 양의 진상과 일치한다.[5]

운동 중의 엉켜 있는 사물들은 그 진상이 가려져 있다. 가려져 있다는 것은 하나가 다른 것에 의해서 가려져 있는 것이므로 사물의 진상을 파악하려면 타자 일반을 제거해야 한다. 그러한 사물은 또 없는 것이 아니라 있는 것이므로 사물을 타자성 일반, 관계맺음 일반, 허무 일반에 대비하여 규정했을 때, 한 마디로 아페이론 일반을 뺐을 때 성립하는 것이 사물 자체이며, 그것이 또한 사물의 진상이며, 그것을 우리가 '에이도스'라 부른다. 그것은 완전한 일자로서 타자에 대한 절대상이므로 '에이도스'(相=보여진 것)라 불리는 것이다. 그때 그것은 다른 타자와의 모든 관계를 끊은 자체 존재이므로 에이도스들은 서로 간섭하지 않고 모조리 영원히 공존한다. 이것이 에이도스이다. 플라톤만 나오면 항상 바늘과 실처럼 이야기되는 에이도스란 사실 한 사물이 다른 사물에 의해 가려지지 않은 진상을 의미하는 것으로 완전히 하나이며 영원하다.

에이도스에 대한 설명은 이것으로 충분할 것이다. 그러나 형이상

5 전집 1 『희랍철학 논고』, 「베르그송에 있어서의 근원적 자유」, 183-5쪽.

학은 에이도스로 끝나는 것이 아니라 그것들의 관계맺음의 원인, 즉 아페이론과 포이운도 또한 동시에 이야기되어야 한다. 이제 그것들을 살펴보자.

아페이론에 대하여

「방황하는 원인」이라는 강의를 보면 맨 처음에 『티마이오스』편에서 방황하는 원인이 나오는 곳을 읽는다.

> 우리가 말한 것 중에서 몇 개의 간단한 것을 제외하고는 거의 모든 것이 이성에 의해 만들어진 것을 보여 주었다. 그러나 우리는 필연에 의하여 생성되어진 것도 우리의 논의에 덧붙일 필요가 있다. 그것은 사실상 이 우주의 생성이 필연과 이성의 결합에 의하여 일어난 것이기 때문이다. 그런데 이성은 생성된 것의 대부분을 가장 좋은 것으로 나아가도록 필연을 설득함으로써 필연을 지배한다. 바로 이렇게 현명한 설득에 의해서 지배되는 필연을 통해서 이 세계는 처음부터 형성되었다. 그러므로 만약에 우주가 어떻게 이런 방식으로 생성되었는지를 진정으로 이야기하고자 한다면, 자신의 고유한 운동을 하는 한에서의 방황하는 원인의 종류(planômenês eidos aitias)를 섞어야 한다. 그렇게 하기 위해서 우리는 다시 뒤로 돌아가서 이 동일한 것에 관한 적절한 새로운 원리를 취하여, 앞에서의 살펴보았던 것과 같은 방식으로 이것에 관하여 처음부터 다시 시작해야만 한다. 따라서 우주가 생성되기 이전에 지 · 수 · 화 · 풍의 본성 그 자체와 그 상태들이 어떠

한 것이었는지를 살펴볼 필요가 있다. 그것은 왜냐하면 지금까지 어느 누구도 이 요소들의 생성에 대해 설명한 적이 없기 때문이다.[6]

『티마이오스』편은 플라톤의 우주론이 논의되는 대화편으로 플라톤의 형이상학 자체라 말할 수도 있다. 여기서 처음에는 한참을 이성에 의한 세계의 질서 잡힘을 이야기하다가 지금 읽은 부분부터는 '방황하는 원인'을 고려해서 다시 설명해야 한다고 말하고 있다. 이때 '방황하는 원인의 종류'라는 말을 쓴다. 종류라면 한계가 지어져서 무엇이라 규정할 수 있는 것이라야 하는데 여기서는 그렇게 한계가 지어지지 않고 방황한다는 성질의 극한을 잡아서 그것을 방황하는 원인이라 하자는 것이다.

그러나 방황하는 원인(planōmenē aitia)이라는 것은 한정되어 있지 않고 방황해. 그러면 방황하는 것이 어떻게 해서 원인(aitia)이 되느냐 하는 문제가 생겨. 어떤 것이 한정(definite)되어야 원리가 되고 원인이 되는 것은 분명하지? 그렇다면, '방황하는 원인'이란 말 그 자체는 도대체 무슨 의미냐 그 말이야. 'planōmenē'(방황하는)는 'errantikos'(헤매는)란 말로 번역되어 있지. 그 말은 무슨 말이냐? 원인으로서의 성격 그 자체가 방황한다는 얘기야. 그러면 거기에 왜 형상, 특성, 종류를 뜻하는 'eidos'(종류)를 왜 붙였어? 방황하면 'eidos'가 안 되는데 말이야. 그 이유는 다음과 같이 설명을 해야 돼. 이 우주에는 한정된

---

6 『티마이오스』편 47e-48c.

것도 있지만 한정되지 않은 것도 있어. 그런데 이 한정되지 않은 것의 순수한 상태를 뽑아 보자. 그러면 'eidos'가 나와. 그러니까 방황하는 원인은 무엇에 대해서 원인이 되냐 하면, 방황하는, 헤매는 측면에 대해서 그것이 확실하게 원인(aitia)이 된다는 뜻이야. 그래서 'eidos'라는 말을 여기서 사용해. 그러나 어떤 한정된(definite) 것에 비해 보면 그것이 원인이 된다는 것 자체가 방황(planōmenē)해. 그렇지? 그러니까 뒤에 방황하는 원인을 'amydron eidos'(불분명한 종류)라 했어. 불투명(obscure)하다, 분명하지(saphēs)가 않다는 뜻이야. 그것은 또한 '사생아적 논리(nothos logos)'에 의해 파악되는 것이지, 감성적으로는 파악이 안 된다는 거야. 이걸 머리 속에 집어넣어 둬.[7]

원인은 원래 한정적인 것이어야 하는데 방황하는 원인은 방황한다는 성질 자체를 한정되는 것으로 보고 원인으로 잡은 것이다. 그러니까 '사생아적 논리'에 의해 파악된다. 이 방황하는 원인을 이성이 설득해서 그것에 의해 생성된 것의 대부분을 가장 좋은 것으로 이끌고 간다고 한다. 어째서 모든 것을 다 끌고 간다고 하지 않고 대부분을 끌고 간다고 하는가? 원인 자체가 방황하는 것이기 때문에 완전히 다 끌고 갈 수가 없다는 이유에서이다. 이미 앞에서도 말한 바 있지만 가능성이 문제일 때는 언제나 100%가 나오지 않는다. 그런데 왜 '대부분'이라고 했나? 세계를 질서짓는 이성이 가장 선량하기 때문이다. 그러니 대부분은 설득이 되지만 설득되지 않고 남는

---

7 전집 2『형이상학 강의 2』,「방황하는 원인」, 252-3쪽.

부분은 항상 있기 마련이라는 뜻이다. 또 설득한다는 것은 무슨 뜻인가? 방황하는 원인은 말하자면 일종의 뒤나미스이다. 이 뒤나미스를 설득시키는 것은 이성, 사려, 추리력 같은 영혼의 기능이다. 즉 방황하는 원인과 영혼은 반대의 기능이다. 그러니 방황하는 원인이 영혼의 설득을 받아들인다고 하더라도 완전히 설득할 수는 없고 대부분만 설득시킬 수 있다는 뜻이다. 그래서 결과로 생성된 것은 방황하는 원인과 이성의 성격을 나누어 가진다. 그런데 방황하는 원인이 설득된다는 것은 둘이 기계적으로 완전히 나누어지는 것이 아니라 반대됨에도 불구하고 서로 연결되는 측면이 있으니까 설득되는 것이다. 그러니까 완전히 구별되는 기계론적 체계가 아니라 서로 상호 침투해 있는 것이다. 설득한다는 것은 방황하는 원인을 영혼이 자기 내부에 집어넣는다는 것을 의미한다. 그래야 설득되니까. 설득한다는 것은 자기 내부에서 이렇게 할 수도 있고 저렇게 할 수도 있는데 이렇게 했다는 것이다. 그것을 선택이라고 한다. 생물 일반이 선택을 하게 되어 있다. 선택에서는 항상 과오가 나오기 마련이다. 그러므로 생명 일반이 과오를 범하게 되어 있다.[8] 그러니까 생명체에게는 결정론이 성립하지 않는다. 필연이 성립하지 않는다.

"사람은 과오를 범한다(humanum est errare)"는 말이 나오는데, 사실은 생명체는 모조리 과오를 범하게 되어 있어. 물질이 과오를 범한다는 것은 의미가 없어. 그러면 이러한 영혼(psychē)이라는 것은

8 앞의 책, 254-7쪽.

언제 성립해? (선택의 경우처럼) 두 개의 길로 갈 수 있도록 되어 있지 않는 운동 방식이 있는데, 희랍철학사 속에서는 가령 헤라클레이토스처럼 불 · 공기 · 물 등의 일정한 경로(course)를 항상 돈다든지, 엠페도클레스처럼 4원소가 모아졌다 흩어진다든지, 원자론에서처럼 맨 처음에 하나의 원자가 다른 원자와 충돌하여 소용돌이 운동을 일으키고, 그 운동이 전 원자들을 충돌시키고, 그 다음에 작은 원자들은 원의 바깥으로 가고 큰 원자들은 원의 내부로 향하고, 또한 다른 한편으로 원자들의 형태에 따라 운동이 이루어져서 어떤 결과가 필연적으로 나온다든지, 또 근세의 헤겔 철학에서처럼 결정론이 성립하는 곳에서는 선택이란 없어. 그러한 곳에서는 생명체가 성립을 해, 안 해? 또 만약 우주의 모든 것이 인과법칙만을 따른다면 생명체가 성립할 수 있어, 없어? …… 능력(dynamis)이 없으니까 성립 안 해. 능력이 있으면, 헤겔이 주장하는 것과 같은 결정론은 나올 수가 없어. 그걸 알아 둬야 돼. 능력이 있으면 절대로 결정론이 안 나와. 아리스토텔레스의 철학을 왜 목적론이라고 하냐? 그 목적에 도달할 수도 있고 안 할 수도 있기 때문이야. 허허허. 사실 'dynamis'도 두 가지 종류가 있어. 그 두 가지가 공통적으로 연결될 수 있는 측면이 있는데, 그것이 무엇이냐를 찾아야지. 요컨대 결정론에서는 'dynamis'가 빠지고, 생명 현상은 성립하지 않아. 우주가 모조리 다 인과법칙에 따라 움직인다면, 단 하나의 길밖에 없는 것 아냐? 그러니까 헤겔이나 유물론적 변증법자들이 항상 공격받게 되는 약점이 거기에 있어. 만약에 우주가 꼭 그 하나의 길로 간다면 무엇 때문에 운동을 해? 가만히 있어도 저절로 되는데 무엇 하러 사회운동을 해? 가만히 있어도 저절로 되는데? 그런데 그 사람들 실제로는 가만히 있지 않거든. 자꾸 운동하거든? 왜 그러냐? 가만히 있으면 안 되니까, 자꾸 운동을 하는 것 아냐? 그러니까 그 사람들의 이론이라는 것이 현실에 안 맞잖아? 능력(dynamis)이 있으면 결정론은 성립할 수 없고, 결정론이란 것은 영혼에서는 성립할 수가 없어. 이러한 문제를 해결하기 위해서는 영혼의 본성이 무엇인지를 알아야 돼. 그런데 영혼은 살려고만 하는 것이 아니라, 죽는다든지 병이 걸린다든지 하는 것이 선천적(a priori)으로 들어 있다는 결론이 나와. 지금 우리가 읽고 있는 데가 대단히 중요한 곳이야.[9]

생명에게는 필연이 성립하지 않는다. 디나미스를 통해 이루어지는 것이기 때문이다. 디나미스란 방황하는 원인을 거슬러 올라가는 양상이다. 그런데 플라톤은 이 세계가 실재하는 것으로 놓고 나간다. 그래서 대화편은 그것의 기술로부터 시작하는데, 그에 반해 엘레아학파 사람들은 이 세계의 실재성을 부인하거나 다(多)와 운동이 있다면 모순이 생긴다고 말한다. 위에서 잠시 미뤄 두었던 제논에 대한 이야기도 여기서 본의가 설명된다.

다(多)와 운동, 그러니까 물리적 세계(physical world)가 성립하지 않는다고 한 것은 엘레아학파 사상인데, 파르메니데스의 사상은 이 세계가 가상적(dokounta)이라는 것이고, 그것보다 더 적극적인 것은 제논이야. 다와 운동이 있으면 모순된 것이 나오더라는 거야. 운동도

9 앞의 책, 257-8쪽.

없다, 다도 성립하지 않는다는 것이야. 그런데 이 물리적 세계의 기본 구조는 다와 운동이야. 제논은 그 다와 운동이 성립 않더라는 거야. 왜냐? 모순이 나오기 때문이라는 것이지. 따라서 다와 운동은 가상적(dokounta)이지 실재적(real)으로는 성립하지 않는다는 거야. 그러면 아니다, 실재적(real)이다, 하는 것을 이론적으로 설명해 줘야 될 것 아냐? 제논과는 달리, 다와 운동이 성립한다면 모순이 발생하는 것이 아니라, 다와 운동이 실제로 성립한다는 것을 이론적으로 밝혀 줘야 될 것 아냐? 그 문제는 모순이라는 것이 어디에서 성립하느냐는 문제로 돌아가.[10]

파르메니데스와 제논에 대항하여 다와 운동이 있어도 모순이 생기지 않는다는 것을 설명해야 한다. 이제부터는 방황하는 원인의 존재론적 의미가 설명된다. 이것은 매우 주의 깊게 경청할 필요가 있다.

모순은 어디서 성립해? 맨 형이상학적인 얘기만 하네. 모순은 존재와 무가 부딪힐 때 성립하는 것이지. 즉 존재와 무의 한계에서 성립해. 그 한계가 없으면 모순이 성립 안 해. 그 한계가 무너질 때에는 모순이 성립해, 안 해? 성립하지 않아. 그러면 그 한계가 무너질 때에는 무엇이 나와?[11]

---

10 앞의 책, 261쪽.

11 위의 책, 261쪽.

모순은 존재와 무의 한계에서 존재와 무가 부딪힐 때 성립한다. 우리가 보통 알고 있는 모순은 "한 사물에 대해서 동시에 동일한 관점에서 그것이면서 그것 아니라고 하는 것"을 말한다. 그것이면서 그것 아니라는 것이 바로 존재와 무가 부딪히는 것이다. 그때 존재와 무는 그 경계선에서 부딪힌다. 그런데 그 다음에 박홍규는 그 한계가 무너지면 무엇이 나오는가? 하고 묻는다. 이 말은 존재와 무를 가르는 경계가 만약 없어진다면 어떤 일이 일어날까를 묻는 것이다. 존재와 무의 경계가 없어지면 존재도 무도 아닌 것이 나온다. 그것을 연속성이라 부른다.

> 연속성이 나와. 한계를 끊으면, 그 한계가 없어지니까 연속된 것 아냐? 그 연속성은 끊임없이 연속된 것이야. 그러면 그 연속성은 존재라고 할 수 있는가, 무라고 할 수 있는가? 둘 중의 그 어느 것도 아니지. 'mēdeteron'(어느 것도 아닌)이야. 그것은 존재와 무의 제3자로서 양자의 밖에 있는 것이야. 그것을 알아둬. 그런데 이 연속성은 정적(static)인 것이면 연속성이 될 수 없어. 왜냐하면 만약에 여기에서 여기까지만 연속성이라면, 그건 연속성 그 자체에 모순이 돼. 잘라져 있지 않고 끊임없이 넘어가야지. 그래야 연속성이 성립해. 그런데 그 연속성은 존재도 무도 아니니까 이것을 우리는 무엇이라고 말해야 돼?[12]

연속성은 존재도 무도 아니므로 존재와 무에 대해 'mēdeteron',

12 앞의 책, 262쪽.

즉, 양쪽 어느 쪽도 아닌 것이다. 그것을 무엇이라 할 것인가? 생성 또는 과정이라 불린다.

> 응, 생성 또는 과정(process)이라고 하는데, 그것은 무규정적(indefinite)인 것이고, 존재라 볼 수도 없고 무라 볼 수도 없고, 그야말로 방황(planē)하는 것이지. 존재론적(ontologisch)으로 가장 기본적인 의미에서 방황하는 원인(planōmenē aitia)은 이성에 대해 대립된 것이었지. 그때도 이성은 형상(eidos)을 보고 분명하게 규정지어 나가는데, 기본적으로 방황하는 원인은 규정적(definite)인 것에 대해, 즉 존재와 무에 대해 그 밖에서 어느 것에 속한 것도 아니기 때문에 방황하는 것이지. 그러니까 제논의 이론, 즉 다가 있으면 하나도 되었다가 다섯도 되었다가 하므로 모순이 나온다는 그 이론을 플라톤의 입장에서는 어떻게 설명해야 돼? 연속성은 많아졌다, 적어졌다, 늘었다, 줄었다 하면서 그야말로 방황하고 있다고 해야지. 지금 말한 것은 양적인 차원에서 보는 것이고, 이 우주는 사실 모든 측면에서 방황하고 있어. 이때 방황한다는 것은 연속적인 것이고, 제일차적으로 한계가 무너졌다는 얘기야.[13]

무규정적인 것을 다른 말로 하면 바로 아페이론이고 그것은 존재도 무도 아니므로 뭐가 뭔지를 모르는 것이고 그야말로 방황하는 것이다. 이렇다 저렇다, 이것이다 저것이다 하고 말할 수 없으니까.

---

13 앞의 책, 262-3쪽.

방황하는 원인은 방황하기 때문에 존재도 무도 아닌 것이고, 존재도 무도 아닌 것이기 때문에 구별이 아니라 연속의 원인이다. 이것으로 방황하는 원인, 아페이론의 존재론적 의미가 존재도 무도 아닌 것으로 밝혀졌다. 그러니까 다와 운동이 있다면 모순이 나온다는 제논에 대해 모순이 나오는 것이 아니라 방황하는 원인이 지배하고 있다고 플라톤은 대답할 수가 있는 것이다. 다시 말하면 세계는 방황하는 원인이 지배하므로 모조리 연속, 연결되어 있고 그것은 어디서 끝나는 것이 아니라 연속적인 과정으로서 운동하고 있고 존재와 무의 한계가 무너진 방황하는 원인의 세계라고 답할 수 있다는 것이다. 이것으로 방황하는 원인이 무엇이고 그것의 형이상학적 의미는 무엇인지가 밝혀진 셈이다.

「방황하는 원인」이라는 강의는 그 다음으로도 계속 이어지면서 형이상학적 문제를 다루고 있다. 특히 동일성이 우선이냐 자체성이 우선이냐는 매우 어려운 문제에 대해 말하고 있는데, 그것은 방황하는 원인을 다루는 우리 논의의 한계를 벗어나기 때문에 여기서는 다루지 않는다. 흥미 있는 독자에게 일독을 권한다. 다음은 능동적 운동, 포이운을 살펴보자. 그것은 「자기운동 I, II」의 도움을 받아야 할 것이다.

포이운에 대하여

플라톤에서는 사물을 규정하는 방법이 두 가지 있는데, 하나는 형상을 통한 것이고, 다른 하나는 운동 방식을 통한 것이다. 플라톤은 이 양 방식을 오가므로 어느 하나로 확정지어 플라톤의 생각이 뭔지를 규정하는 것은 곤란하다.

플라톤은 사물을 규정하는 방식이 두 가지 있는데, 하나는 형상(eidos)을 통한 규정이고 다른 하나는 운동 방식을 통한 규정이야. 플라톤은 이 양 방식을 왔다 갔다 하지. 사람, 개, 기타 동물이나 사물들의 형상이 있다, 또 그 형상을 보고 만들었다고 해. 또 생명을 무생물처럼 나눠. 그런가 하면 또 생명의 중심인 영혼은 운동을 가지고 규정하거든. 사실 우리가 플라톤을 읽고 있지만 플라톤에는 이런 사상, 저런 사상이 함께 들어 있어. 문제학(Aporetik)이지. 그래서 플라톤의 사상이 다 옳은 것이 아니고 혼란된 점이 많다는 것을 이해하고 들어가야 돼. 플라톤은 외고 다녀도 소용없어. 대화편마다 딴소리하니까. 생명체에 대해서도 형상(eidos)을 통해 규정했다가 운동의 측면에서 규정했다가 그래. 플라톤은 사실 생명체에 관해서 어떤 것이 진실인지도 모르고, 과연 그 사람이 생명체에 관해서 완전히 알았는지도 몰라. 또 어떤 것이 플라톤의 진실한 생각인지도 우리는 몰라. 다만 이 대화편에는 이렇게 나온다, 그것뿐이야. 전체적으로 이것이 생명에 대한 플라톤의 궁극적 생각이라는 것은 우리가 몰라. 여기 이 대화편에서는 영혼의 불사(athanaton)에 대해서 논하는데, 왜 영혼이 불사냐는 문제를 논의해. 그걸 증명하지.[14]

---

14 전집 2 『형이상학 강의 1』, 「자기운동 I」, 97-8쪽.

그렇기는 하지만 우선 『파이드로스』편의 영혼불멸을 주장하는 부분을 살펴볼 필요가 있다. 거기서 포이운을 가장 주제적으로 다루고 있기 때문이다. 우선 그 부분부터 먼저 살펴보자.

> 모든 영혼은 불사이다. 왜냐하면 스스로 움직이는 것은 불사이기 때문이다. 다른 것을 움직이고 다른 것에 의해 움직이는 것은 운동의 정지를 가지므로 삶의 정지를 가진다. 스스로 운동하는 것(hauto kinoun)만이 자신을 떠나지 않으므로(ouk apoleipon heauto), 결코 운동을 멈추지 않으며, 나아가 운동하는 모든 다른 것들에게 그것은 운동의 원천이자 시초이다. 그런데 시초는 생겨나지 않는 것이다. 운동의 정지를 가지는 경우에는 생명의 정지를 가지며, 스스로 운동하는 것만이 자신을 떠나지 않으므로 원천으로부터 모든 생성된 것이 생겨남이 필연적이고, 그 자신은 어떤 다른 것으로부터도 나오지 않으니까. 모든 생성된 것은 반드시 시초로부터 생겨날 수밖에 없고, 그것은 결코 그 어느 것으로부터도 생겨날 수 없기 때문이다. 왜냐하면, 만약 시초가 어떤 것으로부터 생겨난다고 한다면, 그것은 시초로부터 생겨난 것이 아닐 것이기 때문이다. 그것이 생성되지 않은 것이므로 또한 소멸되지 않음도 필연이다. 왜냐하면 시초가 소멸되면, 그것이 다른 것으로부터도, 다른 것이 그것으로부터도 생겨날 수 없기 때문이다. 모든 것이 시초로부터 생겨나야 한다면. 그렇지 않으면 전 우주와 모든 운동이 함몰되어 멈출 것이며, 또한 다시 운동하는 것이 그것으로부터 생겨날 바의 것을 결코 가지지 못할 것이다. 그런데 스스로에 의해서 움직여지는 것이 이같이 불멸하다는 것이 드러났으므로 그

> 것을 바로 영혼의 본질이고 정의라고 얘기해도 수치스럽지 않을 것이다. 왜냐하면 외부로부터만 움직임이 주어질 수 있는 모든 물체는 영혼이 없기 때문이다. 안에서부터 움직임이 주어지는 것은 스스로로부터 주어지는 것이고, 그것이 영혼의 본성이므로, 영혼이 있는 것이다. 이것이 이와 같다면 스스로 자신을 움직이는 것은 영혼 이외의 다른 것이 아니요 필연적으로 영혼은 생성되지 않았고 불사일 것이다.[15]

이 구절의 핵심 내용은 스스로를 움직이는 것은 자신을 떠나지 않으므로 운동을 멈추지 않고, 오히려 그것이 다른 운동의 원천이라는 것이다. 그것의 근거로 삼고 있는 논의는 시초(원초)는 생성되지 않으므로 소멸되지도 않는다는 것인데, 박홍규는 이 후자의 논점에 문제가 많음을 지적한다.[16] 그럼으로써 영혼불멸에 대한 증명은 사실 맞지 않는 증명임을 이야기하고 있는데, 그 점은 나중에 베르크손으로의 길이 해결해 줄 것이다. 그러나 여기서 더 중요한 것은 스스로 움직이는 것은 자기 자신을 떠나지 않는다는 논점이다. 이것은 무슨 뜻인가? 우선 박홍규 자신의 설명을 들어보자.

> 여기서도 '스스로를 움직인다(heauton kinoûn)'는 데서 모든 것을 찾고 있다는 걸 알 수 있어. 그런데 '스스로를 움직이는 것'은 자신을 '포기하지(apoleipon)' 않는다고 했는데, 그 포기하지 않는다는 것은

15 『파이드로스』편 254c-e.

16 전집 2『형이상학 강의 1』,「자기운동 I」, 105-6쪽.

무슨 뜻이냐? 자 여기 이런 운동을 봐. A, B, C, D 네 물체(sôma)가 있다고 해 보자. 이것들에 대해 '움직여짐(kineisthai)'이 밖에서 주어질 경우, A가 움직여진다면 A의 운동은 수동적(passive)이겠지. 능동적(active) 운동은 아니지? 그 수동적 운동에 의해 A의 자기동일성(identity)은 어떻게 돼? 가령 공간 운동이라고 해 보자. 그러면 운동이 A에서 B로 그리고 계속 C로 D로 가겠지? 그럴 때 A가 가지고 있던 자리는 없어지고 B로 가고, B는 C로, C는 D로 가겠지. 플라톤과 아리스토텔레스는 공간 운동과 질적 운동을 구별했는데 이번에는 질적인 운동을 생각해 봐. A가 질을 가지고 있다고 할 때, A의 질, A의 자기동일성이 사라져, 사라지지 않아? …… 응. 자기동일성(identity)은 사라져. 운동이란 원칙적으로 무엇이냐? 공간 운동의 경우 A가 A의 공간에 머물러 있으면 운동이 없는 거야. A를 버리고 B로 가고, B를 버리고 C로 가고, C를 버리고 D로 가야 공간 운동이 성립하지. 질적으로도 A라는 질을 버리고 B로 가고, B를 버리고 C로 가고, C를 버리고 D로 가야 운동이 되는 것 아냐? 그러니까 운동의 법칙은 'hetreomai'(다른 것으로 되다), 즉 타자화되어야만 운동이 성립한다는 것이야. 그렇지 않으면 가만히 있는 것이지, 그렇지? 그런데 아까도 말한 바와 같이 운동은 모든 측면에서 연속될 때에만 가능해. 어떤 한 측면에서 운동을 논하는 것은 우리가 편의상 그 측면만을 고립(isolate)시켜 보는 것이지. 형이상학적으로 말한다면 A가 가지고 있는 모든 질(quality), 모든 범주가 타자화되어야만, 즉 변화되어야만 운동이 되지. 즉 그것의 자기동일성이 사라져야 운동이 성립하지. 그러니까 바깥에서 운동이 주어지는 물체의 운동은 공간에 있는 모든 사물이 자기동일성을 어느 방향으로인지는 모르지만—무제한적(indefinite)이니까 우리는 어느 방향으로 갈지 몰라—하여간 그 자기동일성을 버리고 타자로 가는 운동이야. …… A가 가만히 있다가 돌연히 B로 간다면 비약이야. 이런 것은 운동이라고 안 해. 연속이 되어 있을 경우에만 운동이라고 해. 그런데 우리가 편의상 한 방향으로만 연속을 생각하지만, 사물은 모든 방향으로 연속되어 있어. 그러니까 수동적(passive)인 운동을 받아들이는 것은 형이상학적으로 이해하면 모든 방향으로 가. 어느 방향으로 갈지 몰라. 어느 방향으로는 많이 가고, 어느 방향으로는 적게 갈 수는 있겠지. 그러나 총체적으로 보면 그것은 자기 자신의 자기동일성(identity)을 잃어버리고 타자화(heterousthai)되는 과정이라야 돼. 그렇지 않으면 운동이 성립하지 않아.[17]

모든 수동적 운동은 자기 자신을 떠나서 다른 것으로 되어야 한다. 즉 자기동일성을 잃고 타자화되어야 한다. 그것은 모든 운동의 필연적 과정이다. 그렇다면 "자기 자신을 떠나지 않는다"는 말은 무슨 뜻인가?

그 다음에, 아까 나왔던 '떠나지 않는다는(ouk apoleipon)' 것이 무슨 얘기냐? 예컨대 A가 공간 운동을 한다고 할 때 B로 가기 위해서는 A가 있던 공간을 떠나야 운동이 성립해. B로 가면서도 A를 '떠나지 않는다'는 것은 B로 가면서도 A를 갖고 있다는 얘기인데, 이것이

17 앞의 책, 114-5쪽.

가능한가? 운동 자체를 생각하지 말고 운동하는 질(quality)이니 장소 같은 것을 생각해. 기차가 영등포를 떠나서 인천으로 가는데, 영등포를 떠났는데도 불구하고 영등포에 있다는 것이 말이 되겠냐? 영등포를 '떠나지' 않는다, 그게 말이 되나? …… 성립하지 않지. 그러니 운동에 있어서 필연성은 '떠나고', 타자화된다(heterousthai)는 것이지. 떠나지 않는다는 것은 곤란하잖아. 떠나야 운동이 되지. 운동의 필수적 조건은 '떠난다'는 거야. 그렇다면 운동에 있어서 '떠나지 않는다'는 것은 무슨 얘기야? 불가능한 얘기지? …… 질적인 운동을 한다면, 5살 먹은 소년이 11살이 될 때, 5살 먹은 소년이 변해서 11살이 되어야지? 5살 때의 상태를 벗어나야 할 것 아냐? 엄밀하게 생각해. 공간운동을 한다면, 기차가 영등포를 떠나서 인천으로 간다면 영등포를 떠나야 인천으로 가지 어떻게 안 떠나고 갈 수 있어? 가만 있으면 모를까. …… 기차가 인천에 도달했을 때는 이 우주의 체계, 시공간이 완전히 변해 버렸어. 상대성원리까지 집어넣어서 모든 관계가 다 변해 버렸다는 거지. 자네는 고립(isolate)시켜서 기차만 생각하니까 그래. 연속을 생각해. 모든 것이 다 연속되어 있어. 모든 것이 연속되어 있으니까 모든 것이 달라졌다(heterousthai)고 해야지. 그래야 운동이 돼. …… 그러니까 아까 자네가 운동 여부를 어떻게 파악할 수 있느냐고 물었지? 아까도 말했듯이 운동과 정지를 완전히 분리해서 양자택일(entweder-oder)로 생각하면 운동도 정지도 파악이 안 돼. 항상 양자가 같이 있기 때문에 어떤 것이 운동을 했다는 것을 우리가 파악할 수 있어. 운동 자체는 인식이 안 돼. 그것과 더불어 붙어 있는 정지된 측면을 통해서만 운동이 파악되지. 가장 중요한 점은 운동을 하면 반드시 타자화된다는 점이야. 형이상학적으로 이야기하면 외부에서 받아들여진 운동은 모두 타자화(heterousthai)돼. '떠나야' 돼. 원상태를 버려야 무엇이 변화한다고 할 수 있어. 그런데 원상태를 버려야 함에도 불구하고 안 버린다는 것이 가능하냐 그 말이야. 빨리 대답해 보게. 원상태를 '버린다'는 것은 운동의 필연성인데 버리지 않고도 운동이 가능한가? 불가능하지. 그런데 불가능한 것이 현실적으로 존재한다면 그것을 뭐라고 말하지? …… 불(不)자를 빼고 가능이니 우연이니 그래. 응. 불가능한 것이 현실적으로 존재할 때는 가능하다, 우연적이다 하는 말을 써. 물질적인 운동에서는 분명히 '떠난다'는 것이 성립하지. 그런데 운동하면서 '떠나지' 않는 상태가 현실적으로 있느냐 이것이 문제야. 여기 봐. 여기 A에서 B로 가는 운동이 있어. A에서 B에 왔을 때 B에서 A를 가지고 있어. 이때 B는 현재고 A는 과거야. 이 과거가 현재 속에 보존되어 있는 상태가 있을 수 있는가 없는가?[18]

타자화하는 것이 필연이라면 그것과 반대의 상황, 즉 운동을 했는데도 자기 자신을 버리지 않는다는 것은 불가능한 것이 가능하게 되는 것이거나 우연이다. 그것은 과거가 현재 속에 보존되는 상태이다. 그러한 것은 어디서 발견되는가?

플라톤은 그걸 다른 대화편에서 뭐라고 말하지? 가장 비슷한 말이 뭐야? 어디에 있어? …… 그렇지. 바로 기억이야. 그러면 이렇게 말할

18 앞의 책, 117-20쪽.

수 있어. 무생물은 기억이 없고 생물에는 기억이 있다. 그리고 아까 '스스로를 움직이는 것'은 스스로에게 시초(archē)가 있으니까 그때는 수동적(passive)인 운동이 아니라 능동적(active)인 운동이라 그래. 플라톤은 능동자(poioūn)란 말을 써. 능동자는 운동 자체가 변하지 않을 때 쓰는 말이야. 변해 버리면 능동자가 안 되잖아. 수동성(passivity)이 들어가면 안 되니까. 그러면 이제 플라톤에서 상기설이나 『테아이테토스』편의 지식, 기억(mnēmē), 그런 것들은 모조리 과거가 과거로서 흘러가 버리는 것이 아니라 현재 속에 가지고 있어. 생물이나 영혼(psychē) 속에 여러 가지 기억이 있는데, 기억을 과거의 현재에 있어서의 보존이라 한다면 어떤 기억이 가장 근본적이겠냐? 생각해 봐.[19]

"자기 자신을 떠나지 않는다"는 것은 바로 기억 현상에서 발견된다. 기억은 과거를 현재에서 보존하는 것이니까. 그리고 그런 운동을 하는 것은 더 이상 수동적인 운동을 하는 것이 아니라 능동적인 운동을 한다. 그것을 플라톤은 포이운(능동자)이라 한다. 그 기억 중 가장 기본적인 것이 유전이다.

생명 현상 속에서 그것을 이렇게 죽 순환원(cycle)으로 봐. 염색체에서 소년에서 노년으로 가고 다시 염색체로 간다. 그러면 어떤 것이 가장 기본적이겠냐? 종 속에 들어 있는 것, 유전이야. 지금 생물학에

---

19 앞의 책, 120-1쪽.

서는 뭐라고 말해? 생물은 물질과 달라서 정보에 의해 모든 기능이 통제된다고 하잖아. 그것이 무생물과 다른 점이야. 모든 것은 유전자 속에 들어 있는 정보에 의해 조절되고, 코도 나오고 눈도 나온다. 물론 정보 이론뿐 아니라 운동 자체를 하려고 한다는 것, '떠나지(apoleipon)' 않는다는 것, 그걸 가정해야지. 그러면서도, 여기 봐. 생성하는 것, 물질(sōma), 타자(heteron), 무생물, 이렇게 죽 있다고 해 봐. 이 도식을 형상처럼 정적(static)으로 생각하지 말고, 동적(dynamic)으로 생각해야 돼. 그러면 운동의 필연적인 법칙은 타자화(heterousthai)되는 데 있어. 자체적인 것(kath' hauto)에 있어서 '자기 자신을 움직인다'고 했을 때, 움직이는 자신, 즉 능동적(active)인 자신은 하나인가 둘인가? …… 하나야. 또 운동을 받는 자기 자신은 …… 구별이 없어지게? 시간도 없어지게? 오늘도 내일도 모레도? 움직임을 받는 자기는 달라야 될 것 아냐? 'auto'(그것)라는 것은 대명사야. 영어의 'it'이야. 무엇에 대해서 'it'란 말을 써? 되풀이되는 것에만 대명사를 쓰잖아. 증명사진을 놓고 동일성을 확인한다(identify)고 해. 그게 무슨 뜻이야? 사진 속에 자네와 비슷한 실물이 있다는 것 아냐? 그러나 그것은 실물은 아냐. 실물은 자네 하나뿐이야. 그런데 자네 사진을 여러 군데에서 여러 사람이 몇 장도 찍을 수 있잖아? 그러니까 '그것(auto)'이란 타자 속에서 여러 군데에 되풀이될 때에만 그 대명사를 써. 이거 아주 주의해야 돼. 그러면 A=A에서 A가 같지 않냐? 그걸 동일률이라고 하지. 벌써 A가 둘이거든. 둘이니까 하나는 주어고 하나는 술어고, 하나는 앞에 나와 있고 하나는 뒤에 나와 있고, 어딘가 달라. 만약에 그것이 유클리드기하학처럼 합동이 되어 하나가 되어 버렸다면 '같다(to auto)'는 말을 안 쓰고, '자체(kath' hauto)'라는 말을 써. 알아들었지?[20]

유전되는 것 자신은 절대적, 즉자적인 것이 아니라 반복되면서도 자기동일성을 유지하는 것이다. 그렇다면 '자기 자신을 떠나지 않는다'는 것은 무슨 뜻인지 다시 한 번 설명을 들어보자.

그럼 이제 잘 들어보게. 'existentia'(현존, 실존)라는 말은 중세 스콜라철학에서 많이 쓰는데, 아리스토텔레스가 이야기하는 형상(form)은 그 자체로서는 가능적으로만 있고, 질료와 결합해야 구체적 사물로 성립해. 그러니까 타자가 그것의 존재를 위해 떠받쳐 주는(support) 측면, 즉 타자 덕분에 그것이 존재할 수 있는 측면이 있고, 그것을 'existentia'라 그래. 그런데 타자화(heterousthai)되면 그것의 자기동일성(identity)을 보존시키나? 반대로 자기동일성을 상실시키는 것 아냐? 그런데 '떠나지 않는다(ouk apoleipon)'는 것은 거꾸로잖아. 타자화하는 전 과정에 '떠난다'는 것이 성립하는데, '떠나지 않는다'는 것은 그것을 다시 거슬러 올라가는 거야. 정적으로 생각하지 말고 동적으로 생각해야 돼. 여기서 이것을 가지고 있고, 여기서도 이것을 가지고 있고, 그렇게 죽 '떠나는' 것에 반대되는 운동을 통해서만이 '떠나지 않는다'는 것이 성립해. 이것이 대단히 중요해. 이건 정지해 있는 것이 아니라 운동이니까. 역동론(dynamic)이니까. 그런데 이

20 앞의 책, 121-2쪽.

것이 거꾸로 갈 때, 물질 속에 운동도 들어 있고, 여러 가지 질도 들어 있고 그래. 모두 다 녹아 있어. 질이 따라가. 그런데 질은 또 뭐냐 하면 운동을 방해하고 잘라 버리는 것이야. 거꾸로 올라갈 때, 이렇게 가는 것도 있고 이렇게 가는 것도 있고 여러 가지 종류가 있을 수 있다 그 말이야. 좌우간 근원은 여기까지 가. 그러면 여기에 있었던 근원을 항상 갖고 있다는 얘기야. 근원으로 가는 운동, 반대 운동은 항상 있다는 얘기야. 있어야만 '떠나질' 않아. 우리가 과거를 기억한다는 것은 무슨 얘기냐? 우리가 과거로 돌아가서 이렇게 본다는 말이야. 실지 과거는 지나가 버렸으니까 똑같은 것은 없어. 비슷한 것만 있지. 우리의 기억상(記憶像)은 똑같은 것은 없어. '떠나지 않는다'는 것은 이렇게 동적인 역기능에서만 성립해. 그러면 운동에 있어서 필연적인 것은 타자화(heterousthai)하는 것이고, 그것에 역기능하는 것은 필연적인 것이 아니라 가능적인 것, 모순된 것, 우연적인 것이라는 표현을 써. 여기서부터 베르그송의 세계로 들어가게 돼.[21]

운동은 필연적으로 타자화하는 것인데 자기 자신을 떠나지 않는다는 것은 타자화하지 않는다는 것이고, 그렇게 하려면 타자화의 전 과정에서 그것에 거꾸로 가는 어떤 운동이 나와야 한다. 즉, 그것에 역기능하는 운동이 나와야 한다. 그것이 바로 포이운, 능동적 운동이다. 그것은 필연을 거슬러 올라가는 운동이므로 '가능적인 것, 모순된 것, 우연적인 것'이다.

21 앞의 책, 122-3쪽.

베르그송의 입장에서 보면 이 우주는 동적(dynamic)인 세계인데, 물질세계의 필연적인 법칙은 타자화(heterousthai)되는 운동으로서의 하강 운동이야. 『파이드로스』 편에서도 날개가 있어서 형상(Idée)으로 가는 상승 운동과 무거워서(embrithēs) 밑으로 처지는 하강 운동들을 구별하지? 그때 원천으로 올라가는 운동은 어디까지나 가능적인 것, 비결정적(indeterminate)인 것이고, 우연적인 것이야. 따라서 여기서 세계는 가능적인 체제로 변하게 돼. 어떤 고정된 세계가 따로 있는 것이 아니라, 있을 수도 있고 없을 수도 있어. 물질의 세계도 그래. 그러니까 그런 비결정성이 생명의 세계뿐 아니라 물질의 세계까지 있다는 것이 베르그송의 입장이야. 그런데 아까 말한 'existentia'(생존, 현존)란 무엇이냐 하면 타자화되는 운동에 의해 '자신(auto)'은 항상 자기 상실되어 가는 데 반해, 거기에 거꾸로 역행함으로써 자기 자신의 동일성(identity)을 유지함을 말하지. 그런데 그 역행하는 방법이 여러 가지 있는데, 그걸 기술(technique)이라고 해. 그러니까 생물에만 기술이 있지, 무생물에는 기술이 없어. 물질과 관계해서 이렇게 갈 수도 있고 저렇게 갈 수도 있다는 데에서 기술이 나와. 『파이드로스』 편에서도 기술 문제가 나오지. 수사학(rhetoric)이란 영혼을 이끄는 기술(psychagogia)이라고 했지. 영혼(psychē)에만 기술이 있어. 그런데 플라톤에서는 영혼이라는 개념 자체가 썩 분명하지 않으니까 기술과의 관계에 대해 베르그송에서처럼 정리가 되어 있지 않아. 하여간 기술은 역기능의 전 과정에서 사람을 생존하게(existieren) 하는 데에 있어. 이 점에 있어서 아리스토텔레스의 사상은 전연 달라. 아리스토텔레스는 질료(matter)지만 여기서는 기술이야.[22]

비결정적이고 우연적인 포이운은 가능적인 운동을 하므로 이렇게 갈 수도 있고 저렇게 갈 수도 있고 그 운동 방식이 여러 가지로 나올 수 있다. 그렇기 때문에 그 운동에는 항상 기술이 문제가 된다. 기술적으로 잘 가면 그 운동이 계속 성공할 수 있지만 잘못하면 그 운동이 그쳐 버릴 수가 있다. 즉, 죽을 수가 있다. 그래서 다음과 같은 문제가 제기된다.

> 그럼 이제 또 하나의 문제가 있어. 자기 자신이 자기 자신을 움직인다고 했는데, 아리스토텔레스가 『영혼론』에서 맨 처음에 반박하는 것이 플라톤의 바로 그 영혼 이론이야. 운동이 있으려면 운동자와 피동자가 있어야지, 어떻게 하나인 자신이 자신을 움직인다고 할 수 있느냐는 거지. 그러면 그 같은 시초(archē)가 있는 운동이 있느냐 없느냐? 만약 있다면 어떻게 설명할 것이냐? 이것이 문제야. 자신이 자신을 움직인다고 할 때 그 최초의 운동은 어디서 나왔느냐, 즉 최초의 운동자 문제가 나와. 그러면 아까도 말한 바와 같이 무한 소급으로 돌아가. 그렇다면 이제 소급하지 않으려면 어떻게 해야 할 것이냐? 원인이 없다고 해야지? 원인이 없다고 해야 할 것 아냐, 응? …… 요컨대, 시초(archē)가 있다는 것은 원인이 없다는 얘기 아냐? 허허허. 시초가 있다는 것은 원인이 없다는 얘기 아냐? 원인이 자꾸 올라가면 곤란하지? 시초가 있는지 없는지 모르잖아? 원인이 없다는 것은 무슨 얘기냐? 모든 측면에서 그것이 나올 만한 근거가 아무것도 없어. 아까도

22 앞의 책, 124-6쪽.

말한 바와 같이 모순된 것이야. 아무것도 없는데도 불구하고 무엇이 나오니까 모순된 것 아냐? 그러니까 베르그송 입장에서 본다면 무에서 나왔다고밖에 할 수 없다는 거야. 무에서 나온 운동은 어떤 성질을 가지고 있느냐? 그것이 무를 극복하고 나왔기 때문에 무로 사라질 수 있다는 것을 걸머지고, 무로 사라지지 않게 할 수 있는 능력을 가지고 있다는 얘기가 돼. 그것이 바로 자신을 '떠나지 않음(ouk apoleipon)'이지. 베르그송에서는 기억 이론이야. 바로 여기가 플라톤과 다른 점이야. 무제한하게 가는 것이 아니라 원인이 없다, 즉 무에서 나오는 것이 아니냐는 거야. 그래서 그것을 '비약(élan)'이라고 해. 그런데 '자신(auto)'은 계속 유지되는 것이니까, 뒤에 '생의(vital)'라는 말을 붙였어. 연속적인 삶이니까. '창조적 진화'도 같은 구조야. 그러면 이제 기억에는 어떤 것들이 있느냐? 베르그송은 『물질과 기억』이라는 책을 썼고, 그 결론은 『창조적 진화』로 가지. 그런데 거기서 생물은 기억이 있고 무생물은 기억이 없다는 거야. 요새 생물학으로 이해하면 정보가 없다는 거지. 베르그송 입장에서는 플라톤의 '자기운동(heauton kinoūn)'은 이치에 안 닿는다는 거야. 시초가 없다면 솔직하게 무에서 나왔다고 해야지 어째서 자신을 움직이는 것이라고 하느냐, 그 자체가 잘못이라는 거야. 그것은 희랍적 사고인데, 그걸 넘어서야 된다는 거야. 그래서 비약이라고 해. 무를 극복하고 나온 것은 무로 가야 하는 것을 무로 가지 않게 하려는 능력이 있다, 그것이 기억 능력이라는 거야. 그러니까 베르그송 철학은 완벽(perfect)하게 정리된 합리적 철학이야. 여기서 여기까지 죽 타자화(heterousthai)되는데, 여기서부터 죽 거꾸로 돌아와. 그러면 그것은 비결정성(indetermination)이야. 사람이나 생물들은 모두 영원히 존재하려고 하지만 동시에 한순간에 죽어 버릴 수도 있다는 거지. 플라톤에서는 그렇지 않잖아? 영혼은 영원해서, 불사적(athanatos)이고 죽는 법이 없어, 허허. 베르그송 이론은 안 그래. 생명체는 한순간에도 죽을 수 있다. 그러나 또한 영원히 살려고 한다. 그 두 개의 모순, 딜레마가 있어. 이 공식을 알아 둬. 대단히 중요해. 이 공식으로부터 죽음의 문제에 관한 한 종교가 나오고, 여러 사람들이 있는 한에서는 윤리가 나오고, 인간을 물질적으로 다룰 때는 기술과 법이 나와. 따라서 인간의 문화를 종교를 중심으로 볼 것이냐 기술을 중심으로 볼 것이냐, 윤리는 또 무엇이냐, 이 관계가 이 도식에서 형이상학적으로 싹 나와 버려. 알아들었지? …… 그러니까 플라톤과 베르그송은 '떠나지 않는다'의 의미가 달라. 기억까지는 같아. 그러나 '떠나지 않는' 원인이 달라. 베르그송에서는 그것이 허무에서 허무를 극복하고 나왔기 때문에 허무로 가려는 것을 붙잡고 허무로 안 가게 할 수 있는 능력이 있다는 것이고, 그것이 그의 기억이야. …… 플라톤에서는 논리적으로 딱 보장이 되어 있고.[23]

베르크손에서는 포이운의 운동이 원인이 없고, 플라톤에서는 자기 자신이라는 원인이라고 한다. 그렇게 되면 베르크손에서는 그것이 언제 다시 무로 돌아갈지를, 즉 언제 죽을지를 모른다는 것이 되지만 플라톤에서는 논리적으로 죽지 않는다는 것이 보장되어 있다

23 앞의 책, 123-4쪽.

고, 즉 영원불멸로 된다. 어느 쪽이 옳은가 하면 박홍규는 베르크손이 옳다는 것이다. 플라톤은 자기운동자의 존재 방식을 밝힌 공로는 인정되지만 다만 그것을 논리적으로 잘못 설명했다는 것이다.

이상으로 형이상학의 세 원리가 설명되었다. 세계를 분석해 보니까 여러 사물마다 불변하는 성질이 있고 그것이 에이도스이다. 그런데 그것들이 따로따로 떨어져 있는 것이 아니라 서로 연관을 맺고 있고 그러한 연관의 원인은 에이도스와는 전혀 반대의 아페이론이다. 그런데 이 둘만을 놓으면 결국은 모든 것이 아페이론으로 떨어져 버릴 텐데 그렇지 않도록 보장해 주는 제삼의 원리인 포이운이 있다. 포이운은 아페이론의 타자화를 거슬러 올라가서 각 사물의 자기동일성을 보장해 주는 방식으로 운동하는 능동적 운동이며, 타자화에도 불구하고 자기동일성을 유지하는 기억이 바로 그 대표적 현상이다.

에이도스, 아페이론, 포이운 이 세 원리는 전통 형이상학의 세 원리이지만 아직도 죽지 않고 타당한 것이다. 그러니까 플라톤의 형이상학은 죽은 철학이 아니라 아직도 살아 있는 철학이다. 위의 세 원리가 유용할 뿐 아니라 아직도 변증법을 배우려면 플라톤을 배워야 하기 때문이다. 물론 이 세 원리로 고전 형이상학이 다 설명된 것은 아니다. 앞에서도 누누이 이야기했지만 형이상학의 핵심은 분석력 자체이다. 이 세 원리는 분석력을 키우는 핵심 내용은 되지만 그것만 가지고는 안 된다. 특히 플라톤을 읽고 그것을 분석할 줄 알아야 한다. 박홍규가 직접 쓴 논문 중에는 플라톤의 대화편을 분석한 것이 가장 많다. 「『프로타고라스』편에 대한 분석」, 「『유티데모스』

편에 대한 분석」, 「『소피스트』편에 대한 분석」, 「『티마이오스』편의 〈필연〉에 대한 아처-하인드의 견해를 음미함」 등이 그것이다. 대화편들을 직접 읽고 위의 논문들을 읽어 보라. 어떻게 그 대화편에서 이런 내용이 나올 수 있는지를 의심할 정도로 그 분석이 기가 막히다는 것을 깨닫게 될 것이다. 그때에야 비로소 박홍규의 정신의 높이를 짐작할 수 있을 것이다.

이상에서 박홍규의 철학의 기본을 살펴보았지만 이것은 그의 철학의 극히 일부분에 불과하다. 우리의 그물망에 잡힌 것만을 대체로 정리한 것에 지나지 않는다. 박홍규를 완전히 이해했다는 것은 그와 같은 정도의 분석력에 도달했다는 것을 의미하는데, 우리는 물론 거기에 도달하지 못 했으므로 우리의 설명도 매우 불완전한 것임이 분명하다. 우리는 다만 처음 박홍규를 접하는 사람들에게 길잡이 역할을 할 수 있는 것만으로 만족한다.

그러나 이상의 기본틀을 이해하는 것만 해도 벌써 아무것도 아닌 것이 아니다. 그것만으로도 가령 여러 철학들의 약점이 눈에 들어온다. 옛날 것부터 먼저 살펴보자. 물론 형이상학자는 아니지만 석가는 제법무아(諸法無我)를 설파한 것으로 알려져 있다. 그가 그것을 이야기한 것은 형이상학적 희론(戱論)이 아니라 자기에 집착하는 인간들의 욕망을 부수기 위한 종교적 진리를 말하기 위함이었으리라. 그러나 석가 정도의 정신이라면 말 한 마디도 사물의 진상을 무시하여서는 설득력이 그만큼 낮아질 것이다. '아(我)'라는 것 자체가 없다면 그리도 강한 '아'를 찾는 마음은 어디서 왔는가? '아' 자체가 없는데 왜 그리고 어떻게 '아'를 찾을 수 있는가? 어딘가에

'아'를 찾는 마음의 연원이 있고, 거기서부터 '아'를 찾는 마음이 나왔다고 해야 한다. 그렇다면 '제법무아(諸法無我)'라 할 것이 아니라, '아'는 있지만 그 마음을 누그러뜨리라고 해야 한다. 가령 예수님은 '가난한 자는 복이 있나니'라 말하지 않고, '마음이 가난한 자는 복이 있나니'라 말했다. 그것은 무조건 가난하라는 것이 아니라, 너희에게 가난하지 않으려는 마음이 있는데 그것은 그것대로 인정하지만 그러나 가난한 자를 도와주려는 마음을 발현하면 더 좋다는 뜻이다. 위에서 말한 형이상학의 세 원리에서 능동인(=포이운)은 자기동일성을 유지하는 운동이다. 세상을 전면적으로 설명하려면 능동인이 반드시 있어야 한다는 것이다. 그렇기 때문에 형이상학적으로 보면 '제법무아'일 수가 없고, 오히려 '제법유아(諸法有我)'라 해야 한다. 자아 자체를 처음부터 없다고 뭉개 버리면 개인의 자유 의사를 근간으로 삼고 있는 근대 사법과 근대 공법의 설 자리가 없어진다. 근대 세계 자체가 무너져 버리는 것이다.

오늘날을 보자. 이른바 포스트-모더니즘은 다양한 이론들이 있으므로 일률적으로 논할 수는 없다. 포스트-모더니즘은 베르크손의 동적 존재론에 기반을 두고 고정적 불변치(=실체, 가령 이데아)는 없다는 생각에서 출발한 이론이라 할 수 있다. 사실 베르크손에서는 고정치가 전혀 없다는 것이 아니라, 포이운이 아페이론과 만날 때 질로 성립한다는 것이다. 즉 포이운과 아페이론의 함수라는 이야기이다. 그것을 더 밀고 가서 고정치가 전혀 없다는 데까지 가는 것이 포스트-모더니즘이라 할 수 있는데, 만일 고정치가 아무것도 없다면 세상은 온통 무규정적인 혼돈뿐이라고 해야 한다. 더구나 포스트-모더니즘은 대체로 동일성은 타자성을 기반으로 한다는 생각, 또는 타자성이 동일성보다 앞선다는 생각을 공통적으로 가지고 있는 것 같다. 그 대표적인 예가 데리다의 '차이(différance)' 개념인데, 그것에 의해 모든 존재가 존재로 드러나게 되는 근원적 개념이라고 한다. 원래 'différence'의 'e'를 'a'로 바꾸어서 일견 '차이'의 능동적 운동성을 강조하는 듯한 느낌을 준다. 능동적 운동은 자기동일성을 유지하는 운동이라는 것을 이미 누누이 살펴보았다. 그런데 데리다는 그것이 동일성이 아닌 차이라 주장한다. 타자성밖에 없다면 능동적 운동은 없다. 능동성이란 스스로가 스스로를 움직이는 운동이기 때문이다. 그러니까 데리다의 사상은 근본 분류부터 되지 않은 혼돈의 사상임을 알 수 있다. 필자는 예전에 데리다의 강의를 들은 적이 있는데, 그때 한 청중이 일어나서 당신은 '즐거운 메가라학파(joyeux mégarique)'라 부를 수 있다고 비판한 적이 있다. 필자는 그 말이 옳다고 생각한다. 슬프지 않고 즐겁자는 것은 좋으나, 소크라테스가 나온 다음에도 그를 잊고 다시 그 이전의 파르메니데스의 단순한 존재론으로 돌아간 것이 메가라학파이기 때문이다. 플라톤이 나온 다음에도 그의 근본 분류를 잊고 모든 것을 뒤섞자는 데리다와 다를 바가 없다. 여기는 포스트-모더니즘을 완전히 비판하는 자리는 아니니 이쯤해서 만족하자. 기본을 알면 엉뚱한 소리로 사람들의 시간을 뺏거나 현혹하는 일은 없어질 것이다. 다시 한 번 강조하거니와 철학은 독사가 아니라 에피스테메이다.

우리가 설명한 것은 다시 한 번 강조하거니와 전통 형이상학의 앙상한 뼈대일 뿐이다. 그러므로 이것으로 전통 형이상학이 끝난 것도, 또 전통 형이상학으로 형이상학이 끝난 것도 아니다. 이제 새로운 형이상학이 나와서 신천지가 열린다. 이 새로운 형이상학을 기반으로 오늘날의 모든 새로운 철학들이 전개된다. 형이상학의 극복을 이야기하는 것도 그에 기반을 두었지만 그를 능가하는 철학을 하려다 보니까 나온 이야기일 것이다. 이제 이 새로운 형이상학을 박홍규는 어떻게 보고 있는지를 살펴볼 때이다. 이미 앞의 인용문에서 그것의 특징이 약간 언급되었다.

5

새로운 형이상학: 베르크손

베르크손 형이상학은 어떤 것인가? 그의 형이상학은 한 마디로 운동의 형이상학이다. 모든 것이 운동한다. 다만 그 운동에는 종류가 있다. 하나는 생명의 운동이며 하나는 물질의 운동이다. 전자는 바로 앞 장에서의 포이운의 성질을 가진 운동이며, 후자는 아페이론에 기반을 둔 운동이다. 둘은 서로 대립되는 운동이다. 그러므로 그의 철학은 이원론이다. 물론 운동의 일원론이라 할 수도 있는데, 그것은 마치 모든 것은 있으니 모든 철학은 존재의 일원론이라는 말과 같이 아무 의미가 없는 말이다. 그의 철학은 생명과 물질, 기억과 물질, 시간과 공간, 질과 양의 이원론이다. 다만 영원불멸하는 영혼이 언제 죽을지 모르는 생명으로 되었다는 점만이 플라톤의 포이운과 다르다. 그러나 이 작은 차이는 여간 큰 차이가 아니다. 바로 앞 장의 마지막 인용문을 다시 한 번 살펴보자.

바로 여기가 플라톤과 다른 점이야. 무제한하게 가는 것이 아니라 원인이 없다, 즉 무에서 나오는 것이 아니냐는 거야. 그래서 그것을 '비약(élan)'이라고 해. 그런데 '자신(auto)'은 계속 유지되는 것이니까, 뒤에 '생의(vital)'라는 말을 붙였어. 연속적인 삶이니까. '창조적 진화'도 같은 구조야. 그러면 이제 기억에는 어떤 것들이 있느냐? 베르그송은 『물질과 기억』이라는 책을 썼고, 그 결론은 『창조적 진화』로 가지. 그런데 거기서 생물은 기억이 있고 무생물은 기억이 없다는 거야. 요새 생물학으로 이해하면 정보가 없다는 거지. 베르그송 입장에서는 플라톤의 '자기운동(heauton kinoūn)'은 이치에 안 닿는다는 거야. 시초가 없다면 솔직하게 무에서 나왔다고 해야지 어째서 자신을 움직이는 것이라고 하느냐, 그 자체가 잘못이라는 거야. 그것은 희랍적 사고인데, 그걸 넘어서야 된다는 거야. 그래서 비약이라고 해. 무를 극복하고 나온 것은 무로 가야 하는 것을 무로 가지 않게 하려는 능력이 있다, 그것이 기억 능력이라는 거야. 그러니까 베르그송 철학은 완벽(perfect)하게 정리된 합리적 철학이야. 여기서 여기까지 죽 타자화(heterousthai)되는데, 여기서부터 죽 거꾸로 돌아와. 그러면 그것은 비결정성(indetermination)이야. 사람이나 생물들은 모두 영원히 존재하려고 하지만 동시에 한순간에 죽어 버릴 수도 있다는 거지. 플라톤에서는 그렇지 않잖아? 영혼은 영원해서, 불사적(athanatos)이고 죽는 법이 없어, 허허. 베르그송 이론은 안 그래. 생명체는 한순간에도 죽을 수 있다. 그러나 또한 영원히 살려고 한다. 그 두 개의 모순, 딜레마가 있어. 이 공식을 알아 둬. 대단히 중요해. 이 공식으로부터 죽음의 문제에 관한 한 종교가 나오고, 여러 사람들이 있는 한에서는 윤리가 나오고, 인간을 물질적으로 다룰 때는 기술과 법이 나와. 따라서 인간의 문화를 종교를 중심으로 볼 것이냐 기술을 중심으로 볼 것이냐, 윤리는 또 무엇이냐, 이 관계가 이 도식에서 형이상학적으로 싹 나와 버려. 알아들었지? …… 그러니까 플라톤과 베르그송은 '떠나지 않는다'의 의미가 달라. 기억까지는 같아. 그러나 '떠나지 않는' 원인이 달라. 베르그송에서는 그것이 허무에서 허무를 극복하고 나왔기 때문에 허무로 가려는 것을 붙잡고 허무로 안 가게 할 수 있는 능력이 있다는 것이고, 그것이 그의 기억이야. …… 플라톤에서는 논리적으로 딱 보장이 되어 있고.[1]

생명은 영원히 살려고 하지만 언제 죽을지 모른다는 것이 플라톤의 포이운과 다른 점이다. 그것으로부터 베르크손의 종교, 윤리, 기술 철학이 거의 연역적으로 나온다. 그러한 형이상학은 생명이 매순간 죽음을 극복하는 구조이므로 매순간이 생의 비약이라는 철학, 즉 창조적 진화의 철학으로 나오며, 생명과 물질이 근본적으로 다르다는 기억과 물질의 철학으로 나온다. 생명의 흐름을 종단면에서 보면 매순간 비약이지만, 횡단면에서 보면 동일한 생명의 연속이다. 그것을 생의 비약이라 표현한 것이며 창조적 진화도 이어짐(진화)과 창조의 연속이라는 것이므로 동일한 사태를 표현한 말이다. 이러한 철학을 박홍규는 기능주의라 부르는데, 그것은 전통 형이상학을 본질주의라 부르는 것과 대비된다. 그 양자의 관계는 어떤 것인지 「베르그송에 있어서의 근원적 자유」를 통해 알아보자.

---

1 전집 2 『형이상학 강의 1』, 「자기운동 I」, 123-4쪽.

다는 본질에 있어서 즉자적으로 고립하여 상호간에 무관심하므로 모조리 공존한다는 결론에 도달하였거니와, 직접적으로 소여되는 현실적인 대상은 관계 맺음 속에서 성립한다. 그러므로 현실적으로 주어진 대상의 진상을 남김없이 파악하려는 형이상학은, 다를 순수한 본질로서 영원 속에서 파악하려 함과 동시에 또한 관계 맺음 일반의 법칙의 차원에서 현실을 파악하여야 한다.

관계 맺음은 존재의 고립성을 개방하여 타자와 연결을 설정하므로, 관계 맺음 일반의 원리는 연속성에서 구할 수 있다. 두 개의 관계 맺어진 존재들은 상호간에 그 고유한 질을 부분적으로나마 타자화하여 극한에 가서는 어느 것도 아닌 무규정적인 것에 도달하며, 이 점에서 관계항의 연결은 성립한다. 모든 존재의 상호 타자화의 극한인 무규정성 일반은 모든 존재의 관계 맺음 일반의 성립 기반이다. 존재와 무는 단절의 원인이며, 이와 반대로 동시에 존재도 아니고 무도 아닌 무규정성은 연속의 원인인바, 무규정성은 질의 관점에서의 규정이며 연속성은 양의 관점에서의 규정이다. 모든 존재의 관계 맺음에서 관계 맺음의 필연적인 법칙은 모든 존재를 연속적으로 무규정성으로 인도한다. 그런데 연속적인 타자화에서 운동이 성립하며, 무규정성에서 성립하는 부동성(浮動性)은 운동의 특징이므로 무규정성은 운동의 원인이다. 공존하는 본질들과 대조적으로 관계 맺음의 필연적인 규정은 연속적으로 타자화하는 운동 그 자체, 즉 과정(process)을 동반하며 그 과정의 극한치는 그 과정 자신도 구별될 수 없는 상태이다. 만유는 서로 관계를 맺고 있는 한, 그 진상은 만유의 무규정적인 것으로의 연속적인 몰락 과정이다. 바꾸어 말하면 관계 맺음은 독립된 존재자 상호 간섭을 야기시키므로 존재자의 공존은 무너지며, 타자화를 일으키는 데 이질적(異質的)인 존재가 잔존하는 한 관계 맺음은 불가능하므로, 모든 이질적인 존재, 즉 모든 규정의 무규정화가 초래된다. 즉 모든 본질의 몰락이 초래되는 것이다.[2]

우선 여기서 이야기되고 있는 것은 질들이 관계를 맺으려면 아페이론이 들어가게 되고, 그렇게 되면 관계는 맺게 되지만 아페이론의 무규정적인 성격에 의해 모든 것이 무규정적으로 될 위험에 처하게 된다는 것이다. 그러면 어떻게 해야 할 것인가?

이리하여 순수한 본질들의 남김 없는 공존의 대명사라고 단정된 영원(永遠)과 모든 질들의 상호 간섭으로 인한 비공존화의 연속적인 과정, 즉 모든 질의 무규정적 상태로 환원되는 과정은 데카르트의 해석기하학에서 성립하는 횡축과 종축처럼 서로 방향을 달리한다. 그러므로 영원에서 성립하는 본질의 좌표는 비공존의 운동에서 성립하는 현실을 영원히 외면(外面)한다.

그러나 만약 관계 맺음 속에서 존재의 보존이 이루어지며 공존이 가능하고 운동을 통하여 새로운 존재가 형성되고 다가 탄생되는 경우가 있다면 이러한 사태에 대한 해결의 근거는 나변(奈邊)에서 구해야 할 것이냐의 문제가 제기된다.

주지하는 바와 같이 관계 맺음과 운동을 통하여 사물이 탄생하며

---

2 전집 1 『희랍철학 논고』, 「베르그송에 있어서의 근원적 자유」, 185-6쪽.

공존이 가능한 사태는 유기체의 영역에서 볼 수 있는바, 이러한 사태에 대해서, 현실의 관계 맺음을 외면하고 고립 속에서만 다가 성립한다는 영원의 좌표와 관계 맺음 속에서는 다는 무규정성으로 몰락한다는 관계 맺음의 필연적인 법칙의 좌표는 해결을 제공할 수 없다. 그러므로 사태 자체가 지시하듯이 관계 맺음 속에서는 다가 무규정성 속에 몰락한다는 관계 맺음의 필연적인 법칙에 역기능하는 좌표, 즉 관계 맺음의 좌표를 설정해야 한다. 이러한 좌표는 관계 맺음에서 존재에 대한 관계 맺음의 원인인 무규정성의 당연한 규정, 즉 관계 맺음에서 존재에 대한 무규정성의 우위를 주장하는 필연성에 역기능하는 비합리적인 좌표이다. 그러므로 이 비합리적인 좌표는 불가능한 것이 가능성을 통해서 현실화되는 좌표이며 필연성의 좌표에 대해서는 가능성의 좌표이다. 필연성의 좌표는 가령 물리학의 열역학 제2법칙에서 나타난다고 하며, 가능성의 좌표는 전자에 역기능한 것으로 일자 속에 타자가, 부분 속에 전체가 가능적으로 들어 있는 생명 현상 속에서 성립한다고 한다. 그런데 전자의 운동은 다를 무규정성으로 몰락시킴으로써 운동마저 구경(究竟)에 가서는 소멸시키는 데 비하여 후자의 운동은 사물을 존재케 하는 운동이며 따라서 그 운동 자신을 지속시키려는 운동이다. 이러한 운동은 타자에 의지할 수 없다. 운동을 양분하여 운동을 주는 부분과 받는 부분으로 구별하는 경우에, 그 운동은 타자화하는 운동이지만, 이 운동은 타자화되지 않으며 운동 그 자신을 유지하므로, 자신에로의 운동이며, 역으로 말하면 자신에서의 운동이며 그 출발점과 종점이 자기 자신에게 있는 운동이다. 이러한 운동은 자발성에 기인한 운동이라 한다. 베르그송은 전자의 운동은

하강하는 운동이며 후자의 운동은 상승하는 운동이라 한다.[3]

문제를 해결하는 방법은 관계를 맺게 해주지만 아페이론의 무규정성에 역행하는 운동을 도입하는 것이다. 그것이 자발성의 운동이며, 베르크손은 아페이론적인 무규정성의 운동을 하강하는 운동이라 하고, 거기에 역기능하는 자발적 운동을 상승하는 운동이라 한다는 것이다. 이 운동에 의하여 베르크손은 모든 것이 무규정적인 것으로 떨어지는 것을 막는다. 그런데 그러한 자발적 운동이 다름 아닌 베르크손의 지속이다. 지속은 박홍규의 입장에서 보면 "타자화되지 않으며 운동 그 자신을 유지하므로, 자신에로의 운동이며, 역으로 말하면 자신에서의 운동이며 그 출발점과 종점이 자기 자신에게 있는 운동"이다. 물론 이때의 자신이라는 것은 플라톤과는 달리 지속의 영속성을 보장해 주는 것이 아니라 언제 무로 돌아갈지 모르는 자신이다. 지속은 타자화라는 운동의 필연을 거슬러 올라가는 운동이므로 가능적이거나 우연적인 운동이다.

이상에서 논한 바와 같이 다에 관하여 두 가지 대립된 좌표가 성립한다. 그 하나의 좌표에 따르면 다는 공존을 뜻하는바, 공존은 상호 무간섭에서만 성립하며 이것은 영원에서만 성립한다. 또 하나의 좌표에 따르면 다의 공존은 상호 관계 맺음에서 성립하며 운동의 과정에서만 현상한다. 전자에 있어서 다의 본질은 즉자적으로 존재하며 그

3 앞의 책, 186-7쪽.

것의 실재성은 스스로 확보되며 본질 이외에 아무것도 필요로 하지 않는다. 후자의 경우에는 관계 맺음과 운동을 통해서 다의 내용이 존재하게 되므로, 그것의 존재는 의존적이며, 즉자적으로 존재하는 대신 자발성으로 인하여 무규정성 속에서 밖으로 나타나는 존재, 즉 현상이며, 이러한 관계 맺음 속에서 성립하는 존재를 'existence(existentia)'라 하므로 이러한 다(多)는 'exister'한다. 그리고 운동에 있어서 존재가 드러나는 측면, 즉 하강하는 운동에 역기능하는 측면을 시간이라 하므로 다는 시간에서만 현상한다. 시간의 이면은 운동이며 운동은 비공존의 소산이므로 시간에서는 모든 다가 현상할 수 없으며 또 시간에서는 고정적인 것은 성립하지 않으므로 다의 변하는 측면, 즉 양상만이 현상한다. 이렇게 영원과 시간이 다를 성립시키는 좌표에서 대립된다.[4]

다가 공존할 수 있는 방법은 두 가지인데, 하나는 영원의 좌표에 자리잡는 것이고, 그것이 플라톤과 아리스토텔레스와 같은 전통 형이상학의 입장이다. 그러나 이제 다른 방법이 있으니 그것은 시간의 좌표에 자리잡는 것이다. 이 방법이 베르크손의 새로운 형이상학이며 이때 다의 공존은 상호 관계 맺음에서 성립하며 운동의 과정에서만 현상한다. 이때 '현상'이란 "자발성으로 인하여 무규정성 속에서 밖으로 나타나는 존재"를 뜻한다. 박홍규는 그러한 존재를 '실존(exister)'이라 부름으로써 베르크손 철학이 실존주의의 선구임을

4 앞의 책, 187-8쪽.

밝힌다. 운동에서 존재가 드러나는 측면, 하강하는 운동에 역기능하는 측면을 시간이라 하므로 다는 시간에서만 현상하고, 시간의 이면은 비공존의 운동이므로 영원의 좌표에서처럼 모든 다가 다 공존하는 것이 아니라 다의 변하는 측면, 즉 양상만이 나타난다는 것이다. 양상만이 나타난다는 것은 가능 · 우연 · 개연 · 필연 등 모든 양상이 다 나타난다는 말이 아니라, 주로 가능과 우연만 나타나고 기껏 해야 개연이 나올 수 있을 뿐, 필연은 나타나지 않는다는 말이다. 뒤나미스가 문제인 세상이니 그럴 수밖에 없다. 박홍규는 이 두 좌표 중 베르크손은 "본질론적 다의 진상의 좌표, 즉 영원의 좌표를 양상론적 다의 현상의 좌표, 즉 시간의 좌표로 환원시킴으로써"[5] 플라톤 철학과 결정적으로 결별한다고 한다. 어떻게 그것이 가능한가?

> 본질론적 입장에서는 다의 공존은 본질들의 무간섭성에 기인하며, 이 무간섭성은 허무에 기인하거니와 허무는 본질을 절대적으로 고립시키는 요인이다. 그런데 고립된 본질은 그것들이 고립되어 있는 한 다의 구성 요소는 되지만 아직 다를 구성하지는 않는다. 요소들이 다를 구성하려면 관계를 맺어야 하며 새로운 단위가 그 결과 성립하여야 한다. 가령 수에 있어서 1과 1은 2를 구성하는 단위인데, 이 단위들이 고립되어 있는 한에서는 2를 구성할 수 없으며, 1과 1이 완전히 합하여 불가분의 하나가 되어도 2는 성립하지 않으므로 이 단위들은 양자 어느 편도 아닌 단순한 관계 맺음에 머물러 있어야 한다. 그리하여

5 앞의 책, 188쪽.

> 고립되지 않는 한에서만 2 자체에 참여할 수 있으며, 또한 불가분의 하나가 아닌 한 1과 1이 될 수 있다. 즉 관계 맺음에 있어서 1과 1은 고립되지도 않고 동시에 완전히 통일되어 있지도 않음으로 인하여 부동 상태(浮動狀態)에 있게 되는데, 바로 이러한 이유 때문에 1과 1은 2가 되며 2는 다시 분할되어 1과 1로 나누어질 수 있고 또 다른 모든 수와 관계를 맺을 수 있는 수학적 연산(演算)의 대상이 된다. 1이 많은 부분으로 나누어지는 까닭도 완전한 통일체가 아니며 가분적인 연장성을 그 속에 함유하고 있기 때문이다. 일반적으로 다와 운동은 상호 불가분리의 관계에 있으며, 양자는 관계 맺음의 대립된 양극이다. 다에 있어서는 관계 맺음으로 인하여 야기되는 부동성(浮動性)은 후면으로 사라지고 고정적인 관계 항(項)만이 전면에 나타나며, 운동 과정에 있어서는 고정적인 관계 항은 후면으로 사라지고 그 부동성이 전면에 나타난다. 그러므로 다가 관계 맺음 속에서만 성립한다면 본질론적 입장에서 성립하는 다의 관계 맺음의 좌표의 성질은 과연 무엇인가라는 문제가 해결되어야 한다.[6]

본질론적 입장에서 여러 다가 성립하는 것은 그 여럿을 허무가 갈라주고 있기 때문에 서로 간섭하지 않고 각각이 모두 독립적 존재로 성립하게 된다. 그런데 그것이 다가 되려면 그냥 독립되어 있어서만은 곤란하고 독립되어 있으면서도 관계를 맺어야 한다. 그것을 인용문에서는 수를 이용해 설명하고 있다. 수에서 각 단위는 완전

6 앞의 책, 188-9쪽.

히 고립되지도 않고 완전히 통일되지도 않은 '부동 상태'에 있다. 그리하여 다로서 드러날 때에는 부동성은 뒤로 사라지고 고정적인 항만 전면에 나타나는 것이고 운동 과정에서는 항은 뒤로 사라지고 부동성만 전면에 드러나게 된다. 그렇다면 본질론적 입장에서 성립하는 다의 관계 맺음의 성질은 무엇인가? 이것이 해결되어야 본질론적 입장을 시간론의 입장으로 환원시킬 수 있다.

> 본질론적 입장에 있어서 다가 성립하려면 여러 존재가 공존하여야 한다. 그런데 공존을 가능케 하는 근거는 허무였다. 그러나 공존에 있어서 본질들은 허무 속에 임의로 있을 수 없으며 적어도 위치를 달리하여야 한다. 왜냐하면 본질은 불가침의 존재이기 때문이다. 그러므로 허무는 위치에 의해서 분할되며 상대적인 하나의 차원으로 변한다. 그런데 그 위치는 서로 여러 방향으로 갈라지는바, 이러한 위치를 동시에 공존 가능케 할 수 있는 차원은 텅 빈 공간이다. 텅 빈 공간은 한편으로는 허무에 접하고 있으므로 본질들의 비분할성을 확보하여 주며, 한편으로는 그것의 연장성으로 인하여 본질들에게 상대적인 규정을 부여하므로, 본질들이 자동성(自同性)을 지니면서 관계를 맺을 수 있는 공간이 된다. 즉 법칙이 성립하는 제1차적 규정은 텅 빈 공간에서 성립하므로, 텅 빈 공간이 지닌 법칙성은 그 속에 주어진 존재자들 사이의 특수한 법칙들에 선행한다. 그런데 텅 빈 공간은, 본질들의 공존의 차원인바, 시간상으로는 시간에 있어서 공존으로서의 과정이 완전히 배제되어 있는 순간, 즉 동시성(同時性)에서 성립한다. 그러므로 본질들의 존재 방식, 즉 'existence'는 동시성이다.[7]

다가 성립하려면 여러 존재가 공존해야 한다. 그러려면 공존을 가능케 하는 근거인 허무가 위치에 의해 분할되는 하나의 차원으로 변해야 한다. 그것은 여러 방향으로 갈라져야 하는데 그것이 바로 텅 빈 공간이다. 텅 빈 공간은 본질들의 공존의 차원인데, 시간상으로는 과정이 완전히 배제되는 순간인 동시성에서 성립한다.

이상과 같이 본질의 영역도 현실과 동일한 인자, 즉 관계 맺음이라는 인자로 구성되어 있음이 판명되었으며, 다만 관계 맺는 방식만을 달리할 뿐이다. 그런데 모든 사물은 한편으로는 그것에만 고유한 내용이 있고 다른 한편으로는 타자와 관계 맺음으로 인하여 규정되는 측면이 있는데, 베르그송에서 만유는 그 고유한 내용, 즉 본질을 기준으로 하여 그 영역이 구별되는 것이 아니며 그 내용들이 관계 맺는 방식 여하에 따라서 구별된다. 즉 유기체와 비유기체의 구성 요소는 직접적 지각상(知覺像)에서 볼 때 동일한 요소로 일원화되나 그 관계 맺는 방식이 다르며 비유기체는 텅 빈 공간이 지닌 법칙성을 받으며 유기체는 그것에 역기능하는 관계 맺음에서 성립한다. 텅 빈 공간성은 무규정성의 한 양태인 한 그것의 존재 일반에 대한 관계는 무규정성의 존재 일반에 대한 규정성, 즉 존재 일반에 대한 무규정성의 우위성을 요구한다.

그러나 본질들이 성립하는 영원의 좌표는 시간의 좌표로 아직 완전히 환원되어 있지 않다. 즉 다의 이면(裏面)은 운동이며 운동의 필연

7 앞의 책, 189-90쪽.

적인 법칙은 모든 존재자의 상호 타자화의 과정이며 그 극한은 무규정성으로의 환원이므로 여러 본질들의 자기동일성을 확보하여 주는 순간, 즉 동시성을 계속 성립시키는 원인은 나변(奈邊)에 있는가 하는 문제가 생긴다. 그리고 이 문제는 본질들이 텅 빈 공간에서 성립하므로 텅 빈 공간의 성립 근거의 문제와 병행한다. 텅 빈 공간은 사물들의 내용이 자기동일성을 지니고 나타날 수 있는 공간이다. 그런데 이 공간은 연장성의 한 범주이며 연장성은 무규정성의 하나의 범주이다. 무규정성은 본질의 자기동일성을 상실케 하는데, 텅 빈 공간은 본질의 자기동일성을 가능케 함을 특징으로 하므로 이러한 공간은 본질을 무규정적인 것으로 환원시키는 능력에 역기능하는 능력의 소산임은 명백하다. 따라서 텅 빈 공간은 자발성의 소산임이 분명하다. 자발성은 관계 맺음에 있어서 무규정성의 기능에 대한 역기능으로서 성립하는바, 사물의 표면에서 무(無)에 접한 부분을 배후의 관계 맺음으로부터 차단하여 자기동일성을 유지하도록 한다. 사물의 표면은 운동과 관계 맺음이 끝나는 곳이며 무에 접하며 따라서 본질에 참여한다. 관계 맺음에 있어서 운동의 반대 방향의 극한은 다라고 이상에서 논의하였거니와 자발성은 다를 동시에 그 본질에 참여한 부분에 있어서 배후의 무규정성의 영향으로부터 보호하며 보존한다. 즉 자발성은 다를 본질로 승화시켜 존재케 함으로써 자기 내부에서 그것들을 보존하는데 이러한 자발성의 보존 능력을 베르그송은 기억이라 하며 동시성은 기억에서만 가능하다고 한다.[8]

8 앞의 책, 190-1쪽.

베르크손에서는 만물이 그 고유한 내용에 따라 구별되는 것이 아니라 그 내용들이 관계 맺는 방식에 따라 구별된다. 그리하여 유기체나 비유기체나 지각상으로는 꼭 같지만 관계 맺는 방식이 다르다. 즉, 비유기체는 무규정성의 법칙성을 따라가지만, 유기체는 그것에 역기능하는 방식으로 관계를 맺는다. 아페이론의 한 양태인 텅 빈 공간은 존재 일반에 대한 무규정성의 우위를 요구한다. 그런데 텅 빈 공간은 아페이론처럼 존재의 동일성을 흩어서 성립하지 못하게 하는 것이 아니라 오히려 자기동일성을 가능케 한다는 성질을 가지고 있으므로 이 공간은 아페이론에 역기능하는 능력의 소산임이 분명하다. 즉, 자발성의 소산이다. 자발성은 무규정성에 대해 역기능하는 관계 맺음으로서, "사물의 표면에서 무(無)에 접한 부분을 배후의 관계 맺음으로부터 차단하여 자기동일성을 유지하도록 한다." 사물의 표면은 본질에 참여하나 무에 접하며 운동과의 관계 맺음이 끝나는 곳이다. 즉 자발성은 사물의 본질의 부분을 그 배후의 관계 맺음으로부터 떼내어 자기동일성을 유지하게 한다는 말이다. 이미 앞 절의 논의에서 관계 맺음에서의 다와 운동 중 운동의 반대 방향이라고 이야기되었던 자발성은 "다를 동시에 그 본질에 참여한 부분에 있어서 배후의 무규정성의 영향으로부터 보호하며 보존한다." 즉 자발성은 "다를 본질로 승화시켜 존재케 함으로써 자기 내부에서 그것들을 보존하는데," 그런 능력을 베르크손은 기억이라 하고 동시성은 기억에서만 가능하다. 내용이 조금 어려워졌는데, 내용을 따지기 이전에 박홍규의 표현들의 아름다움을 느꼈으면 한다. 어쨌든 이제 텅 빈 공간이 자발성의 기억이라는 능력에 의해 가능해졌다는 것이 밝혀졌다. 즉 플라톤의 이데아와 그것이 성립하는 공간이 베르크손에서는 자발성의 기억의 소산임이 밝혀진 것이다.

그러므로 관계 맺음에 대한 자발성의 기능이 1) 운동 과정에 대해서 발휘될 때는 하강하는 운동 과정에 역기능함으로써 시간이 성립하며, 2) 운동의 반대 방향의 극한인 다에 작용할 때는 그것들의 본질의 공존을 가능케 하므로 동시성이 성립한다. 현실적인 운동의 특징은 사물의 무규정성으로 이행하는 과정이 모든 측면에서 이루어지는 데 있으므로 이러한 과정에 역기능함으로써 성립하는 진정한 시간은 그 시간 내용이 다른 모든 시간 내용과 순간순간 다르게 계기(繼起)한다. 계기와 동시성의 차이는 자발성이 현실적인 관계 맺음의 양면, 즉 운동과 다에 대하여 작용하는 데 그 근거를 가지고 있다.

끝으로 자발성의 입장에서 본질을 고찰하면 텅 빈 공간에서 타성적(惰性的)으로 정지하거나 운동하는 본질은 자발성에 비하여 자기동일성을 지니고 있다는 점에서는 같으나, 자발성처럼 무규정성의 힘에 대하여 능동적으로 대처하지 못하여 그 결과 자기 보존을 기할 수 없고 무규정성의 힘에 대하여 수동적으로 운동하는 점에 있어서 자발성과 다르므로 자발성의 능력의 부분적인 결핍을 의미한다. 그러므로 본질은 무규정성에 대한 자발성이라는 존재의 능동성과 무규정성에 대한 수동성이 융합함으로써 이루어진 중화(中和)된 상태의 일종이라 할 수 있다.[9]

9 앞의 책, 191-2쪽.

베르크손에서 시간이 계기(succession)하는 것임은 주지의 사실일 것이다. 그러나 그것의 한 계기(契機)인 동시성도 시간에서 나오는 것이고, 결국 계기와 동시성이 모두 시간에서 성립하는데 그 양자가 나뉘는 것은 자발성이 운동과 다에 대해 모두 작용하기 때문에 운동에서는 계기(繼起)가, 다에 대해서는 동시성이 나오는 것이다. 그리고 본질이라는 것은 무엇인가? 자발성과 같이 자기동일성을 지닌 점은 같으나, 자발성과 같이 능동적이지 못하여 무규정성에 대해 수동적으로만 운동하므로 "자발성의 능력의 부분적인 결핍"을 의미한다. 그러므로 본질은 자발성의 능동성과 무규정성에 대한 수동성이 결합하여 이루어진 '중화된' 상태의 일종이다. 이제 텅 빈 공간은 동시성이고 동시성은 자발성의 능력의 소산이므로 영원의 좌표가 시간의 좌표로 환원되었으며, 그에 따라 본질도 기능의 함수로, 공간도 동시성으로 환원되었다.

> 이상에서 논한 바에 따라 영원의 좌표는 시간의 좌표로, 즉자적으로 존재하는 본질은 자발성의 기능의 함수로, 공간은 동시성으로 환원되고 본질보다 'existentia'가 선행함으로 인하여 기능 일변도의 동적인 형이상학이 성립하게 되는데, 끊임없이 자기동일성을 지니고 변하지 않는 것은 순수한 자발성 자신뿐이며, 만유가 시·공간적으로 연속된 운동을 하고 있는 한 이러한 자발성 자체는 단 하나이다.[10]

10 앞의 책, 192쪽.

이제 영원의 좌표의 공간에서 즉자적으로 존재하는 본질은 자발적 시간의 좌표의 동시성으로 환원되므로 본질보다 실존이 선행하며, 자기 자신을 떠나지 않는 자발적 운동만이 자기동일성을 가지고, 그러한 운동은 "만유가 시 · 공간적으로 연속된 운동을 하고 있는 한" 단 하나이다. 지속은 하나이며 전 우주가 지속한다. 이것으로 어떻게 전통적 형이상학에서 베르크손의 운동의 형이상학으로 옮아갈 수 있는지가 설명되었다.

이번에는 「자기운동 II」를 통하여 그러한 이행을 좀 더 구체적으로 살펴보자. 우선 자발성의 특징부터 자세히 살펴보자.

> 이 우주에 있는 운동이 모조리 퍼져 있는데, 그 운동의 필연성을 거꾸로 올라가서 운동의 자기동일성을 찾으면, 모든 운동의 시초는 하나로 가, 하나로. 그 하나의 극한치에 가면 연장성이 빠져. 연장성이 빠지면, 베르그송은 그것을 비물질적(immaterial)이라고 해. 한 점, 하나로 가면 그것은 비물질적이야. 왜냐? 물질적(material)이라는 것은 연속성을 가지고 있다는 얘기야. 무한정자(apeiron)를 가지고 있다는 거지. 따라서 반대로 하나로 가는 것은 비물질적이야. 그렇기 때문에 플라톤에서 형상은 여럿이 있지만, 운동의 원인인 제작자(demiourgos)는 하나밖에 있을 수 없는 것이지. 이론상으로 능동자(poioūn)—능동자라고 했다가 이성(noūs)이라 했다가 제작자라 했다가 그러는데—가 둘이 있거나, 제작자가 둘이나 셋이 될 수가 없어.[11]

아페이론의 운동은 퍼지는데 자발성의 운동은 그것을 거꾸로 올라가는 운동이고, 궁극에 가서는 능동적 운동의 시초로 가며 시초는 하나로 간다는 것은 이미 설명이 되었다. 그렇게 하나로 가면 연장성이 빠진다. 베르크손은 그것을 비물질적이라고 한다. 그런 비물질적 하나의 양상이 무엇이냐는 문제가 나온다.

> 그러면 그 하나, 형상(eidos)에 있어서 자체적인 것(kath' hauto)에 해당하는 그 하나의 양상(modality)은 무엇이냐 하는 문제가 나와. …… 그런데 아까의 그 한 점으로 돌아가면 능동적인 것과 수동적인 것이 사라져. 한 점이니까. 그러면 비물질적인 그 한 점의 존재 방식(existence)은 무엇이냐는 문제가 나와. …… 그 비물질적인(immaterial) 일자의 성격은 무엇이냐? 능동(poiein)이 타자화되는 것에 거꾸로 가는 것이라면, 타자화한다는 것은 플라톤 식으로 하면 비존재로 돌아가는 것이니까, 능동은 결국 비존재로 가는 것에 대해 거꾸로 가는 것이야. 그리고 비존재는 무와 접촉(contact)하는 것이니까, 능동은 무에서 존재로 가는 능력이야. 그래서 베르그송은 그것을 자기 자신을 움직이는 것(heauton kinoūn)이나 스스로 움직이는 것(auto kinoūn)이라 하지 않고, 'se créer'(스스로 창조하다)라는 말을 써. 비약(élan)도 무에서 존재로 가는 것, 존재가 무로 가는 것을 끌어올려서 무를 지배하는 능력이야. 그것이 능동에서의 자기운동자와 연결돼. 비약의 또 한 가지 의미가 있어. 즉, 거꾸로 올라가는 긴장(tension),

---

11 전집 2『형이상학 강의 2』,「자기운동 II」, 135-6쪽.

수동(paschein)에 대해 거꾸로 올라가는, 엔트로피를 거꾸로 올라가는 능력도 일종의 비약이라고 봐야 돼. 왜냐하면 필연에 대해서 필연을 거꾸로 극복해 나가는 것이니까.[12]

비물질적인 하나의 양상은 비약이다. 그것은 스스로 창조하는 것이다. 그것은 존재가 무로 가는 것을 끌어올려 존재를 보존하는 능력이다. 원래 비약은 무에서 존재가 나오는 것이지만 또 하나 엔트로피를 거꾸로 올라가는 것도 비약이라고 해야 한다. 그것은 필연을 극복하는 것이기 때문이다.

실증과학은 전부 다 물질에 관한 것이지만, 비물질적인 영혼(psychē)의 능력은 베르그송에 따르면 자기 창조(se créer)하지. 자기 창조하는 것은 플라톤에 나온 것처럼 타자화되는 데에도 불구하고 포기하지(apoleipō) 않아. 자기 자신을 포기하면 타자화되는데 타자화되지 않고서 포기하지 않는 그 능력이 바로 기억이야. 그러니까 비물질적인 능력인 기억은 연장성을 넘어서는 것, 연장성을 자르는 것, 필연의 법칙을 넘어서는 것, 따라서 필연적인, 물질적인 과학으로서는 설명이 안 되는 것, 그런 것들을 모두 의미하지. 또 그 기억이란 것은 무엇이냐? 그것은 생명체의 생존(existence)과 관련된 문제야. 자신을 포기하지 않고서 자기의 능력 속에 그것을 타자인 한에서 가지고 있어야 돼. 그러니까 여기서 소유라는 개념이 나와. 기억을 가지고 있어.[13]

---

12 앞의 책, 135쪽.

자발적인 영혼은 자기 창조를 하며, 그런 한에서 자신을 포기하지 않는다. 그것이 바로 기억이며 기억은 비물질적 능력으로서 연장성을 넘어서는 것, 연장성을 자르는 것이고, 필연적 법칙을 넘어서는 것이며, 따라서 필연적, 물질적 과학으로는 설명이 되지 않는 것임을 의미한다. 그것은 생존에 관련된 문제이며 자신의 능력 속에 그런 능력을 타자인 한에서 가지고 있어야 하므로 거기서 소유의 개념이 나온다. 소유란 무엇인가?

> 기억은 타자화된 것을 버리지(apoleipō) 않고 가지고 있는 것을 말하는 것이거든. 그것은 사실 필연적인 법칙에서는 불가능해. 그래서 자기의 존재(existence) 속에 기억 내용을 가지고, 자기의 기능 속에서만 그것이 성립해. 그럴 때 우리가 그것을 가지고 있다고 해. 그러면 이제 가진다, 소유한다는 것이 무엇이냐를 따질 수 있어. 가령 이 안경을 내 것이라는 것은 무슨 뜻이냐? 우선 이 안경이 내 것이든지 네 것이든지 상점에 있든지 안경의 본질(essentia)의 입장에서 보면 아무 상관이 없어. 그러니까 소유는 안경의 본질에 관한 문제는 아니야. 또 이 안경이 인공물인 어느 하나의 존재자로서 가지고 있는 존재(existentia) 그 자체는 이것의 본질에 대한 존재이거든. 그런 거 아냐? 그러나, 또 하나, 이 안경이 생물체에 관계해서 논해질 때, 이것의 존재(existentia)가 생물체의 기능 속에서 보유된다고 할 때, 그 때에는 이 안경은 내 것이라는 것이 성립해. 생물에 대해서만 원칙적으로 소

13 앞의 책, 137쪽.

유가 있어. 우리는 보통 이 물질이 얼마의 에너지를 가지고 있다고 말하기도 하지. 그러나 그것은 생물과는 경우가 달라. 내 재산, 네 재산 하는데, 기능주의적인 입장에서만 재산과 소유라는 문제가 비로소 설명이 돼. 노동, 기술이라는 문제가 전부 베르그송 철학에서만 해결돼. 그렇지 않으면 해결이 안 돼. 인간은 왜 재산을 가지고 있느냐? 가령 낙타 같은 것은 사막에 가야 하니까 혹이 있어서 기름이나 물을 저장해서 일 주일간 그걸로 살아. 사람도 사실 기름 같은 것이 있어서 한 일 주일 안 먹어도 살지만, 그래도 어찌 된 셈인지 사람은 하루 세 끼를 먹어야 되거든. 세 끼를 먹어야 되니까, 식량을 내 신체 속에 가지고 있는 것이 아니라, 내 신체 밖에다 소유, 저장을 해야만 산단 말이야. 그래서 재산이 필요해. 나의 생존(existence)을 위해서는 나의 재산이 꼭 필요하다, 그 말이야. 유물론은 사유재산을 부정하잖아. 그것은 철학적으로 물질은 소유, 재산이라는 것이 없기 때문이야. 물질에 재산이 어디 있어? 생물에서만 비로소 소유, 재산이라는 것이 나타나지. 특히 인간에서 나타나. 왜냐? 야생 동물은 어디 가든지 먹을 것이 있어. 아무것이나 먹을 수 있거든. 그런데 인간은 안 되잖아. 언제든지 수시로 원하면 먹을 것이 있나? 주워먹을 것이 있나? 없으니까 있을 때에 얻어 놓았다가 저장을 해 두어야만 돼. 그러니까 "식량을 저축하자, 한 달치 먹을 것을 저축하자, 일 년치 먹을 것 저축하자" 그런 얘기가 나오지? 그것이 재산 문제야. 생물에 대해서만 재산이 성립해. 유물론에서는 절대로 재산 문제가 설명이 안 돼. 또 아리스토텔레스의 범주에서도 설명이 안 돼. 아리스토텔레스의 범주는 물질에 대해서만 성립해.[14]

생명이 기억을 가지고 있듯이 자신의 내부에 외부의 것을 가질 수 있다. 그러한 존재 방식과 연관된 것이 소유이다. 소유는 사물의 본질과는 상관이 없는 것이고, 또 물질에는 소유가 없다. 그러므로 유물론이나 아리스토텔레스와 같은 물질의 존재 방식에 근거한 범주론으로는 소유가 설명되지 않는다. 베르크손의 기억 이론에 근거해서야 소유가 설명될 수 있다. 그러면 그런 이론에 기초하면 가능의 문제는 어떻게 되는가?

> 그런 비물질적인 것이 필연적인 법칙에서 본다면 불가능한 것이 아니냐 하는 물음을 던질 수 있어. 그런데 불가능함에도 불구하고 실지로 나타나거든. 그럴 때 그것을 베르그송은 가능이라고 해. 그럼 그 가능이 아리스토텔레스의 그 가능과 어떻게 다르냐 하는 문제가 나오지. 아리스토텔레스의 가능은 형상-질료 이론(form-matter theroy)에서의 질료가 가지고 있는 성격에 기초를 두고 있는 것이지. 그 가능(dynamis)은 현실태(energeia)에 대해서, 어떤 일정한 형상(form)에 대해서의 가능이야. 그런데 베르그송이 비물질적인 것에 인정하는 가능성은 질료의 성격을 넘어서는 가능성이란 말이야. 그래서 베르그송은 「가능성과 실재성(Possibilité et réalité)」이라는 논문에서 실재하는 것은 불가능한 것이 나타나는 것이기 때문에, 그것의 가능성은 현실화되어 보아야만 안다고 말해. 그러니까 현실화된 것만이 가능한 것이라는 말이야. 아리스토텔레스의 가능성(dynamis)은 그렇게는 안

14 앞의 책, 140-1쪽.

되지. 거기서는 가능하다는 것은 현실화될 수도 있고 안 될 수도 있는 것 아니냐, 현실화는 연속적인 과정을 통해서 이루어지는 것이니까 어느 정도 될 수도 있고 안 될 수도 있다는 말이야. 척도를 헤아릴 수 있다, 그 말이야. 왜냐하면, 그것은 형상-질료 이론에서 질료, 즉 무한정자(apeiron)가 가지고 있는 가능성이기 때문이야. 무한정자 자체로서는 어디까지나 무규정적이지만, 그러나 무가 아닌 한에서는 존재가 될 수 있다는 그 측면이 쪼개져야만 되거든. 그런데 플라톤에서는 자연적으로 그런 능력이 있는 것이 아니라, 제작자가 설득을 시켜야만 아리스토텔레스가 말하는 그러한 목적론적인 가능성이 나와. 그래서 베르그송은 아리스토텔레스의 가능성을 삶의 방식(modus vivendi)이라고 해. 물질과 화해한다는 뜻이야. 그러니까 아리스토텔레스가 말하는 가능성은 일정한 형상에 대한 물질적인 가능성이고, 따라서 그 형상은 어떤 의미에서 물질적인 것이야. 그래서 베르그송은 형태(form)가 있다면 물질적인 것에만 있다, 생명체에 무슨 형태가 있을 수 있느냐, 생명체에 대해서 형태란 것은 절대로 원리가 될 수 없다는 거야. 생명에서 나타나는 가능성은 그러니까 되어 봐야 하는 것이고, 따라서 실증과학적으로 계산하는 것은 생명체가 물질적인 것과 관계를 맺는 한에서만 가능한 것이지, 그 자체로서는 실증과학의 대상이 안 된다는 거야. 생명체는 되어 봐야 안다는 거야. 그러니까 실재가 된 것만이 가능한 것이고, 나타나 봐야만 무엇이 가능했다는 것을 알 수 있다는 거야. 그렇게 달라. 그러니까 여기서 물질이 가지고 있는 가능성과 생명체, 또는 영혼이 가지고 있는 가능성은 구별해야 된다는 것을 우리가 알아 두어야 돼.

그 다음에, 불가능성은 수동성이고 능동과 반대되는 관계인데, 그 반대의 극한치에 가면 크기가 빠져버리니까, 일자가 나와. 그 일자의 양상은 모순이란 말이야. 그러나 우리는 모순을 양상이라고 하지는 않아. 그때 그 가능성, 모순을 통해서 나타난 가능성은 자기 창조(se créer)로 나타나. 그러니까 모순을 통해서 나타나는 가능성, 되어 봐야 아는 가능성, 척도로써 잴 수 있는 가능성, 이 세 개를 구별해야 돼.[15]

비물질적인 운동은 필연의 입장에서 보면 불가능한 것인데 불가능한 것이 가능하게 된 것이다. 이때 가능의 개념은 아리스토텔레스의 가능 개념과는 완전히 다르다. 아리스토텔레스의 가능 개념은 질료가 가진 성격에 기초를 두고 있는 것이기 때문에 어느 정도 계산할 수가 있다. 그러나 베르크손의 가능 개념은 물질을 넘어선 것이라서 계산할 수가 없고 이루어져 봐야 아는 것이다. 그러니까 현실적인 것만 가능적이 된다. 그리고 자발성의 극한에 가면 일자가 나오고 거기서는 무에서 존재가 나온다는 모순이 출현한다. 그것은 사실 양상이라 할 수도 없는 자기 창조의 양상이다. 그렇다면 그런 생명체에게 형태란 무엇인가?

아리스토텔레스의 범주는 물질에 대해서만 성립해. 왜냐? 아까도 말한 바와 같이, 아리스토텔레스의 가능성(dynamis)은 형상(form)에

15 앞의 책, 137-9쪽.

대한 것이고, 그래서 생명체의 가능성과는 다르기 때문이야. 불가능한 것이 가능하게 될 때에는 어떤 방향으로 갈지를, 무엇이 나올지를 몰라. 그래서 베르그송은 생명체가 비결정성(indétermination)의 증가라고 해. 물질로부터 미생물, 인간에 이르기까지, 비결정성이 점점 증가해서, 특히 인간에게만 선택이 가능해. 선택한다는 것은 뭣이 될지 모른다는 거야. 즉 비결정성의 증가야. 필연에서부터 자동적인(automatic) 생리현상, 그리고 자유(liberty)에 이르기까지 비결정성이 증가해. 자유란 곧 비결정성의 증가야. 왜 그런 것이 나타나느냐 하면 불가능한 것에서 가능한 것이 나올 때에는 방향을 설정할 수 없기 때문이야. 어떤 방향으로 나올는지 모르니까 생명체의 형태는 이루 말할 수 없는 변화와 다양성(variation)이 있을 수 있어. 그러한 가능성이야. 생명은 그러한 가능성을 내포해. 아리스토텔레스의 가능성은 전혀 다르지. 아리스토텔레스는 아주 일정한 형상에 대한 가능성이고, 베르그송의 이 생명체에 있어서의 가능성은 일정한 어떤 방향으로 정해질 수 없는 비결정성, 생명체가 이렇게 될 수도 있고 저렇게 될 수도 있다는 가능성이야. 생명체의 형태(form)는 이렇게 될 수도 있고 저렇게 될 수도 있고, 어떤 일정한 종(species)을 얘기할 수가 없다는 말이야. 베르그송이 예로 든 대로 번데기를 봐라. 나비가 알을 낳고 번데기가 되고 또 나비가 되는 식으로 빙빙 도는데, 도대체 그것들 중에 무엇이 중심이냐, 나비가 중심이냐 번데기가 중심이냔 말이야. 매미는 8년간 땅 밑에서 살다가 한여름 2~3개월 지나면 죽어 버려, 허허. 그러면 양적으로 봐서 8년간 번데기로 있었으니 그것을 매미라고 할 것이냐? 아니면 우리처럼 울음 우는 매미를 매미라 할 것이

냔 말이야. 일정한 형태(form)가 어디 있냐 그 말이야. 이렇게 저렇게 변화무쌍할 수 있는 그 가능성이 생명체의 가능성이야. 아리스토텔레스의 가능성과는 전혀 달라. 물질적인 형상하고는 달라. …… 분자생물학적인 유전자는 어디서 나오느냐가 문제야. 아까도 말했지만, 최초의 유전자는 생명현상에 대해서 물질이 그것을 분할한 것이야. 최초에 부딪힌 물질이 생물로서의 출발점이야. 그런데 아리스토텔레스의 입장에서 보면, 그 물질적 형태로 향해서 가는 것이 가능성(dynamis)이야. 그러나 베르그송의 입장에서는 물질이 가지고 있는, 물질로서의 여러 가지 성격을 넘어서 생물이 그 환경에 적응할 수 있도록 새로운 여러 가지의 형태를 물질에다 집어넣어서 살 수 있도록 만드는 것이 영혼(psychē)의 기능이야. 아리스토텔레스하고 정반대로 가. 아리스토텔레스나 플라톤의 입장에서 본다면, 하나의 형상이 있고 그 형상으로 가는 것이 가능성인데, 베르그송에 있어서는 최초의 물질이 능동(poiein)과 수동(paschein)을 한정했어. 딱 정해졌어. …… 생명체에 대해서는 형상이 없으니까. 자기 운동자에 어떻게 형상이 있을 수가 있어? 정지체에만 형상이 있어. 정지체의 질에 자기동일성(identity)이 부여되었을 때에 형상이 나와. 플라톤의 형상은 전부 정지체야. 그래서 베르그송은 생명체에 대해서 형상을 논한다는 것은 의미 없다는 거야. 그건 옳은 말이야.[16]

자기 운동은 그 연원이 형상과 다르므로 정해진 형태가 없을 수

16 앞의 책, 141-4쪽.

밖에 없다. 생명의 본질 자체가 비결정성의 증가이다. 마지막에 가면 선택의 능력이 된다. 그러므로 그때그때의 상황에 따라 가장 좋은 형태를 선택하는 것일 뿐 정해진 형태가 없다. 전통 형이상학에서는 모든 생명체가 정해진 형상이 있고 거기에 따라 형태도 정해져 있지만 베르크손에서는 그런 것은 없고 상황에 따라 변화무쌍한 선택이 있을 뿐이다. 이렇게 베르크손에서 형상은 기능의 함수이고 정해진 것이 없다는 것은 그 밑에 유동 이론을 깔고 있다.

> 우선 근대 학문은 물질을 마음대로 잘랐어. 그 말은 형상은 없다, 형상은 지배적이 아니라는 얘기야. 형상이 있으면 마음대로 자를 수 없는 것 아냐. 형상에 따라서 잘라야지. 그러니까 생명체가 성립하려면 유동 이론(flux theory)이 나와야 된다는 얘기야. 그래서 베르그송은 시간이 독립 변수라고 했어. 고대 철학에 있어서는 형상이 문제고, 근대 학문에 있어서는 관계(relation)가 문제야. 물질을 마음대로 자른다는 말은 형상이 빠졌다는 말이야. 법칙(law)이라고 하는 것은 형상에서 출발하지 않아. 법칙은 두 개의 사물을 연결짓는 데에서 성립하는 것이지. 항상 되풀이되어서 연결되는 것을 찾아. 어떤 연결을 가지고 항상 되풀이될 때 법칙이라고 해. 그러니까 형상에서 출발하는 것이 아니라 무한정자(apeiron)에서 출발하지. 그러니까 모든 실증과학은 물질을 대상으로 해. 요컨대 연속될 수 있는 것, 관계 맺어질 수 있는 것만 취급해. 생물학이나 물리학이나 다 물질을 취급해. 직접 대상은 그것이야. 형상에서 출발하지 않는다는 거야. 근대 물리학에서는 그러니까 제이 성질(secondary quality)은 안 다뤘어. 빼버렸지.

베르그송은 이제 제이 성질을 빼는 것은 잘못이라는 거야. 형이상학자이니까. 제이 성질이 있다는 것이지. 제이 성질을 인정하면서도 그것을 마음대로 자를 수 있으려면, 유동 이론이 나와야 돼. 이제 현대 물리학에 오면 또 질이 나와. 유동에서는 질이 생성과 독립해서 있는 것이 아니라 생성에 따라가는 거야. 그것이 유동 이론이야. 그러니까 유동 이론의 입장이 아니라면 생명 현상은 설명이 안 돼. …… 그리고 유동 이론에서는 질이 여러 가지 있는데, 질이라는 것은 한편에서는 운동을 잘라. 방해가 돼. 그러나 또 한편으로는 자기에게 유리한 측면도 나와. 그러니까 유한한, 상대적인 운동은 나가서 자신을 버리지(apoleipō) 않고, 사물의 내용과 더불어 자기에게로 돌아와. 돌아올 때에 자기 자신의 생존(existence)에 유리한 것, 자신의 동일성을 유지하는 데에 필요한 것만 가지고 들어와. 그래서 거기서 기술(technic)이 나와.[17]

그러니까 베르크손의 철학이 나오기 이전에 근대 학문, 특히 물리학이 고대의 형상 이론을 버리고 유동 이론에 기반을 두고 있었다. 그렇기 때문에 물질을 마음대로 자를 수 있다는 베르크손의 생명 이론도 나올 수 있었다는 말이다. 유동 이론에서 질은 운동을 잘라서 방해가 되는데 다른 한편으로는 유리한 측면도 있다. 생명의 운동은 밖으로 나가서 자신에게 유리한 것을 가지고 자신에게로 돌아온다. 거기서 기술이 나온다. 또 베르크손 철학은 어떤 고정치가

17 앞의 책, 144-5쪽.

없으므로 그때그때의 상황에 따라 모든 것이 변한다는 철학의 극한치이다.

연결 관계라는 것이 뭐야? 연결 자체가 무한정자(apeiron)가 들어가서 필연성이 없어. 그러니까 법칙 자체에 대해서 자꾸 그 법칙 자체의 불확실성, 또는 그것의 존재(existence)가 항상 문제돼. 어떻게 해서 그것이 존재하느냐(existieren)는 것이 문제돼. 그러니까, 그 법칙의 관계맺음이 있을 수 있는 그 양상은 무엇이냐는 문제로 자꾸 넘어가게 돼. 발달심리학자는 지능이 발달한다는 것은 도식적인 교과서적 사고를 넘어서는 것이라고 말해. 학교에서 교과서적인 사고를 배워서 실지로 현실에 나와 보면, 현실은 그렇게 안 되더라는 얘기야. 가령, 법을 배워도 꼭 그대로 되나? 현실에 안 들어맞는 것이 많거든. 그러니까 판례가 중요하고, 그런 것 아냐? 또 경제학을 공부했다고 해서 장사꾼이 되나? 장사하는 사람이 대학가서 경제학을 공부할 필요는 없거든. 현실 속에 들어가서 현실적인 것과 접촉해서 자기의 재능을 발휘할 수 있느냐 없느냐가 문제지. 정치학도 다 그래.

그러한 양상의 한쪽 극한치로 가면 플라톤의 형상(eidos) 같은 것이 나와. 교과적인 사고라는 것은 어떤 정형(pattern)이 있고, 그 정형에 맞추어서 무엇을 설명하려는 거야. 그런데 다른 한쪽으로 가면, 그런 것 다 없어져. 그러니까 모든 것은 그때그때 세운 하나의 정형에 불과하게 돼. 그것을 상황(situation)이라고 해. 전부 상황으로 변해. 한국 사람은 한국 사람의 상황, 일본 사람은 일본 사람의 상황, 미국 사람은 미국 사람의 상황, 전부 다 달라. 교과서식 사고를 하지 말라

> 는 거야. 베르그송 철학은 그런 상황적 사고의 극한치야. 그러니까 베르그송은 지능이 습득되기도 하지만 'jaillir' 한다, 즉 속에서부터 우러나온다고 하지. 어떤 사람은 태어나면서부터 예술가이고, 정치가이고, 학자이고, 등등으로 전부 속에서부터 나온다는 거야. 그 극한치로 가는 것이 베르그송 철학이야.[18]

베르크손 철학은 변치의 극한을 보려는 철학이다. 그러니까 기차가 서울역에서 인천까지 간다면 아리스토텔레스 철학에 따르면 99%는 간다는 말을 할 수 있지만 베르크손에 따르면 갈지 안 갈지는 가봐야 안다는 것이다. 그 사이에 어떤 사고가 날지 모르니까. 물론 기차야 물질의 운동이니까 아리스토텔레스가 더 옳을지 모르지만 생명체로 오면 얘기가 완전히 달라진다. 거기서는 예측할 수 있는 것이 거의 없기 때문이다. 그러니까 형이상학은 이쪽을 잡으면 저쪽이 설명이 안 되고, 저쪽을 잡으면 이쪽이 설명이 안 되고 하는 난점을 가지고 있다. 왜냐하면 그것은 세상을 잘라서 보는 지성의 유한성 때문에 오는 불가피한 한계이다. 그러니까 형이상학으로 모든 문제를 다 해결한다고 보면 오해이다. 항상 해결하지 못 하는 부분이 남는다.

> 물질에 대해서는 형상이 옳은 것은 당연해. 플라톤에서는 추상적 공간이 객관적으로 성립하지. 나도 그것이 성립하는 것 같아. 이론적

18 앞의 책, 152-3쪽.

으로는 맞아. 그런데 베르그송은 그것이 기능의 대상으로서만 성립해. 그 점이 항상 문제가 돼. 그러니까 완전한 형이상학은 없다고 말할 수 있어.

플라톤 철학의 난점이 뭐냐 하면, 형상(eidos), 능동자(poioūn), 무한정자(apeiron)를 놓는데, 능동자와 형상을 넘어서는 존재자에 대한 설명이 없다는 것이지. 사실 형상이나 능동인은 무한정자와 초월적인 일자가 관계를 맺을 때, 그 양자가 분열되어 나온 것이지. 이론적으로는 그렇게 돼야 돼. 그 위에는 없다는 것이지. 그러니까 'kath' hauto'(즉자성)라는 말을 쓰지. 그러니까 우습지. 베르그송 철학은 근대 학문의 입장에 바탕을 두고 있어. 거기서 형상 사상이 무너져 버렸지. 갈릴레오에서 무너져 버렸어. 마음대로 쪼개지니까. 형상 사상이 무너져 버리고, 유동 이론(flux theory)만 나와. 플라톤이나 베르그송이나 출발점은 똑같아. 그러나 추상적인 공간만 인정하고, 형상은 있을 수 없다는 것이 달라. 형상은 능동자의 기능의 대상으로서만 존재해. 그런데 플라톤의 형상이 있다고 해도, 추상적인 것이 있다고 해도, 대단히 문제야. 아까도 말한 바와 같이 파란색과 같은 질은 무한정자와의 관계하에서만 있고 즉자적인 것(kath' hauto)으로 넘어가야만 비물질적(immaterial)인 것이 나와. 그런데 그게 참 문제야. 이 색깔이 추상화된다는 것은 플라톤에서는 객관적으로 공간에서 운동이 빠짐으로써, 이것의 자기동일성(identity)이 주어지고, 이 색깔의 추상적인 것이 성립하는데, 그것은 우리에게는 인식이 안 되거든. 인식론적으로 있는지 없는지 몰라. 있다면 그것은 가지적인 것(noēton)이고, 그러면 거기에는 질료(matter)가 없어야 된단 말이야. 그럴 때 그

> 것은 비물질적이 돼. 베르그송에서는 비물질적으로 되어서 무의식 속에 들어가는데, 어째서 질(quality)이 있는데 비물질적으로 되느냐는 것이 설명이 안 돼. 비물질적인 성격을 넣어야만 인식론은 성립해. 외부 대상의 질만 빠져 나온다, 운동을 빼버린다. …… 알 수가 없어. 플라톤의 형상 학설에서 여러 개의 다의 내용이 있다면 반드시 거기에 무한정자가 들어 있고, 따라서 조금은 물질적(material)인 것이 아니냐 말이야. 그런데 우리 무의식 속에 어떻게 해서 물질적인 것이 의식화되지 않고 있을 수 있느냐, 그 설명이 베르그송에는 없어. 이것이 난문(aporia)인 것 같아.[19]

플라톤에서는 자체적인 것이 있어야 형상들이 설명이 되는데 자체적인 것은 인식이 되지 않는다는 약점을 가지고 있고, 베르크손에서는 질이 무의식 속에 있다면 질이니까 아페이론을 가져야 하고 그렇다면 현실화되어야 하는데 왜 되지 않고 무의식 속에 있느냐가 설명이 안 된다는 이야기이다. 물론 이것은 양 철학의 근본적인 난점은 아닌데, 하여간 형이상학은 항상 문제를 남긴다는 점을 기억할 필요가 있다. 자기 자신이 어떤 것인지 그 한계까지 모조리 인식하는 것이 형이상학이 해야 할 일이기 때문이다.

이상의 베르크손의 철학을 종합적으로 이야기하면 자발성의 기능 중심주의, 모든 것이 엉켜 있다는 전체주의, 그리고 한 사물은 그 사물로만 독립적으로 존재하는 것이 아니라 다른 사물들 전체와 엉

19 앞의 책, 158-9쪽.

켜서 어떤 상황 속에 있다는 상황 이론이다.

베르그송은 기능주의(Funktionalismus)지? 기능(function)이 이루어진다고 가정해 보자. 그러면 두 개의 사물이 연관이 되어야만 기능이 성립해. 그러면 표면이라는 것은 무엇이냐? 기능이 정지되어서 끝나는 측면이 표면이야. 알아들었지? 그러니까 순수한 기능 자체는 공간화해서 바깥으로 표면에서 나타나지 않아. 그것은 항상 무의식 속에서 주어져. 가령 우리가 산다. 생명의 순수한 기능은 항상 우리에게 무의식적으로 주어지지, 자각화되지 않아. 자각화되어 버리면 그건 벌써 기능이 끊어진 것, 대상화된 것이야. 물체에서도 똑같아. 그런데 상황(situation)이라는 것은 무슨 얘기냐? 사물의 기능에서는 서로 엉켜. 엉켜서 어디서 어디까지 끊어질 수 없다는 상태가 상황의 특징이야. 전체론(holism)이야. 그러니까 가령 아리스토텔레스같이 개체 이론이니까 여기 책상이 하나 있다. 또 더 극한적으로 얘기하면 예전에 에피쿠로스학파나 원자론자들같이 하나의 원자가 여기에 있다. 그 원자는 영원해. 그러니까 그것은 다른 모든 원자는 다 없어져도 상관없다는 얘기야. 그 원자 하나만 있다면 그것은 그것대로 그것으로서 존재해. 그런데 상황론(situation theory)이라는 것은 그렇게 한 사물이 독립해서 그것으로서 존재할 수는 없고 다른 사물과의 연관성 속에서만 존재한다는 얘기야. 그것을 상황 이론이라 그래. 그러니까 하나가 변하면 전체가 모조리 다 변한다. 그게 나중에 만화경적(caléidoscopique)인 것이 돼. 그러니까 상황 이론은 원자론적(atomic)인 이론(théorie)하고 정반대야. 그때그때 주어진 하나의 전체가

언제든지 그때그때 새로 드러나.[20]

한 사물이 원자들처럼 독립적으로 존재하는 것이 아니라 다른 사물들과 모두 이어져 있다는 것은 그 자체 실존주의의 기본 철학이고, 요즈음 포스트-모더니즘이 즐겨 논하는 비실체주의, 즉 실체는 없다는 철학의 근간을 이룬다. 그런 이론들의 출발점이 베르크손이다. 이상의 논의로 베르크손 철학의 대체적인 특징은 잡힌 셈인데 이것으로 베르크손에 대한 박홍규의 분석이 끝난 것은 아니다. 베르크손 철학의 각 부분에 대한 그의 논의를 종합적으로 모아 봐야 할 것이다. 전집 제5권의 『베르그송의 창조적 진화 강독』에서도 끌어낼 수 있는 이야기가 수없이 많다. 그 모든 것에 대한 정리는 다음 기회로 미룬다.

20 전집 5 『베르그송의 창조적 진화 강독』, 「강독 24」, 574-5쪽.

6

인식론의 재정립

지금까지 살펴본 것은 주로 박홍규의 형이상학에 대한 것이었다. 그러나 그의 시기에 강력한 영향력을 행사했던 것은 형이상학보다는 오히려 칸트를 위시한 인식론이었다. 그러므로 박홍규의 이야기 중에는 인식론에 관한 이야기가 많다. 이 장에서는 그것을 정리해 보고자 한다.

인식론은 무엇보다도 먼저 인식에 대한 학문이다. 그런데 이미 제2장에서 설명한 바와 같이 학문은 그 대상이 있고, 그 대상에 관한 데이터가 있어서 그것을 정리하는 것이다. 그러므로 인식론은 우선 여러 인식이 있고 나서 그것을 정리, 탐구하는 것이어야 한다. 그러니까 인식론은 여러 인식이 이미 존재하고 난 후에 발달하는 것이지, 칸트처럼 먼저 인식론이 있어서 그것이 다른 학문의 조건이 되는 것이 아니다.

여러 인식들이 먼저 있고, 그 인식들의 사상(pragma)은 무엇이냐를 생각해야 돼. 'pragma'는 현대말로 바꾸면 데이터야. 인식의 데이터는 여러 가지의 인식들이야. 그것은 인식을 대상으로 하는, 인식에 대한 인식이 있기 이전에 이미 인식들이 있고, 그 인식들에 대한 하나의 정의(definition)를 내려 보자는 것 아냐? 이론적으로 하나의 정의를 구해 보자는 얘기야. 그러니까 인식론이 있고 나서 비로소 다른 학문이 존재하는 게 아냐. 근세철학하고 혼동하지 말아야 될 점이야. …… 모든 학문은 각각의 대상(pragma), 즉 데이터가 있고 그 데이터에 따라서 학문이 정해지는데, 그러면 인식론의 대상, 즉 데이터는 바로 여러 인식들이야. 따라서 이미 다른 학문이 발전하고 난 뒤에 그 인식이 뭣이냐 하는 것이 비로소 물어지는 것이지, 다른 학문이 발전하지 않았는데 인식의 성격을 먼저 묻고, 그러고 나서 다른 학문이 성립하는 것은 아니라는 얘기야. 알아들었지? 이 점이 대단히 중요해.[1]

그러고 나서는 인식에 대해 정의를 내려야 한다. 그런데 인식은 인식 주체가 대상을 파악하는 것이므로 주체는 무엇이고 대상은 무엇이며 그 둘 사이의 관계는 무엇인지를 또한 정의 내려야 한다. 이들 각각에 대한 정의, 즉 가설이 달라지면 인식론도 달라진다.

내가 얘기한 것은 그러니까 여러 가지 인식이 있고 나서 나중에 인식론이 발전하는 것이지, 인식론이 있고 나서 나중에 다른 학문이 발전하는 것이 아니라는 거야. 그러면, 이제 여러 가지 인식이 있는데

1 전집 2『형이상학 강의 1』,「인식과 존재」, 176-7쪽.

그것을 이론적으로 정의한다는 것은 무슨 얘기냐? 인식은 그 인식의 주체가 있고 대상이 있을 것 아냐. 그러면 대상과 주체자에 대한 가설(hypothesis)과 정의가 성립하고, 이 둘 사이에 어떤 관계가 이루어지는데 그 관계 속에서 인식이라는 관계가 무엇이냐를 찾는 것이야. 그래서 만약 그 대상에 대한 정의가 달라지면 똑같은 학문에 대해서도 전혀 다른 인식, 즉 다른 이론이 나와. 가령 아리스토텔레스 철학과 같이 개체 이론을 놓고 나간다면 똑같은 학문에 대해서도 설명 방식이 달라질 것이고, 또 주체자에 대한 이론, 즉 그 정의나 가설이 달라지면 그것에 대한 설명은 달라지게 돼. 이것은 대단히 중요해. 그런데 대상은 여러 가지로 나눌 수 있어. 가령 수학도 있고 물리학도 있고, 지금은 많이 있잖아. 그러면 수학적 인식을 논하는 사람은 수학이 뭣이냐는 것을 먼저 알아야 돼. 수학도 모르고 수학적 인식이 무엇이냐를 물을 수는 없어. 또 물리학적 인식을 논하려면 물리학을 먼저 알아야 돼. 또 주체에 대하여 그것이 누구냐, 가령 사람이라면 사람에 대해서 어떻게 가설 내지 정의를 세울 것이냐가 문제야. 사람인지, 개인지, 다른 동물인지 모르잖아. 사람이라면 사람에 대한 가설이 무엇이냐에 따라서 인식이 달라지며, 이론이 달라져.[2]

그런데 대상에 대해서도 인식 주체에 대해서도 근본 가정은 각 학문의 발달 여부에 따라 달라진다. 그러니까 생물학이나 심리학과 같은 다른 학문들이 발달한 후에나 인식론이 발달하는 것이지 인식

2 앞의 책, 177-8쪽.

론이 발달하고 나서 다른 학문이 발달하는 것이 아니다.

잘 들어 봐. 물리학은 물리학의 데이터, 기하학은 기하학의 데이터가 있듯이, 모든 학문은 데이터에 의거한다는 거야. 지금 논하고 있는 인식론은, 사실 이것은 철학적 심리학이라고 할 수 있는데, 이 학문이 취급하는 자기의 데이터가 무엇이냐 하는 것이 문제야. 대상이 없이는 어떤 인식도 성립될 수가 없어. 그러면 대상으로서의 인식들이 실지 있거든. 있으니까 그것들을 기초로 하나의 정의를 구해 보자는 이야기야. 아까 대상과 인식 주체자의 이야기를 했지만, 여러 가지 학문들이 있는데 인식 일반의 정의를 구하려면, 만일 그 학문이 물질에 대한 학문이라면 먼저 물질 일반이 무엇이라고 정의되어야 하고 또 주체자는 무엇인가에 대한 정의가 나와야 돼. 다음에 이 두 개의 정의 사이에서 이루어지는 관계 속에서 인식이라고 하는 관계는 무엇인지를 찾아야 돼. 그런데 여기에서 주체자는 영혼이야. 그러면 영혼에 대한 정의가 무엇이냐를 찾아내야 돼. 또 여기에서의 대상은 대부분이 물질이기 때문에 물질에 대하여 …… 정의를 밝혀야 되고, 다음에 이 정의들 간의 관계를 찾아야 돼. 이런 점에서 인식론은 모든 학문의 시초에 발달하는 학문이 아니라 모든 학문이 발달한 후에 최후에 나오는 학문이야. 이것을 우리가 알아야 해. 영혼이 무엇이냐를 알려면 생물학과 심리학이 발달해야 해. 생물학과 심리학이 발달한 뒤에 비로소 인식론이 발달하는 것이지, 거꾸로 인식론이 발달하고 난 후에 심리학이나 생물학이 발달한 것이 아냐. 현대물리학 같으면 현대물리학의 가정(hypothesis)은 무엇이냐, 기하학이면 기하학, 수학이면 수학의 가정이 무엇이냐에 따라 달라져. 그러면 그것을 취급하는 사람은 둘 다 다 알아야 돼. 가령 입시라는 것은 고등학생이 이 수학 문제를 알고 있느냐 아니냐를 시험해 보는 것인데, 그것을 채점하는 사람은 수학을 알아야 할 것 아냐? 그렇지 않으면 학생이 아는지 모르는지를 평가할 수 없지. 그러니까 인식론은 모든 학문이 나오고 난 다음에 발달해. 처음에 발달하는 것은 아냐.[3]

칸트적인 생각에 잠겨 있는 사람들은 그렇게 생각하는 것도 다 당신의 인식 구조에 근거를 두고 나온 생각이 아니냐고 말할 것이다. 물론 그렇다. 그러나 현대인의 인식 구조는 칸트의 인식 구조와 다르며, 칸트의 인식 구조는 뉴턴 물리학에 기반을 둔 교양 있는 성인의 인식 구조일 뿐이다. 다시 말해 인식 구조는 시대마다, 사람마다 다르고 아이 때와 어른 때가 다르다. 정해진 불변의 보편적인 인식 구조는 없으며, 그것은 끊임없이 발전하고 있다. 그것을 구체적 데이터에 입각하여 보여주는 것이 발달심리학이다. 그렇기 때문에 인식론을 이야기하려면 여러 인식들이 나오고, 그것을 기반으로 해야 비로소 이야기할 수 있다. 인간의 인식은 끊임없이 발전하고 있으므로 인간의 역사가 끝나기 전에는 완결된 인간의 인식론은 나올 수 없다는 것이 옳은 이야기일 것이다. 그러니까 우리가 논할 수 있는 인식론이라는 것은 과거의 인식에 대한 것일 뿐이다. 그러므로 우선 과거 인식론의 대표주자라 할 수 있는 플라톤의 인식론을 한

3 앞의 책, 181-2쪽.

번 살펴보자.

그런데 칸트가 놓은 공간성(spatialité)은 기억 이론이 아니란 말이야. 그러니까 칸트도 그렇고, 흄도 그렇고, 예전에 플라톤도 그렇고, 아리스토텔레스도 그렇고, 그 사람들의 인식론의 가장 약점이 무엇이냐면 기억을 설명 못 한다는 것이야. 기억을 설명 못 하는 데 있어. 우리가 맘대로 회상했다, 뭐 했다, 뭐 했다, 그것을 설명 못 해. 설명이 잘 안 돼. …… 왜 그런 문제가 생기느냐면 말이야, 플라톤부터 인식 이론이 나올 때 어떻게 나왔느냐면 에이도스 중심이란 말이야. 대상 중심인데 요전에도 말한 바와 같이 에이도스 중심일 적에는 사물을 정적(static)인 구조를 중심으로 봐. 베르그송 말이 꼭 맞아. 그것은 무생물에는 들어맞지만 생물에는 들어맞지 않는다는 거야. 그런데 에이도스를 받아들인다고 할 때, 인식은 받아들이는 거거든. 그 디나미스가 받아들인다는 것이 무엇을 의미하느냐, 이것이 문제야. 쉽게 말하면 가령 아리스토텔레스 같으면 질료 이론(matter theory)이야. 또 하나는 어떤 수동적(passive)인 디나미스가 외부에서 받아들일 적에—플라톤에서는 아페이론이 되는데—만약에 받아들여서 그것이 변화해 봐라. 그러면 받아들이나 마나야. 그렇지? 요컨대 그것이 보존돼야지? 우리 기능은 남아서 보존이 돼야 돼. 인식했냐 하지 않았냐는 것은 무엇인가가 받아들여서 그 결과 우리에게 보존이 돼야 돼. 그런데 가만히 보니까 외부의 질(quality)을 받아들여 가지고도 그대로 보존하고 있는 것은 공간이더라, 그것이 플라톤 이론이야. 왜냐? 공간에는 운동이 빠지니까 공간은 수동성(passivity)인데 받아들여 가지고 그대로 가만히 있는 것은 공간이다, 이렇게 나와. 알아들었지? 『티마이오스』 편에 'chōra'(공간), 공간이 이야기 나와요. 그걸 'ekmageion'(자국, 자국이 찍히는 물질), 밀랍 같은 것, 밀랍에다가 도장을 딱 찍어 봐라. 그러면 도장이 딱 찍혀서 지워지지 않지 않느냐는 식으로 얘기해. 그것은 이제 『테아이테토스』 편의 인식론으로 들어가. 왜냐하면 질이 우리 속에 들어와서 무엇인가 남아 있어야 될 텐데, 남아 있으려면 어떤 조건이 필요하냐? 그것이 사라지면 안 되고, 밀랍 같은 데에 도장이 딱 찍혀 있으면 남아 있지 않더냐는 식으로 설명을 하지.[4]

전통적인 인식론의 연원은 플라톤으로 거슬러 올라가는데 그것은 형상과 같이 불변적인 것을 인식 주관이 받아들이는 데서 성립한다. 그리고 받아들이는 주체도 공간 같은 것이어서 받아들인 것이 가만히 있다고 생각했다. 그러니까 받아들이는 형상 자체가 이미 사물을 정적으로 파악하는 것이고 인식 주관도 마치 밀랍 같은 것으로 생각하는 것이다. 그래서 밀랍에 도장을 찍으면 도장이 새겨져 있듯이 보존된다고 생각한다. 그런데 그것이 기억된다고 할 수 있는가?

밀랍이 왜 기억 이론이 되지 않느냐면 말이야, 순전히 유물론적인 해석이란 말이야. 알아들었지? 이것을 집어넣어야 돼. 그러니깐 그것이 어디서부터냐면 공간 이론에서 나와. 공간이란 것은 운동이 없으

4 전집 5 『베르그송의 창조적 진화 강독』, 「강독 8」, 159-60쪽.

니까 무엇을 받아들여도 거기에 영향을 미치지 않는다. 알아들었지? 그것을 아주 주의하라고. 그것이 밀랍과 똑같은 것이다. 그것이 우리 속에, 밀랍에 들어오는데, 말하자면 들어오기 전에는 백지(tabla rasa)란 말이야. 거기에 들어오면 가만히 있더라. 그래야 이것이 우리 마음 속에 들어온 것이 심상(phantasia)을 갖고 남아 있는데, 그것을 가지고 자꾸 작용한다고 설명이 되거든. 그런데 기억 이론이 되지를 않아. 왜냐? 밀랍이 꼭 그대로 가만히 있다고 해보자. 그러면 우리는 언제든지 그걸 표상해야 할 것 아냐? 언제든지 그대로 표상해야지. 그러나 실제 기억은 그런 것이 아니거든. 망각했다면 그것이 없어져야지. 없어져야 할 텐데, 없어진다면 영영 사라진 것이고, 새로 외부에서 받아들여야 된단 말이야. 알아들었지? 그러니까 설명이 안 돼. 요컨대 그 사람들이 말하는 이론 밑에는 질료(matter)나 공간 이론이 들어 있는데, 공간도 일종의 질료라고 볼 수 있어. 그런데 그 이론 갖고는 설명이 안 돼. 그 이론들이 하는 얘기는 전부 우리의 감각은 수동적(passive)이다, 거기서 다 나오는 얘기야. 알아들었지? 질료나 공간은 받아들이는 데 있어서는 수동적이니까. 수동적이다, 'affiziert gegeben'(촉발되어 주어지다)이다, 흄의 인상(impression)이다, 하는 얘기는 모두 거기서 나온 거야. 그 원원(元源)이 그래. 그러니까 만약에 칸트 이론을 그렇게 해석한다면 우리 속에 순수 공간이 들어 있는데 거기다가 선험적(a priori)인 어떤 규정을 넣어 놓았다고 얘기할 수 있지? 알았지? 순수 공간에 대한 해석의 하나야. 알아들었지?[5]

5 앞의 책, 164-5쪽.

전통적인 인식론의 특징은 모두 우리의 인식 주관을 어떤 공간적인 것으로 생각하고 있다. 그렇게 되면 인식된 것들이 모조리 공간에서처럼 현존해야 할 텐데 그렇지 않고 망각된다는 현상이 설명되지를 않는다. 그것은 칸트도 마찬가지이다. 그 공간이 선험적이라는 것뿐이지 전혀 다르지가 않다. 여기서는 그것만 이야기되었지만 밀랍 이론에 따르면 사실 밀랍은 물질이므로 자기동일성이 유지되지 않는다는 난점을 가지고 있다. 인식 내용이 보존되려면 인식 주관이 자기동일성을 가지고 변하지 않아야 하는데 밀랍 이론으로는 그것이 설명이 안 된다. 그런 이론들은 모두 인식 주관이 거울과 같다는 이론으로 돌아간다.

그러면 이런 문제가 생겨. 거울에서 물건을 받아들이는데, 그것하고 어떻게 다르냐는 문제가 나와. 거울에 그림자가 딱 비치잖아. 또 에이도스를 우리가 받아들인다면, 거울에 받아들인 것하고 우리가 머리속에 받아들인 것하고 어떻게 차이가 나느냐? 어째서 거울에서 받아들일 때는 인식이라고 하지 않고, 우리 사람이 받아들일 때는 인식이라고 하냐는 문제가 나와. 가장 기본적인 문제가 거기에 있어. 거울속에도 형태만 나오거나, 뭐 그런 것만 받아들여지지, 어째서 뇌수에서 우리 사람이 받아들일 때만 인식이라고 하느냐는 문제가 나와. 베르그송은 뭐냐? 그것은 물리현상이란 말이야. 왜냐? 디나미스인 한에서는 다 같아. 왜냐하면 받아들이는 것은 존재자가 받아들인다고 하지 않아. 존재라 할 때는 동일성을 가지고 있고, 따라서 다른 것은 그 속에 못 들어오니까 동일성이라고 해. 알아들었지? 물리학이 나와서 충만이라는 개념이 나와. 충만이란 받아들이지 못한다는 얘기야. 고전물리학처럼 물질이 충만되어서, 못 나가고, 못 들어가고, 작용에 대한 반작용이 나와. 또 무(無)가 받아들인다고도 하지 않아. 요컨대 받아들이는 것은 언제든지 디나미스가 받아들여. 이렇게 되고 저렇게도 될 수 있는 것, 디나미스인 한에서는 같아. 베르그송 입장에서는 요컨대 그 디나미스는 반성하는 디나미스가 아니라는 거야. 받아들여서 그것의 동일성을 유지해야 인식이라고 하지, 받아들여서 동일성을 유지하지 않는다면 인식이라고 하지 않는다는 거야. 다시 말하면 인식한 결과는 기억으로 남아야만 인식이라고 해. 기억은 동일성을 유지하니까. 그렇지 않다면 인식이라 하지 않는다는 거야. 그러면 베르그송은 유동 이론(flux theorie)에서 출발하니까, 이런 물질(matter) 속에 물건이 들어오면 어떻게 되느냐? 동일성이 유지되지 않더라. 베르그송 입장으로 치면 말이야 동일성이 인식이 되지 않고 다 흘러가 버리더라. 뇌수 속에 무슨 놈의 기억이 들어가 있어? 물질 그 자체로서는 다 플럭스인데, 흘러가 버리지. 그렇게 돼. 아리스토텔레스 같으면 이건 질료(matter)거든. 형상-질료 이론(form-matter theory)의 질료거든. 아리스토텔레스는 질료는 사물의 동일성을 받아들일 수 있는 능력을 가지고 있다는 거야. 형상-질료 이론의 디나미스 아니냐. 형상(form)을 받아들여. 우리가 받아들이기 전에는 우리에게 있는 능력이 전부 다 디나미스라는 거야. 그러면 어떤 문제가 생기느냐 하면, 아까도 말한 바와 같이 아리스토텔레스도 거울이 형태를 받아들일 때하고, 사람이 형태를 받아들일 때는 어떻게 다르냐는 문제가 나와. 치명적인 문제야. 베르그송은 이것을 어떻게 하느냐? 아까도 말한 바와 같이, 그것은 능동적(active)인 디나미스이고, 거기서는 반드시 선택이 들어간다. 선택의 자발성(spontanéité)이 받아들일 때만 인식이라 하지, 자발성이 없는 것은 인식이라 하지 않는다. 그러니까 디나미스에서도 자발성이 있는 디나미스가 받아들일 때만 인식이라고 하지, 자발성이 없는 아리스토텔레스의 형상-질료 이론 같은 질료가 받아들이면 인식이라고 하느냐? 인식이라고 하지 않는다는 말이야. 알아들었지? 그러니까 아리스토텔레스의 인식론하고 비교해야 돼. 그래야 위치가 분명히 드러나. 다만 그런 학설에서 하나 문제 되는 것, 설명을 가할 수 있는 것은 플라톤 같으면 물질이, 가령 거울이 사물을 받아들일 때하고 우리 감각이 받아들일 때하고 다르다. 왜냐? 거울은 언제든지 변하니까 거기에는 완전한(perfect) 동일성의 형상이 나오지 않더라, 그 얘기 하나 할 수 있지? 다만 우리의 감각일 때에는 더 완전하더라. 그렇게 되면 아까도 말한 바와 같이 에이도스의 어느 정도의 완전한 것을 받아들이면 인식이라고 하더라. 완전함의 정도(degree)를 갖고 이야기해. 공간 이론의 기본적인 사상이야. 왜냐하면 플라톤에서는 공간의 특수성(speciality)이 있어서 어느 정도 이상의 공간에서 받아들인 것은 인식이라고 하고 그렇지 않으면 인식이라고 않더라는 이론이 나와. 그런데 아리스토텔레스에서는 아까도 말한 바와 같이 물질도 완전하게 에이도스를 받아들일 수 있는 거니까 참 곤란하지. 물질에서 받아들인 형태하고 우리 감각이 받아들이는 형태 중에 어째서 하나는 인식이라 하고 하나는 인식이라 않느냐? 베르그송은 기능주의(functionalism)의 입장이니까, 자, 받아들여서 뒤에 그것을 인식이라고 하느냐 아니냐는 기능을 갖고 봐야 되니까, 그 결과 무엇이 나오느냐를 갖고 따져야 될 것 아니냐. 왜냐? 받아들이는 것은 한순간에서 받아들인 거니까. 베르그송은 뭐라고 말하느냐면 그것은 반드시 기억상으로 남는다. 동일성을 가지고 받아들였으면 동일성을 갖고 남아야 인식이라고 하지 그렇지 않으면 어디 인식이냐. 아리스토텔레스 같으면 동일성을 가지고 물질이 형상을 받아들이는데, 그것을 기억이라고 하냐? 우리가 그걸 기억이라고 하지 않거든. …… 내가 너한테 대화를 하는 것은 네가 스스로 상기하고 가르쳐 주는 것이지 강요한다고 하지 않아. 그러나 직관 이론 같은 입장에서 보면 인간이란 것은 어떤 고등 거울 같은 것이 되어 버려. 고등 거울이 돼.[6]

거울과 같은 식의 인식론이라면, 거울이 물질이니까 인식 주관의 자기동일성이 유지되지 않는다는 것도 문제지만 무엇보다도 인식과 거울이 왜, 어떻게 다른지를 설명하지 못 한다. 물론 플라톤 같으면 거울이라는 물질에는 형상이 들어오지 못 하니까 괜찮은데, 아리스토텔레스라면 질료도 형상을 받아들이니까 거울의 받아들임이 인식과 무엇이 다른지를 설명하지 못 한다. 그것을 설명하려면 인식하는 디나미스는 거울의 질료성과 다르다고 해야 한다. 아리스토텔레스에서는 그런 이론이 없으므로 상당히 곤란해진다. 물론 플라톤 같은 이론이라도 형상이 들어온다고 하지만 그 역시 아까 말한 공간 이론이므로 망각을 설명하지 못 한다는 난점을 갖는다. 그렇다면 어떻게 해야 할 것인가? 위의 인용문에도 나오지만 베르크손

---

6 전집 5『베르그송의 창조적 진화 강독』,「강독 16」, 391-4쪽.

의 인식론으로 돌아가야 한다.

베르그송은 이게 다 틀렸다는 거야. 무생물이 형태(form)를 받아들일 때는 공간 이론이나 질료 이론(matter theory)이 된단 말이야. 그러나 생명현상이란 말이야, 생명현상은 어디 수동적(passive)이냐 말이야. 가만히 있어? 다르단 말이야. 알아들었지? 생명현상과 물질현상이 받아들일 때 어떻게 차이가 나느냐? 요컨대 그 차이를 밝혀야 된다는 거야. 외부의 질(quality)을 받아들이는 거니까. 그렇지만 생명현상은 수동적으로 받아들이는 것이 아니라 나가서 반성(reflexe)할 적에 그 적극적(positive)인 능동성(activity)에 의해서 받아들인다, 그렇게 돼. 알아들었지? 요전에도 말했지? 그래갖고 어디로 가느냐? 그것이 자발성(spontanéité)으로 가거든. 행동으로 나가지 않고. 그런데, 그 주체자, 순수 지속은 무엇이냐면 변화의 밖에 있는 거란 말이야. 그래야 기억이 성립할 것 아냐. 주체자가 될 것 아니냐. 인식의 주체자는 언제든지 무엇을 받아들여도 그 자신 동일성(identity)을 가져야 되니까 시간 속에서 변해 버리면 안 돼. 인식의 주체자가 되지 않아. 그것이 무엇이냐면 베르그송이 말하는 순수지속의 근원에 있는 정신(esprit)이야. 그러니까 거기에 들어간대. 거기에 들어가면 그것은 맘대로 되질 않아. 보존이 돼. 보존이 되지만 그러나 그것은 무의식의 세계야. 의식이란 것은 그 주체자의 한 발짝 밖으로 나와야 돼. 그러니까 『물질과 기억』에서 순수 기억은 정신이라고 했지? 그러면 어떻게 해서 표상화되느냐? 그 어떤 것이 바깥으로 다시 나가기 위해서, 우리 신체와 관계를 맺기 위해서, 다시 말하면 주체에서 바깥으로 나갈 적에, 행동을 통해서 우리 두뇌로 연결이 되려고 할 때, 다시 말해서 자기 자신의 주체자로부터 멀리 떨어져 나갈 때 대상화된다. 그러면 자발성에 있으니까 우리 맘대로 할 수 있어. 어떤 것이 나오느냐 하는 것은, 말하자면 망각하고 회상하고, 회상했다 망각했다 얼마든지 할 수 있다는 거야. 그러니까 딱 기억 이론 찾아.[7]

베르크손에서는 인식의 주체가 자기운동하는 것으로서 자기동일성을 가진다는 것은 이미 설명했다. 그것이 주체가 되므로 인식의 자기동일성은 성립한다. 그 주체에 밖에서 받아들인 내용이 들어오면 보존된다. 그것이 보통 때는 보존되어 있고 행동하려 나갈 때는 표상화되어 나온다. 그러니까 망각되고, 회상되고, 얼마든지 왔다 갔다 할 수 있다. 거기서 보존되는 질은 어떻게 분리되는가?

인식의 문제는 베르그송에서는 대상이 무엇인지 모르면 행동이 잘 안 되니까 대상을 똑똑히 알아야 되겠다는 것에서부터 출발해. 다시 말하면 지식과 행동이 분열돼. 분열이 되니까 감각이 발달한다는 거야. 감각 자체가. 그리고 이성적인 형상(idea)은 지식과 행동이 완전히 분열되면서 나와. 그런데 아리스토텔레스가 말한 것처럼, 어째서 질, 형상(form)만 분리되어서 나오느냐는 것을 설명해 주어야만 인식론이 서. 그런데 베르그송은 감각되는 이 사물은 지금 진동(vibration)을 하고 있대. 즉 그 물질현상은 자기동일성(identity)이 없어.

---

7 전집 5 『베르그송의 창조적 진화 강독』, 「강독 8」, 162-3쪽.

아까도 말한 바와 같이, 영혼(psychē)의 기능은 물질의 필연적인 법칙에 대해 반대되는(opposite) 것이야. 반대되기 때문에 연속성을 뺀다, 뛰어넘는다는 것이야. 그것이 기능이라는 거야. 이것은 내 해석이야, 응? 가령 기억을 봐라. 물질현상적으로는 기차를 타고 인천에서 영등포로 오려면 그 도중의 과정을 다 밟아야 하지만, 우리 기억에서는 그런 과정은 다 빠져 버려. 인천에서 바로 영등포로 온단 말이야. 그 물질성(materialité)이 전부 다 빠져. 바로 그 형상만 들어온다는 것은 그 속에서 운동을 빼는 것을 의미해. 물질성을 뺀다는 것은 운동을 뺀다는 얘기야. 그 속에서 운동을 빼니까 그것만 고정화(stabilisé)돼. 정지돼. 감각 기능은 질을 정지시키는 것이라고 베르그송은 얘기해. 그걸 설명해 주어야 돼. 그걸 설명 안 하면 인식론이 안 돼.[8]

자기동일성 없이 엉켜 있는 물질의 운동에서 그것에 반대되는 운동을 하는 주체는 그 연속성을 뺀다. 그러면 질만 빠져 나온다. 그렇게 빠져 나온 질은 보존된다. 그런데 주체는 가만히 있는 것이 아니라 행동한다. 행동할 때 어떤 일이 일어나는가?

그러면 기억이 나갈 적에 어떻게 표상화되느냐? 지각(perception)일 것 같으면 바깥으로 나오는데, 우리가 외부에 대한 작용을 할 때 어떻게 나가냐면, 기억을 끌고 나가. 베르그송 입장에서 보면 가령 이것이 연필이다, 쓸 수 있는 것이다, 하는 것은 과거에 이런 형태를 가진

8 전집 2 『형이상학 강의 2』, 「자기운동 II」, 146-7쪽.

것은 쓸 수 있더라 하는 기억이 이것을 봄과 동시에 들어가. 플라톤이나 아리스토텔레스의 입장에서 본다면, 기억이 들어가지 않고, 이것은 본래 그 자체로 쓸 수 있는 구조를 가지고 있는데 그 구조가 들어오니까 쓸 수 있는 것이 되고. 알아들었지? 베르그송에서 이것은 그 전에 한번 어렸을 적엔가 언젠가 이걸 갖고 쓰더라, 이와 비슷한 것을 보면 언제든지 쓴다는 기억이 들어가. 그러니까 한 사물이 나에게 지각되어서 다시 내가 거기로 들어가. 그런데, 베르그송은 능동성(activity) 중심이니까 인식하려면 외부 대상이 한계를 가져야만 돼. 그것이 주관이냐 객관이냐가 딱 있어야 할 것 아냐? 그러니까 플라톤이나 아리스토텔레스 같으면 정적(static)으로 보니까 우리 생체라는 정적인 환경이 딱 나와. 환경의 한계에서 성립한다면 돼. 물론 베르그송에서도 한계가 나오지만, 그 한계가 동적(dynamic)이야. 이게 지금 서로 영향을 주고받고 한다는 것이 그거야. 외부에서 지각의 대상이 들어오는데, 우리 능동성이란 것은 정적으로 보자면 우리의 신체의 구조요, 신체의 한계선상에서 인식의 한계가 딱 정해진다고 봐야 하지만, 베르그송에서는 이것은 하나의 한계이고 그것을 넘어서서 외부 대상으로 활동성(activity)이 간다는 거야. 우리 행동의 대상은 저 책상이고, 저 책상에서 따로 저 책상을 인식하지, 우리 눈이나 이런 데서 보는 것이 아니야. 나갈 적에 어떻게 가냐 하면 기억을 갖고 나가. 기억을 갖고 나가니까 저 문으로 본다면 저 문에서 우리를 촉발할 무엇인가가 들어와서 다시 저리로 되쏘아붙이는데, 무엇을 갖고 나가냐면 기억을 갖고 나가. 그럼으로써 과거의, 다시 말하면 최초로 지각(perception)해졌던 것 이상의 것이 저기서 주어져. 알아들었지? 주어지고, 또 주어짐으로써 거기서 정적으로 가만히 있는 것이 아니라, 저것도 하나의 기능이니까 그것이 또 우리에게 들어와. 들어올 적에 아까 말한 바와 같이 기억이 덧붙여진 것이 들어와서 우리는 또 거기에다가 주의를 할 적에, 지각할 적에 또 다른 기억을 덧붙이고 나가. 그러니까 자꾸 왔다 갔다 하는데 거기서 상호작용이 이루어진다. 여기 책에 쓰인 것이 그 얘기야. 알아들었지?[9]

그러면 지각한다는 것은 무엇인가? 플라톤 같으면 외부 대상의 성질을 우리가 그대로 받아들이는 것이 되겠지만, 베르크손에서는 대상과 주체가 왔다 갔다 상호작용을 한다. 그러니까 나의 한계는 내 신체에 머물지 않고, 가령 시각이라면 시각이 가서 멈춘 사물의 표면에까지 확장된다. 그리로 나갈 때 나는 기억을 가지고 나가고, 나갔다가 다시 기억이 덧붙여진 무언가를 가지고 들어온다. 지각이란 그런 과정의 연속이다. 그러니까 지각은 내 망막에서 일어나는 것이 아니라 사물의 표면에서 일어난다. 그 과정을 다른 각도에서 설명하면 다음과 같이 말할 수 있다.

그 다음에 물질성이 어떻게 점차적으로 빠지느냐? 자극이 신경계통으로 들어와서 우리 뇌수로 와. 뇌수는 중앙전화국처럼 되어 있는데, 자극을 받아서 바로 행동으로 나가는 것이 있고, 나가지 않는 것이 있다는 거야. 안 나간 것은 사진 건판에 가서 부착되듯이 이렇게 표상

9 전집 5 『베르그송의 창조적 진화 강독』, 「강독 8」, 163-4쪽.

화된다는 거야. 그것은 무엇을 뜻하느냐 하면 뇌수는 스스로를 창조하는(se créer) 자발성에 접촉(contact)한다는 것을 뜻해. 다시 말해서 아까 그 능동(poiein)과 수동(paschein)의 대립이 끝남으로써, 연속성이 빠지는 그 극한치, 존재와 무가 만나는 그 극한치와 접촉한다는 거야. 거기에 들어가면 연속성이 다 빠져. 아까 비물질적(immaterial)이라고 했지? 사실은 우리의 모든 감각에 비물질적인 성격이 다 들어가 있어. 그러나 완전히 비물질적인 그 점에 들어가면 물질적(material)인 것은 다 빠져. 빠지니까 질이 나와. 그런데, 아까의 그 능동과 수동은 반대되는 것이어서 그 사이에 중간 단계가 있어. 연속적인 것이니까. 물질성이 완전히 빠지면 추상적인 것이고, 그 중간에 상(image)이 있어. 그러니까 상이 있다는 것은 바로 우리 행동, 감각 기능, 신체와 가깝다는 얘기야. 그러면 완전히 비물질적인 것으로 들어가면 어떻게 되느냐? 상이 빠지니까 무의식 속으로 들어가. 순수 기억은 그러니까 무의식 속에서 주어져. 자발성은 내 자신 속에 들어 있는 것이니까 내가 필요할 때 무의식 속에 저장했다가 내 마음대로 꺼내고 표상하고 할 수 있어. 그렇지 않으면 기억이 설명 안 돼. 인식론이 안 돼. 무의식! 무의식 속에 들어가 있어. 과거의 인식론자가 기억 이론을 설명한 것은 하나도 없어. 우리는 전부 무의식을 통해 이야기하는 것이야. 내가 지금 이야기하는 것도 전부 무의식 속에 들어 있지. 그것을 표상화해서 이야기하는 거야. 무의식 속에 있는 것을 내가 구체적인 어떤 대상을 놓고 표상할 때에는, 즉 행동화할 때에는, 그것이 상(image)의 형태를 띠어. 완전히 속으로 들어가 버리면, 비물질적(immaterial)이 돼. 비물질적이라는 것, 이것이 중요해. 비물질적인 것은 연장성이 빠지고, 자기 보존돼. 무의식 속에서 자기동일성(identity)을 가지고 보존돼. 그래서 그것이 다시 회상돼. 회상되어서 내가 이 사물을 볼 때 또 나가. 나갔다 들어왔다 해. 이것은 『물질과 기억』에 나와 있어. 나의 본능, 나의 기억상은 전부 무의식이야. 인간의 생존(existence)의 근본으로 들어가면 무의식이 돼. 나의 선택은 대상화를 통해서 이루어지는 것이지만, 사실은 항상 무의식이 뒤에서 작용하고 있어. 무의식이 중심이야. 대상화되는 인식은 일부분에 지나지 않아. 의식(conscience)은 하부 의식(infra conscience)의 일부분밖에 안 돼. 그것이 실증과학에 전부 다 들어맞아.[10]

행동하는 주체는 기억을 가지고 나갔다가 다시 기억을 덧붙여서 들어오고, 또 나가고 하는 왕복 운동을 계속한다. 나갈 때는 상으로 표상된다. 속으로 들어오면 연속성이 빠지고 비물질적이 되는데 그것들이 나중에는 무의식을 형성한다. 그런 모든 과정이 실증과학과 들어맞는다는 것은 무슨 말인가? 아니, 그전에 인식이란 무엇인가?

그러면 이제 또 하나. 베르그송에서 주체자의 공간 이론은 뭐이냐? 여기서 말한 바와 같이 우리의 그 신체를 봐라. 여기서는 의식이 건너가고(traverser) 있어. 그런데 점점 지각(perception)이 된다는 것은 무슨 얘기냐면 인식의 주체자와 대상이 분리된다는 것을 의미한다. 우리 신체, 유기체에서는 어디서 어디까지가 물질인지, 어디서 어디까

10 전집 2 『형이상학 강의 2』, 「자기운동 II」, 147-8쪽.

지가 생명현상인지 구별이 되지 않아. 그런데 점점 대상화되고 구별된다. 정신(esprit), 지성(intelligence)으로 가면 완전히 구별돼.

그러나 이제 문제는 거기에 있어. 칸트를 보라는 거야. 감각은 여기로 들어와. 그러나 감각된 결과를 가지고 속에서 이야기하거든. 플라톤도 들어와서 나중에 그 속에 있는 'doxa'(보이는 것) 갖고 얘기해. 그런데 실증과학, 우리의 반성, 인식이 성립하려면 말이야, 그 하나하나가 외부 대상과 관계를 맺어야 될 것 아니야. 그러니까 칸트에서는 순수 공간은 있고 그리고 외부에서 들어온 감각뿐이라는 거야. 그러나 베르그송에서는 처음에 우리의 감각으로 들어온 것만 갖고 얘기해야지, 우리 마음속에서 온 것은 전부 독사란 말이야. 지금 베르그송은 인식이라고 못 한다는 거야. 그러니까 후썰이 뭐 'Ur-doxa'(근원-독사)니 그런 소리 하거든. 인식이라고 하지 않고, 'doxa'라 해. 인식은 항상 외부 대상에 대한 인식이야. 외부 대상과 관계를 맺지 않는 한 그것에 대한 인식이란 말을 못 한다는 거야. 그러니까 여기서 능동성(activity) 이론이 얼마나 중요하다는 것을 알아야 돼. 그것이 인식이 되었다는 것은 자, 어떤 외부 사물이 지금 속에 들어와서 이렇게 인식됐다고 했을 때, 속에서 인식했다면 인식한 놈이 어떻게 아냐는 말이야. 모르는 것 아냐, 그것은. 그 사물의 인식이라고는 못 한다는 거야. 그 사물의 인식이 되려면 거기 들어온 것이 기억으로 해서 다시 되쏘아 붙여서 저쪽에 나가야만 된다는 거야. 그러니까 지금 지성(intelligence)이란 것은 우리 속에 있는 것이 아니라, 우리 정신(esprit)이 외화(s'extérioriser)한 그 외부의 그 대상과, 물질과 관계 맺는 측면에서만 성립해. 알아들었지? 요전에도 누누이 말했지? 하나의 동일한 과정(process)이 이쪽에서 보면 지성이고, 저쪽에서 보면 물질이더라. 그러니까 지성 속에 나온 것은 바로 실증과학적 검증이 될 수 있다는 거야. 그런데 거기까지 갈 적에 어떻게 가냐면 자꾸 수정(réviser)하더라. 여기서는 자꾸 수정한다는 얘기야. 거기서 쭉 연속적으로 발달해서 수정해 나가더라. 그러니까 그 과정이 모조리 외부 대상과 관계를 맺으니까, 그 결과가 실증과학적으로 검증될 수 있더라는 얘기고, 그러니까 실증과학이 성립한다는 얘기야. 만약에 속에서만 분류(classify)하고 그런다고 해서 그것이 과연 실증과학이 되냐? 지금 베르그송 얘기는 실증과학이 되지 않는다는 거야. 그러니까 예전에 플라톤이나 아리스토텔레스가 하던 일이 근본적으로 잘못된 것이 뭐냐면, 중간을 빼버렸대. 없어. 결론이야. 그러니까 반성이라는 것은 그것이 가령 시인이 반성한다면 그것도 다 반성 아냐? 표상(représentation)하는 것 아냐? 그러나 그것은 학문이라고 하지 않아. 요컨대 그것이 학문적인 반성이 되려면 외부의 대상과 관계를 맺어야 돼. 관계 맺지 않는 반성은 학문적인 인식이라고 하지 않아. 그런 건 인식이 아니야. 그러니까 표상이 외부 대상과 관계를 맺는 한에서 우리의 반성이 돼야만 인식이라고 해. 쭉 연속이 되었다, 지금 베르그송이 하는 얘기가 지금 그겁니다. 그래서 실증과학이 나온다. 칸트는 그것이 없다. 가령 어떻게 해서 범주에서 배열된(arranged) 것에 적용되느냐? 그것이 설명이 되지 않는 것 아니냐는 얘기지? 그것에 대한 설명이고요.[11]

11 전집 5 『베르그송의 창조적 진화 강독』, 「강독 8」, 164-5쪽.

지각이 항상 주체와 대상의 왔다 갔다 하는 상호작용이듯이 인식도 주체 내부에서만 일어나는 것이 아니라 외부로 나가서 외부 대상과 연관을 맺어야 한다. 그것이 진정한 인식이다. 그런데 칸트나 후썰, 플라톤은 그 점을 간과했다. 그러니 제대로 된 인식론이 나오지 않는다. 인식론은 항상 실증과학과 연결이 되고 그것의 검증을 받아야 한다.

> 베르그송은 또 본능 속에 가장 기본적으로 무엇이 들어 있나를 살펴봄으로써, 도덕과 종교의 기초를 찾으려고 해. 거기서부터 출발해서 도덕과 종교를 설명해. 그러니까 과거의 인식론은 생명현상이 무엇인가, 그 기능이 무엇인가를 밝히지 않았기 때문에 전부 불확실하다는 거야. 베르그송이 나온 다음에야 비로소 실증과학적인 인식론이 발달했어. 이것은 대단히 중요한 일이야. 과거의 이론이 옳았으면 그 이론을 기초로 해서, 또는 조금 변경을 해서 실증과학이 나와야 될 것 아냐. 인식론이 실증과학으로 나온 일 있어? 없잖아. 맨 자기 의견들일 뿐이지.[12]

참된 인식론이 어떠해야 하는지를 밝혔다면 이제 다른 인식론은 어떠한지를 살필 수 있을 것이다. 여러 가지 비판이 가능하겠지만 칸트의 이율배반을 중심으로 그의 인식론의 성격이 무엇인지를 살펴보자.

---

12 전집 2 『형이상학 강의 2』, 「자기운동 II」, 151쪽.

그 다음에 또 하나 공간의 문제. 베르그송에서 공간의 문제는 요전에도 말한 바와 같이 우리의 기억에서 동일한 것이 두 개 이상 보존되면 동시성(synchronos), 다시 말하면 거기서 공간이 나오는데, 만약에 베르그송에서 칸트의 공간 이론을 설명한다면 어떻게 되느냐? 베르그송은 칸트의 공간 이론은 지성에서 설명하는, 즉 반성에서 성립하는 공간이다, 이렇게 돼. 반성에서 성립하는 공간이다. 그런데 베르그송이 이율배반(antinomie)을 치는 이유는 무엇이냐? 칸트의 인식론은 공간성에 젖어 있다. 그런데 칸트의 인식은 잘못됐다. 어디가 잘못됐냐? 지성이 궁극적인 것이 아닌데, 칸트의 인식론은 지성을 궁극적인 것으로 취급한다는 말이야. 지성은 정신이 외화(s'extérioriser)할 때 성립하는 것이다. 지성은 그것을 하나로 통일해 주는 정신이 있고 나서 있는 것인데, 그 통일된 것을 칸트는 구별한다. 왜 그러냐면 그것은 공간 이론에서 출발했기 때문이다.[13]

또 칸트의 공간 이론은 지성의 공간이기 때문에 거기서 이율배반이 나온다. 그러나 지성이 궁극적인 것이 아니라 자발성의 극한치인 정신이 외화한 것이다. 이 문제를 좀 더 자세히 살펴보자.

이율배반이란 것은 왜 이율배반이라고 하느냐? 자꾸 분석을 해서 끝까지 가면 언제든지 둘만 나오지 세 개는 나오지 않는단 말이야. 이율배반의 종류만 달라지지. 알아들었지? 공간에서 이렇게 분석해서

13 전집 5 『베르그송의 창조적 진화 강독』, 「강독 8」, 166쪽.

보니까 가령 우주는 한정이 있더라, 한정이 없더라. 이 세상에 자유가 있더라, 없더라. 절대자가 있더라, 없더라. 이렇게 다 나눠진다는 말이야. 그러나 칸트의 잘못은 뭐이냐면 그것은 반성적인 자기동일성, 그 공간에서 그것이 최종적이니까 그렇다는 얘기야. 그러나 베르그송 입장에서는 그렇게 되지 않아. 왜 되지 않느냐면 그것은 지성(intelligence)의 소산인데, 지성 자체가 무엇이냐면 정신(esprit)이 타자로 외화(s'extérioriser)되는 데 있는 것 아냐. 최종적인 건 정신이라는 거야. 그런데 정신은 하나야. 요컨대 하나가 나오면 이율배반은 깨져. 알아들었지? 그런데 이데아를 놓고 나가면 어떻게 될 것이냐? 이데아가 많으니까 그것은 다율배반(polynomie)이 돼야지. 허허허. 그러니까 플라톤은 뭐라고 하느냐면 처음부터 우주의 완전한 하나의 모델이 있다고 놓았어. 이율배반에 빠지지 않으려고. 그런데 베르그송은 자연히 빠지지 않아. 왜냐하면 이 우주에서 운동은 모조리 엉키니까 그 원인은 하나만 있게 되고, 그것이 바로 자발성(spontanéité)의 원인이 하나가 있고 바로 그것이 우리 자신의 주체성을 통과하고 있기 때문에, 그 속에서 봐라. 그러면 이율배반에 빠지지 않는다. 그럼 어떻게 빠지지 않느냐? 그것에 대한 설명이야. 봐라. 공간에서는 서로 바깥에 있지만, 순수지속에서는 서로 바깥에 있는 것이 아니라 서로 상호침투해서 하나가 되더라. 하나가 돼. 알아들었지? 그러니까 어디 이율배반에 빠지느냐? 빠지지 않는다, 그 소리야. 알아들었지?[14]

---

14 앞의 책, 167-8쪽.

칸트는 지성만이 최고의 능력으로 놓았기 때문에 이율배반에 빠진다. 그러나 베르크손은 그 위에 자발성이라는 하나의 원인을 놓고 모든 운동은 엉키므로 이율배반에 빠지지 않는다는 것이다. 자발성의 창조적 능력 자체가 무에서 존재를 창조하는 것이기 때문에 어떠한 이율배반이 나와도 그 모순을 극복할 수 있는 능력이 있다는 것이다. 단지 지성의 능력만을 놓는 칸트와는 달리 베르크손에서는 본능이라는 매우 독특한 인식 능력이 있다. 지성은 잘라서 보지만 본능은 자르지 않고 멀리서 본다. 자발성은 그런 능력까지 포함하는 것이므로 이율배반에 빠지지 않는다.

그리고 또 하나 여기 베르그송에서 과학(science)의 성격을 보란 말이야. 이렇게 자른대. 잘라서 한 문제, 한 문제씩 놓았다. 그게 무슨 뜻이야? …… 베르그송에서 배워야 돼. 자르지 않고 인식하는 사물은 뭣이지? 다 나왔어. 동물은 먼 데서 본다. 본능 할 때 나왔어. 본능 아냐, 본능. 본능은 먼 데서 'connaissance à distance'(떨어져서 앎), 그때 나왔어. 먼 데서 본다. 눈도 활동(activity)의 대상으로서 볼 때, 무지하게 멀어. 활동의 대상으로 봐. 그러니까 활동은 인식에 의해서 이끌어진 작용만 활동이라고 하는데, 모든 활동이 성립하기 위해서 기본적으로 놓고 나가는 인식(connaissance)을 본능이라고 했지? 완전히 일치된 것이야. 그러니까 우리가 밖에 있는 저것을 보려면 베르그송의 입장은 본능이야. 다시 말하면 발달심리학에서는 지향주의(intentionalism)라든지, 조작주의(operationalism)라고 쓰지만, 자연과학적 입장에서, 그리고 철학적으로 본다면 그것은 본능이거나,

베르그송의 입장은 활동의 입장이야. 그러면 이제 지능이 이렇게 자른다는 것은 무엇을 의미해? 자른다는 것은 우리 인식이 그 자른 것에 국한된다는 얘기 아냐. 본능하고 대립시켰잖아. 본능은 자르지 않으니까 먼 데의 것을 여기서 떨어져서(à distance) 볼 수 있지만. 공감(sympathos)을 봐. 공감한다고 해보자. 우리가 사물을 자르지 않고 남과 마음을 같이하니까 공감하잖아. 공감한다는 것은 자르지 않고 일치한다는 얘기 아냐? 그러면 자른다는 것은 거기에 우리의 인식을 국한시킨다는 얘기 아냐? 그러니까 우리 인간이 자르되, 그 자른다는 것은 무엇이냐면 우리 인식을 거기다 국한시킨다는 것이니까, 얼마나 동물의 본능에 비해서 답답한 이야기이냐, 그걸 이해해야 돼. 답답한 이야기야. 그러니까 그 답답한 것을 풀기 위해서, 그걸 공간에다 놓고 공간의 일반적인 법칙에서 그 항들 속에 있는 관계를 논해서, 그 공간을 시간에다 집어넣어. 그러나 베르그송에서는 실증과학자는 그렇게 하지만, 철학자의 입장은 그렇게 되지 않는단 말이야. 알아들었지? 그러니까 하나에다 하나, 시간적인 좌표에서 보니까 실지 있는 것은 잘라진 것뿐이니까 잘라진 것에다가 잘라진 것을 대조시켜서 문제를 놓는다. 그러니까 규약(convention)적이라는 거야. 다시 말하면 과거에 늘 그랬듯이 우리 관심에 의해서 편리한 방식으로서 나온 거라는 얘기야. 그러니까 실증과학은 어디인가 우리 주체자의 인식에 편리한 점이 반드시 들어가 있다는 것이지? 사실 그것뿐인 것은 아니지만. 알아들었지?[15]

---

15 앞의 책, 146-9쪽.

우리 인간은 항상 지성을 통해서 사물을 보고 그래서 학문을 하는 것이지만 그러한 능력은 전체 생물계의 인식 능력으로 보면 매우 한정된 인식 능력, '답답한' 인식 능력이라는 것이다. 이것을 모르고 지성적 존재이니 최고의 존재라고 생각하는 것은 그야말로 인간의 오만이며 우물 안 개구리적인 자신감이다. 인간의 인식 능력은 외부의 세계와 관계를 맺는 데서 성립하는데, 그러한 능력 일반의 바닥에 본능이 깔려 있다. 우리는 외부 대상과 일반적으로 공감하는 것은 아니지만 그렇다고 완전히 공감 부재의 상태에 있는 것이 아니라 본능에 의해 대상과 모종의 연결이 되어 있는 상태다. 그렇지 않으면 대상 자체가 우리와 관계를 맺지 못할 것이다. 그러니까 본능이란 자발성이 물질 일반과 관계를 맺기 시작한 초기에서부터의 기억이 쌓여서 이루어진 것이라 할 수 있다. 세상과 우리는 완전히는 아니지만 어느 정도 공감하고 있는 것이다. 메를로-뽕띠(Maurice Merleau-Ponty)의 살을 예감케 하는 생각이다. 어쨌든 그것을 기반으로 받아들인 외부 대상의 내용은 인식 주체의 속으로 들어와 무의식을 이룬다. 그러므로 인식을 논하려면 무의식을 뺄 수가 없다. 그 무의식을 어떻게 탐구할 것인가?

> 그런데 지금 무의식이 무엇이냐, 무의식 속에 무엇이 들어 있느냐가 문제거든. 그것은 직접적으로 파악할 수 없는 것이니까 해석학이 나와. 감정적(affective)인 측면에서부터 발생론적으로 인간의 능력이 무엇이냐를 보는 거야. 프로이트가 무의식을 얘기하지만, 사실은 불란서 심리학자들이 먼저 무의식을 얘기했어. 우리 인간의 내면적인

무의식의 세계가 무엇이냐를 알기 위해 그 사람들이 제일 처음에 최면술을 발달시켰어. 그리고 또 심령술도 발달했지. 베르그송도 심리학자이고, 젊었을 때부터 최면술을 연구한 사람이야. 프로이트도 그것을 연구했어. 프로이트도 파리에 가서 샤르꼬 밑에서 2년 동안 공부한 사람이야. 정신병리학을 공부했지. 무의식이 거기부터 나와. 내가 프로이트를 배울 때, 아돌프 하르트만의 『무의식의 철학(*Philosophie von Unbewusstsein*)』이란 책을 보았는데, 연결이 안 되더라고. 나중에 프로이트 전기를 읽고, 베르그송을 모두 읽어 보니까, 아, 프로이트의 무의식 이론은 베르그송을 읽어야 이해하겠다고 알게 되었어. 그렇게 해서 이해를 했어.

또 우리 무의식 속에 들어 있는 본질(essentia)적인 지적 기능이 무엇이냐? 처음에는 모르는 것이잖아. 그러니까 그걸 자꾸 빼내서 실험해서 보자는 것이 삐아제야. 또 더 나아가서 무의식 속에서 가장 기본적인 것은 지적(intellectual)인 것인데, 그것을 연구하는 사람들이 구조주의자야. 내가 구조주의 서적을 읽다가 다 못 읽었어. 왜냐하면 내가 요새 공부를 잘 할 수가 없어. 구조주의의 사상사적 위치만 얘기하지. 소쉬르가 구조주의의 아버지야. 소쉬르가 보는 것은 전혀 달라. 무의식 속에 들어 있는 인간의 가장 기본적인 것이 무엇이냐? 무엇이 인간의 행동을 지배하느냐? 무의식 속에 무엇이 들어 있는지를 알아야 되겠다는 거야. 그런데 언어를 봐라. 자연 언어를 봐라. 누가 만들었냐? 인공 언어는 사람이 만들었겠지만, 자연 언어는 자연스럽게 어느 사이인지 모르게 나온 것 아니냐. 다시 말하면 무의식으로부터 나온 것 아니냐. 그런데 거기에 일정한 구조가 있더라는 거야. 그렇다면 무의식 속에 언어의 일정한 구조가 있는 것이 아니냐, 하는 것이 그 사람의 입장이야. 소쉬르는 동시적(synchronic)인 것과 통시적(diachronic)인 것을 나누어서, 통시적인 것을 동시적인 것에 환원시켜. 왜냐하면 소쉬르는 수학을 중시했고, 사회실재론자인 뒤르껨의 영향을 받았기 때문이야. 레비-스트로스도 마찬가지야. 그는 인간에 관한 가장 기본적인 내용을 알려면, 문화가 발달한 사회가 아니라, 원시사회로 돌아가야 한다는 거야. 인간은 원시사회에서 다 나왔다는 거야. 원시사회는 모든 사회에 공통이야. 그러니까 원시사회로 들어가서 가장 기본적인 사회에서의 인간의 행동의 구조를 밝혀 보면, 그 속에 들어 있는 인간의 행동의 법칙이 무엇인가 알 수 있지 않느냐는 것이 그 사람의 입장이야. 아무리 문화가 발달해도, 기본적인 것이 변화, 조합(combination)되어서 이렇게도 되고 저렇게도 된다는 얘기야. 그러니까 결정론이지. 지독히 기분이 나빠, 사실은. 나는 그 사람들 얘기를 들으면 기분 나빠, 허허. 왜냐하면, 미생물과 같은 차원에서는 그것이 성립하지만, 인간은 감정을 가지고 있어서 다르다고 봐야 해. 그래서 사르트르가 구조주의자에게 반문화적이라고 비판했어. 또 삐아제도 반대했어. 구조라고 하는 것은 발달한다는 거야. 언어를 보자. 아주 어릴 때에는 반사적(automatic)으로 행동하다가, 육 개월, 한 살, 두 살은 되어서야 표상이 생기고, 이 때 행동과 지식이 분리되어서 내면적인 세계가 나온다는 거야. 내면적인 세계가 독립이 되어야 언어가 나오는 것이지, 어디 처음부터 언어가 있냐는 거야. 난 삐아제 이론이 옳다고 생각해. 구조주의는 그러니까 지독히 싸늘한 사상이야. 사르트르는 그것을 죽은 철학, 최후의 철학이라고 하지. 구조주의 위

> 치가 그것이야. 그런데 이런 위치를 알려면, 베르그송을 한번 통과해야 돼. 베르그송을 모르면 왜 그런 철학이 나오는가, 구조주의의 철학적 위치가 뭔지를 몰라.[16]

프로이트, 삐아제(Jean Piaget), 소쉬르(Ferdinand de Saussure), 레비-스트로스(Claude Lévi-Strauss) 등의 무의식을 탐구하는 방법을 다 동원해야 한다는 것이다. 물론 소쉬르나 레비-스트로스 같은 구조주의는 박홍규의 기분에는 맞지 않는다. 무의식 속에 어떤 정해진 구조가 있다는 결정론적 사고이니까 그렇다. 그러나 그것이 무의식의 데이터에서 나온 것인 한에서 받아들이지 않을 수가 없다. 무의식을 어떻게 탐구하든 인식을 논하는 한에서 그것을 논하지 않을 수가 없다. 칸트와 같은 인식론에서는 전혀 논의도 되지 않던 이야기이다. 그것은 칸트의 인식론이 데이터에 기반을 두지 않은 것이기 때문에 그렇다. 철학은 데이터에 기반을 둔 에피스테메라야 한다.

이상에서 박홍규의 철학을 살펴보았지만 우리가 이야기한 것은 그의 철학의 극히 일부분에 불과하다. 우리의 그물망에 잡힌 것만을 대체로 정리한 것에 지나지 않는다. 박홍규를 완전히 이해했다는 것은 그와 같은 정도의 분석력에 도달했다는 것을 의미한다. 우리는 물론 거기에 도달하지 못 했으므로 우리의 설명도 매우 불완전

---

16 전집 2『형이상학 강의 2』,「자기운동 II」, 146-9쪽.

한 것임이 분명하다. 우리는 다만 처음 박홍규를 접하는 사람들에게 길잡이 역할을 할 수 있는 것만으로 만족한다. 앞으로 후학들이 더 세밀하고 깊이 있게 그의 철학을 밝힐 수 있기를 희망한다. 박홍규의 철학은 무궁무진한 연구를 기대할 수 있을 정도로 깊다. 그런 점에서 박홍규의 철학은 열린 철학이다. 우리가 이야기한 것이 닫힌 듯하고 규격적인 느낌을 주었다면 그것은 오직 우리의 한계를 보여준 것일 뿐이다. 그리고 우리도 계속 보완해 나갈 작정이다.

2
자료

자료에는 모두 박홍규를 이해하는 데 핵심적이면서도 일반인들이 읽기에 쉬운 글들만 모아서 수록했다.

「고별 강연」은 1984년 3월 박홍규가 서울대학교에서 정년퇴임할 때 그 기념으로 한 강연으로 여러 학자들과 제자들이 모인 자리에서 행한 것이다. 『박홍규 전집 2』의 『형이상학 강의 1』(민음사, 1995)에 수록되어 있다. 박홍규 철학 전반의 모습을 본인이 직접 강연한 것이므로 그의 철학을 이해하는 데 가장 기본이 되는 글이라 할 수 있다.

「희랍철학소고」는 『人文論叢』 5(1980)에서 발표되었으며, 『希臘哲學硏究』(종로서적, 1988)에 재수록되었다. 『박홍규전집 1』의 『희랍철학 논고』에 수록되어 있다. 희랍철학의 근본 정신을 박홍규식으로 설명한 글로서 일반인이 읽어도 매우 재미있게 읽을 수 있다. 그가 얼마나 깊이 있게 희랍을 이해하고 있는지를 짐작할 수 있는 글이다.

「베르그송에 있어서의 근원적 자유」는 『철학연구』 10(1975)에 발표한 글이다. 그가 베르크손을 어떻게 이해하고 있는지를 철학적으로 해명한 글이다. 일반인들에게 약간 어려울 수 있겠는데, 찬찬히 읽으면 그 의미를 이해할 수 있을 것이다. 이 글은 박홍규가 글쓰기에 별로 신경을 쓰지 않았으면서도 얼마나 아름다운 글을 쓸 수 있는 능력을 지녔는지를 짐작케 해준다. 그 의미를 하나하나 음미해 가며 읽으면 점차 아름다움이 드러난다.

1

고별 강연

나는 지금까지 이런 강연을 한 적이 매우 드물어요. 강의 시간에는 주로 문헌(text)을 읽고 토론(discuss)하는 식으로 했기 때문에, 이렇게 많은 사람이 있는 앞에서 질서 있게 말할 수 있는 능력이 나는 매우 적죠. 눌변입니다. 그 점이 우선 죄송하고, 또 원고를 써온 것도 아니고, 그때그때 그저 생각나는 것을 학생들에게 이야기하던 것처럼, 오늘도 두서없이 얘기를 하게 될 것입니다. 물론 빠진 것도 많이 있을 터이지만, 그것을 나중에 정리하게 되면 정리하는 거고, 빠지면 빠지는 거고, 뭐 그런 자세입니다.

가령 칸트를 예로 든다면, 우리가 학교에서 칸트를 가르칠 때, 근세의 어느 때에 어디서 칸트라는 철학자가 있었는데 이런 저서가 있다, 그것이 지금의 이 『순수이성비판』이다, 하고 가르치죠. 그러나 실지로 우리에게 주어진 것은 칸트가 아니죠. 왜냐하면, 칸트는 몇 백년 전에 죽어 버린 사람이고, 우리는 그를 본 적도, 그가 제일 비판을 쓰는 것을 본 적도 없고, 다만 그 사람이 썼다고 전해지는 책이 우리에게 주어질 따름입니다. 요컨대 우리에게 주어진 데이터는 칸트가 썼다고 알려져 있고, 이런 제목이 붙은, 우리 앞의 이 책입니다. 우리 학문의 출발점은 여깁니다. 이 책을 읽어 보니까 대개 칸트가 이런 말을 했더라는 것을 우리는 아는 것이지요. 이것이 칸트가 썼는지 아닌지 어떻게 아느냐 하면, 그 증거로서 이건 틀림없이 칸트가 썼다는 어떤 문헌과 자료가 있어서, 비로소 우리는 아, 이건 칸트가 썼구나 하고 생각하는 것이지요. 물론 역사의 실재적인 과정과 우리가 따르는 주어진 제도를 가지고 본다면, 칸트가 그 책을 썼다는 것이 역사적 사실인 것은 확실하지요. 그러나 그것도 원칙으로 따지면 하나의 믿음(belief)에 불과한 것이지요.

칸트 정도면 아무 문제가 없는데, 플라톤의 경우는 문제가 굉장히 많아요. 왜냐하면, 그는 2천 년 전 사람이거든요. 플라톤 자신도, 그가 책을 쓰는 것도 우리는 본 일이 없고, 도대체 우리에게 주어진 그 문헌, 그에게 접근(approach)할 재료가 무엇이냐는 것부터 문제가 됩니다. 우리에게 주어진 데이터는 예컨대 고고학적인 자료라든지, 그 당시 사람들의 남겨진 문헌, 그리고 직접적으로는 우리 앞에 있는 어떤 문헌(text)인데, 그 문헌이라는 것이 지금은 인쇄되어 있지만, 사실은 처음부터 인쇄되어 있던 것이 아니고, 고대에는 파피루스에, 중세에는 양피지에 손으로 쓴 것이었습니다. 그런데 그 손으로 씌어진 문헌이 하나냐 하면, 그것도 아닙니다. 플라톤의 문헌은 여기저기 여러 군데에서 발견되었습니다. 그래서 어느 것이 진짜냐부터 문제입니다. 그러니까 우리에게 주어진 것은 사실은 손으로 씌어진 그 필사본이 직접적인 문헌이고, 지금 있는 4, 5종의 인쇄본은 우리가 읽기 쉽게 인쇄해 놓은 것일 뿐입니다. 여러 가지 판본이 나오는 것은, 여러 필사본들을 비교하고, 또 고대 사람들이 정리를 한 여러 자료들도 참조를 해서, 사람마다 이것이 바로 플라톤이 쓴 것이 아니겠느냐고 결정을 내린 것이기 때문입니다. 그런 문헌비판(text critic)을 통해서 판본이 주어지고, 그것이 인쇄되어서 읽기 쉽게 우리에게 주어지죠.

그런데 그 인쇄된 책을 읽어 보더라도 근본적으로 어떤 문제가 생기느냐 하면, 도대체 그 제목부터가 대부분이 사람 이름이죠. 가령 『티마이오스』, 『파이드로스』 등으로 되어 있습니다. 제목만 가지고는 뭐가 씌어져 있는지 모릅니다. 그런데 가령 『순수이성비판』을 보면, 제목이 딱 나와 있고, 장(chapter)이 나와 있어서, 그 내용은 안 읽어도 이것이 인식론이고, 어떤 내용이다 하는 것을 곧 압니다. 그러나 플라톤은 제목만 보고는 무엇이 씌어 있는지 모릅니다. 뿐만 아니라, 그 문장이 어디에서 끊어지는지도 모릅니다. 또 그 말도 전문용어(technical term)가 나오는 것이 아니라, 장사꾼 얘기, 농사, 기하학, 해전(海戰), 시(詩) 등 안 나오는 것이 없습니다. 그 말의 의미도 전문용어와 같이 일정한 것이 아니라, 사람들이 모여서 일상적으로 쓰는 그대로죠. 말의 종류에 있어서 아마도 희랍 사람들의 생활 전체를 포괄(cover)할 수 있을 정도의 구체적인 여러 가지 말들이죠. 그러니까 거기에 쓰여진 말들의 뜻이 무엇이냐를 알려면 우선 그 문헌에 나오는 말 하나하나의 의미를 알고, 또 도대체 이 말이 어디서 나온 말이냐를 여러 가지 다른 문헌과의 관계에서 조사를 해 봐야 합니다. 그리고 나서 비로소 그때그때의 문맥(context)에 따라 의미를 정해야 됩니다.

가령 로스(David Ross)는 대표적인 고전 연구자인데, 로스의 그 연구라는 것이 무엇이냐? 번역도 없고, 앞에 서문(introduction)을 썼는데, 사실은 그것은 제일 나중에 결과로서 쓴 것이고, 스테파누스(Stephanus)의 번호(고전은 장이 없으니까 스테파누스판의 쪽수로 각 구절을 지정합니다)에 따라 몇 줄에서 몇 줄까지는 무엇이 씌어져 있고, 몇 줄까지는 무엇이 씌어져 있고…… 등등으로 구분을 합니다. 그리고는, 거기에 나오는 용어들에 대해서 어휘 목록(glossary)을 답니다. 그런데 어휘 목록을 달려면, 예전의 고전학자가 많이 주석을 달아 놓았기 때문에, 그것을 전부 다 참고해야 돼요. 말의 해석의 역사가 있어요. 플라톤은 죽은 지 오래니 플라톤에게 직접 물어볼 수도 없고, 또 현대 희랍 사람이 고대 희랍어를 쓰는 것도 아니고, 결국 다른 고전 문헌 여러 가지를 봐서 어디에 어떻게 씌어졌더라 하는 것을 찾아내야 됩니다. 그래 가지고 또 어려운 구절이 있으면, 문헌학적(philologisch)으로 그것을 설명합니다. 이것은 플라톤에서 나온 말이다, 또 이것은 예전에 어떤 사람은 이렇게 해석했는데 그것은 잘못된 것이고 자기는 이렇게 해석한다, 등으로 설명합니다. 물론 철학이니까 철학적인 부분에 관해서는 고전만 해서는 안 되죠. 철학 일반에 대한 지식이 또 있어야죠. 가령 물리학적 문제에 대해서는 현대물리학이니 플라톤 물리학이니 다 알고 나서 주석을 달아야죠. 그러니까 그 주석과 요약(summerize), 그리고 뒤에 말에 대한 목록(index)을 정리해서 붙이는 것, 그것이 연구입니다. 그것이 아주 전형적(typical)인 연구죠. 그 해석 하나하나가 잘 됐냐, 잘못 됐냐 하는 것, 이것이 가장 큰 문제죠.

그런데 플라톤에는 사실 그런 주석이라는 것이 대개 산만합니다. 그리고 플라톤은 그런 어휘 사전(lexicon)도 없어요. 다만 현재의 발달한 컴퓨터로 어휘가 나오는 위치만 빼놓았습니다. 뜻은 없어요. 뜻은 붙일 수가 없죠. 왜냐? 어려운 대목에 가서는 말에 대한 연구자 자신들의 해석이 다르기 때문입니다. 그렇기 때문에 문제가 많죠. 그러니까 고전 연구, 특히 플라톤 연구라는 것은, 우선 문헌을 칸트의 『순수이성비판』처럼 무엇이 씌어졌느냐에 따라 구분하여 장을 붙이고, 그 말을 전부 확정하고, 그래서 읽을 수 있게 해결을 해 놓아야 됩니다. 그런 해결을 해 놓지 않고 플라톤에 대해서 논문을 썼다면, 그것은 남이 해결을 해 놓은 것을 보고 썼다는 얘기밖에 안 됩니다. 이 점이 근대나 현대 철학하고는 전혀 다르죠. 이러한 작업은 요컨대 데이터의 정리입니다, 학문적인 정리.

그렇게 해 놓고 보면 또 어떠냐 하면, 플라톤 철학은 너무나 애매하다는 것입니다. 우선 그 말의 용법이 문장 법칙에 안 맞는 것이 수두룩하고, 어려운 것은 십년 읽어도 해결이 안 됩니다. 고전 희랍어 자체의 문법이 어려울 뿐만 아니라, 플라톤의 어법 자체가 어려워서, 주석서가 없이는 우리 형편으로서는 공부를 할 수가 없어요. 주석을 쓴다는 것은 대가들이나 할 수 있는 일입니다. 과거의 플라톤 연구가들이 그 말에 대해 어떻게 해석을 했는가 하는 것을 전부 다 알아야 됩니다. 2천 년 전의 말이 무엇을 뜻하냐 하는 것은 현대로서는 대단히 어려운 문제입니다. 우선 확실한 것은 그러니까 애매하다는 것입니다. 이 대화편에서는 이 소리 하고, 저 대화편에서는 저 소리 하고 일정치가 않아요. 물론 거기에 어떤 일정한 것이 있긴 하지만, 대체적으로 혼란(chaotic)스럽죠. 사실 그것이 플라톤의 말인지 그 대화자의 말인지도 애매하고, 그 말 자체가 대화편으로 씌어져 있기 때문에 하나의 사건으로 성립하는데, 도대체 그것을 어떻게 이해할 것이냐 하는 것도 문제입니다. 그런 성격을 플라톤에 대해서는 부인할 수가 없습니다.

그러면 전혀 확실한 것이 없느냐 하면, 그것은 아니고, 대화편을 통해서 내용상으로도 확실한 것이 있죠. 있긴 있지만 소수라는 말입니다. 어쨌든 플라톤에 있어서 가장 확실하고 객관적인 것을 찾는다면, 그것은 문헌학적(philological)인 그 문체, 문장 쓰는 방법, 말 쓰는 용법입니다. 우리가 가령 문장의 의미 내용은 주관적으로 해석을 달리할 수가 있지만, 말을 쓰는 용법은 정해져 있기 때문에 어떻게 달리 해석할 길이 없습니다. 요컨대 기본적으로는 문헌학(Philologie)에 입각하지 않으면, 고전이라는 것은 공중에 뜬 학문이 되기가 쉽다는 것입니다. 고전은 기본적으로 전부 문헌학에서 출발하죠. 그것을 안 거치면 안 됩니다. 로스(Ross)판, 버넷(Burnet)판 등 판이 있다는 것은 서양의 고전학자들이 필사본을 문제삼는 것이지, 인쇄본을 문제삼지 않는다는 것입니다.

그런데 플라톤은 애매하기 때문에 어떤 문제가 생기느냐 하면, 대화편을 주석하는 데에 있어서, 학파마다 달라진다는 것입니다. 가령 신플라톤학파가 나오면 신플라톤학파들은 자기들 나름대로 주석을 달고, 신칸트학파가 나오면 신칸트학파는 자기 나름대로 그것을 해제하고, 또 헤겔이 나오면 헤겔은 헤겔대로 플라톤을 봅니다. 본다는 것은 즉 플라톤을 변증법적으로 정리한다는 얘기죠. 또 후썰의 현상학적인 입장에서 플라톤을 보는 사람도 있고, 요즘은 특히 영국 미국 같은 데에서 논리실증주의(logical positivism)적인 해석이 많이 나옵니다. 요컨대 그 기준은 그 사람들의 자기네 철학이죠. 거기에 맞춰서 플라톤을 보는 것이지요. 나쁘게 해석한다면, 플라톤에서 자기 자신의 논의거리(topic)를 찾아서 논의한 것이죠. 가령 논리실증주의적인 해석은 잘못하면 플라톤 책을 논리학 서적이나 언어분석 책으로 만들어 버리고 맙니다. 그러니까, 자기들이 적당히 논의할 수 있는 자료감이 되는 것을 잡아 가지고 논의한 것에 불과하게 됩니다. 그런 것이 플라톤을 이해하는 데에 전혀 도움이 안 되느냐 하면, 물론 도움은 되겠지요. 그러나 그것이 바로 플라톤의 철학이라 하면 문제가 생기죠. 플라톤이 전부 다 왜곡되어 버리죠. 그 사람들 대부분 논문이나 저술을 쓰는데, 가령 하이데거식으로 플라톤을 연구하든 논리실증주의적으로 연구하든, 고전학에서 자기의 견해를 주장하려면 결국은 주관적인 것으로는 안 되니까, 문헌학에 호소합니다. 그래서 가령 오웬(G. E. L. Owen) 같은 사람은 플라톤의 대화편을 아까 말한 문체론적 용법을 이용해서 자신의 주장을 관철시키려 하는데, 거기에 또 반론이 나옵니다. 그 반론에 또 반론이 나오고 하는 식으로 자꾸 논란이 계속됩니다. 요컨대 서양에서는 문헌학의 토대 없이는 고전 연구에서는 명함을 내밀 수가 없습니다.

대화편에서 객관적인 것이 무엇이냐? 그 사상은 우리가 주관적으로 해석할 수 있지만 한계가 있는 것이고, 그 문체나 말의 용법에 대해서는 전부 통계가 잡혀 있어서 어떻게 할 수가 없습니다. 그래서 그것 가지고 대개 연대도 정하고, 그러지요. 그러나 가령 플라톤의 『서한』에 대해서도 사람마다 다 견해가 다릅니다. 이건 진짜다, 이건 가짜다, 등등으로. 또 플라톤 문헌 자체에 대해서도 그렇습니다. 그러니까 플라톤의 원문이 100% 우리에게 주어지지는 않는 것이지요.

지금까지 한 얘기는 요컨대 고전의 학문 정신은 데이터에서 출발한다는 것입니다.[1] 그런데 우리가 서양의 학문을 이해하려면, 데이터에서 출발한다는 이 특징을 아무리 강조를 해도 부족합니다. 왜냐? 신화라는 것은 데이터가 없습니다. 데이터 없는 얘기를 합니다. 그런데 탈레스를 서양의 학문의 시조라고 하는 이유는, 그가 현재 자기에게 주어진 여러 가지의 사물, 거기에는 물도 있고, 생선도 있고, 불도 있고, 세계의 모든 것이 다 있는데, 그러한 자기에게 주어진 데이터의 총체 속에 있는 관계가 무엇이냐는 것을 비로소 최초로 반성해 본 사람이기 때문이죠. 그러면 플라톤은 어떠냐? 플라톤도 그 점은 마찬가지입니다. 그런데 사실 플라톤이라는 말도 지금 어떤 가정하에서만 쓰는 것이죠. 소크라테스는 "이것은 무엇이냐?" "What is it?"이라고 묻습니다. 그 'it'가 바로 데이터입니다. 우선 데이터가 있고 데이터가 데이터로서 그 자신이 가지고 있는 성격이 무엇이냐는 것을 물어보는 것입니다. 즉, 그 데이터가 'what'(무

---

1 고전적 학문 정신이 모든 학문은 데이터에서 출발한다는 것이며, 따라서 고전 연구 자체도 데이터에서 출발해야 한다는 것.

엇)이냐를 묻는 것이지, 그 데이터에 대해서 내 의견이 이렇다, 저 사람 의견이 이렇다 하는 것은 그만 두자는 얘기입니다. 모든 학문은 각각의 데이터가 있죠. 물리학은 물리학대로 물리 현상이 있고, 또 사회학은 사회학대로의 데이터가 있습니다. 데이터 없는 학문이라는 것은 도대체 희랍철학, 플라톤이나 아리스토텔레스에서는 생각할 수가 없습니다. 항상 데이터에서 출발합니다. 그래서 철학이란 모든 이론에 앞서서 데이터에서 출발하여, 그 데이터를 학문적으로, 어떤 철학 체계로 정리를 해 보고, 그리고 그것을 다시 반성해 보는 학문이죠. 모든 개별 과학이라는 것은 데이터가 가지고 있는 그 고유한 성격(quality) 때문에 여러 학문으로 나누어진 것이고, 그 데이터를 어떻게 정리하느냐에 따라서 또 나누어집니다. 음악은 음악대로, 사회학은 사회학대로, 논리학은 논리학대로 다 데이터가 있고, 수학은 수학대로, 정치학은 정치학대로의 각각의 데이터 위에 학문은 선다는 것입니다. 그 데이터가 만약 없다면, 그것은 공중에 뜬 어떤 주관적 견해나 사상이죠. 물론 그런 철학도 있을 수가 있습니다. 그런 것을 우리가 인생관이나 혹은 세계관이라고 말하죠. 그런 것들은 다 자기의 주관적인 견해일 뿐이죠. 그런 철학은, 희랍철학에서 본다면, 플라톤이나 아리스토텔레스 입장에서 본다면, 좀 곤란합니다.

그러면 도대체 플라톤에서 데이터는 어떤 성격을 띠고 있느냐 하는 문제가 나옵니다. 가령 아리스토텔레스하고 비교해 보면 대단히 흥미롭습니다. 아리스토텔레스는 사람이 있으면 그냥 사람이지, 늙은 사람, 누구 누구의 아들, 어디서 온 사람 등으로 말하지는 않습니다. 아리스토텔레스에서는 그냥 사람이에요. 왜냐하면, 아리스토텔레스에 있어서는 늙은 사람이니, 젊은 사람이니, 어디서 온 사람이니, 누구 아들이니 할 적에, 그 젊다느니, 누구 아들이니 하는 것은 전부 사람에 대해 우연적인 속성이기 때문에 학문에서는 별 가치가 없다는 것이죠. 그러니까 그런 것들을 다 빼버립니다. 다시 말하면 아리스토텔레스가 말하는 데이터라는 것은 벌써 아리스토텔레스의 체계(system)에 의해서 추상화된 데이터라는 것입니다. 근세 물리학에 대해서도 우리가 그런 말을 할 수가 있고, 베르그송에 대해서도 그런 말을 할 수 있고, 모든 다른 철학에 대해서도 그런 얘기를 할 수가 있습니다. 그러나 플라톤의 데이터는 그렇지 않습니다. 이 사람은 늙었는데, 이름은 무엇이며, 누구누구의 아들이고, 어디서 왔고, 무엇하러 온 사람이라는 등등으로 자세히 나옵니다. 다시 말하면, 고유명사의 입장에서 데이터가 주어집니다. 철학적인 데이터라는 것은 개별 과학적인 데이터와는 달리 모든 데이터의 총체를 의미합니다. 플라톤은 그 데이터의 총체에 접근(approach)할 때에, 우선 직접적인 어떤 역사적 사건으로서, 다시 말하면 우리의 추상적인 사고가 하나도 들어가지 않는 상태에서부터 데이터를 이해합니다. 그러니까 실제 여기 있는 개별적인 누구인데, 몇 살 먹은 사람이고, 누구의 아들이고, 돈이 있고, 서울대학교에 다니는 사람으로 나오지, 아리스토텔레스처럼 그냥 사람, 그냥 집, 그냥 개로 나오지 않습니다. 이것이 플라톤에 있어서의 데이터의 특징입니다. 이것은 모르긴 몰라도 내가 알기로는 거의 유일무이한 경우입니다. 철학에서 사실 고유명사를 사용해서 저술을 쓴 사람도 있죠. 그것도 기억이 나는데, 그러나 유명한 철학자로서는 그 점에 있어서 플라톤이 특별한 사람이에요. 플라톤에서는 데이터가 항상 시간과 공간 속에서 고유명사로 표기될 수 있는 구체적인 사람을 중심으로 해서 일어나는 어떤 사건으로서 있게 됩니다. 그래서 그 사람들이 어떻게 우연히 만나게 되어 가지고, 그 만나는 사람이 철학자이거나—무지렁이라면, 대화는 안 통하겠죠—그 당시의 지식인들, 엘리트들이죠. 그 만난 사람들의 종류에 따라서, 대화의 계기가 되고, 거기서 비로소 어떤 문제가 나오면, 이제 그것이 무엇이냐고 묻고, 거기에 대한 대답을 가지고, 그것은 그렇지 않고 이렇지 않느냐, 하는 식으로 자꾸 말이 진행되는데, 그 결과가 어디로 가냐는 것은 우리는 모릅니다. 읽어 봐야 알지요. 어떤 계획(plan)이 있는 것이 아닙니다. 또 플라톤 자신은 대화록에 한 번도 등장하지 않고, 그 이름만 『파이돈』편과 『소크라테스의 변명』에 한 번씩 나올 뿐입니다. 대체로 남이 말하는 것을 자기는 옆에서 듣고, 기록하는 식으로만 씌어져 있어요. 그런데 그 속에 들어 있는 데이터로서의 사람들이라는 것이 전부 구체적인 개인들입니다. 그러니까, 아테네에 사는 어떤 사람, 그런데 그 아테네는 어디에 있냐 하면 땅에 있고, 또 땅은 우주 속에 하나의 별로서 있고, 우주에는 또 다른 항성들이 있습니다. 플라톤의 우주론은 봉쇄적인 체계니까 우주도 하나의 고유명사입니다. 플라톤에게만 있으며, 고유명사로 지칭될 수 있고, 어떤 관계를 가지고 있는 하나의 사물이죠. 그러니까 그런 고유명사의 극한에서 본다는 것이 플라톤의 데이터의 특색입니다.

그 다음에 그 데이터를 정리하는데, 사실 대화록에 있는 것이 플라톤의 사상인지 아닌지 자세히 모르니까, 우선 플라톤 사상이라고 일단 가정하고 논의하지만, 그 내용이 대화록마다 다르지요. 아까도 말한 바와 같이 혼란스럽고(chaotic) 애매해서 일률적으로 말할 수가 없죠. 그러나 아리스토텔레스나 그 뒤에 나오는 근세 학문에 연관을 지었을 때, 하나의 전형적(typical)인 특성이 있는데, 그것은 '잰다'는 점입니다. 이렇게 한 자 두 자 잰다는 말이죠. 그러면 왜 재느냐가 문제입니다. 물론 플라톤에 이런 말이 씌어져 있는 것이 아니에요. 아까도 말한 바와 같이, 플라톤 철학이라는 것은 하나의 고유명사이고, 단 하나 있었습니다. 내가 지금 얘기하는 것은 플라톤 철학에 대한 해석이지, 플라톤 철학은 아닙니다. 플라톤이라고 하지만, 만약 플라톤이라는 말을 빼버리면 이것은 내 철학이 됩니다. 어쨌든 재는데, 왜 재느냐? 요컨대 데이터에서 우리에게 주어진 것이 연장성 속에 들어 있기 때문입니다. 직접적인 것은 연장성 속에 들어 있는 질(quality)이죠. 그런데 우리가 촉각으로 이렇게 만져 볼 때는 상관이 없지만, 시각으로 볼 때—특히 시각을 희랍 사람은 중요시합니다—인식에는 어떠한 가정이 들어갑니다. 우선, 인식의 주체자는 여러 가지여서, 개도 있고, 말도 있고, 소도 있지만, 그 주체자는 아무리 인식을 해도 주체자 자기 자신은 변하지 않는다는 가정이 하나 들어갑니다. 또, 대상도 우리가 어떠한 인식을 하든지 간에 변하지 않는다는 가정이 들어갑니다. 만약 인식하는 동안에 변해 버렸다면 인식하나 마나입니다. 변해 버린다면 그것은 우리가 인식이라 하지 않고, 행동이나 행위, 혹은 제작이라고 합니다.

그런데 가령 멀리 떨어져 있는 저 집의 높이가 얼마냐고 물으면,

어떤 사람은 10미터, 어떤 사람은 12미터 등 여러 가지 답이 나올 것은 분명합니다. 그 집은 우리의 감각기관을 통해서 눈에 비쳐 보이는데, 우리 눈에 비쳐 보이는 집의 상(像)은 2밀리미터나 1밀리미터 정도밖에 안 됩니다. 그런데 저 집을 인식하라는 것은 우리 눈에 들어 있는 상을 인식하라는 의미는 아닙니다. 상을 인식하라는 것이라면 모든 것은 2밀리미터밖에는 안 될 것입니다. 눈의 망막에 비친 상은 저 집이 우리에게 영향을 미친 결과 나타난 것일 뿐입니다. 그러나 우리가 저 집을 인식한다는 것은 저 집의 입장에 서서, 저 집을 저 집에 있어서 인식하라는 얘기입니다. 집의 자기동일성(identity)이 주어져야 돼요. 자기동일성이 주어지지 않으면 인식하나 마나입니다. 이 양극, 해결할 수 없는 이 양극 속에서 인식론이 성립하는 것이지요. 그러니까 우리가 2미터다, 10미터다, 5미터다 하고 말할 수 있으려면, 결국 그리로 가서 재는 수밖에 없습니다. 실지로 가서 재거나, 만약 잴 수 없으면, 재는 기계를 발명하는 수밖에 없습니다. 그러면 그 10미터라는 것을 우리가 어떻게 아느냐 하는 문제가 생기죠. 실제 아무리 눈으로 봐도 내 눈에 비치는 것은 1밀리미터, 2밀리미터의 길이밖에 안 되는데, 어째서 10미터라고 하느냐는 인식론적인 문제가 나옵니다. 가장 어려운 문제죠. 사실 플라톤이나 아리스토텔레스는 그런 것을 풀려고 하지 않죠. 우리 내부에서 일어나는 어떤 작용이나 기능만 고찰할 뿐입니다.

어쨌든 요점은 재지 않는다면 모든 사물에 대한 정확한 지식은 없고, 주관적임을 면할 수 없다는 것입니다. 사물을 정량적으로 재야 됩니다. 잰다는 것은 또한 그것이 되풀이될 수 있다는 것을 의미합니다. 재어진 것과 재어진 것 사이에 일정한 관계가 있고, 그것이 되풀이될 때, 우리는 그것을 법칙이라고 합니다. 당시에 있었던 그러한 학문이 바로 기하학이죠. 기하학은 땅을 잰다는 뜻입니다. 또 지금은 양을 가지고 얘기했지만, 모든 질(quality)에 있어서도 다 마찬가지예요. 데이터가 연장성 속에 들어 있다는 것은 다 같고, 다만 질을 잴 때에는 정도 차(degree)가 문제된다는 것만 다릅니다. 정도 차를 어떻게 정확히 잴 수 있느냐, 어느 정도 붉냐, 어느 정도 희냐, 어떻게 하면 더 흰색을 내느냐 등이 문제되죠. 하여간 그런 학문의 전형이 당시에는 기하학이었습니다.

기하학을 가지고 얘기를 해 봅시다. 예를 들어 (칠판에 그림 1을 그림) 각 변이 두 자인 이런 정사각형의 면적을 구하라는 문제가 있다고 합시다. 물론 우리는 쉽게 4평방자라고 답하겠죠. 그런데 우리에게 경험적으로 주어진 것, 다시 말하면 실제 우리에게 데이터로 주어진 것은 연장성 속에 들어 있고, 물리적 세계(physical world) 속에 들어 있습니다. 이 정사각형은 흑판 위에 하얀 색깔로 그려진 것이죠. 그래서 이것을 실지로 잽니다. 재어서, 이것의 면적은 이 단위 면적이 네 개 있는 것이라고 말합니다. 실지로 세어 볼 수도 있습니다. 그러나 또 하나는, (칠판에 2 × 2 = 4 라는 공식을 씀) 우리가 경험에서 발견하는, 언제든지 되풀이되는 것을 저렇게 수학적으로 추상적인 공간에서 법칙화해서 그것을 이용하여 잴 수도 있죠. 그러나 또 하나의 문제가 생겨요. 왜 정사각형의 면적을 내는데, 변을 곱한다는 법칙이 성립하느냐 하는 문제예요. 직각사각형의 변을 곱하면 그 면적이 나온다는 것은 언제든지 되풀이되니까 하나의 법

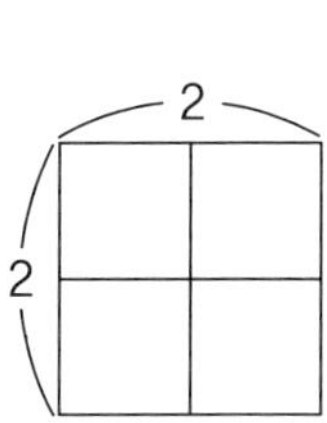

그림 1

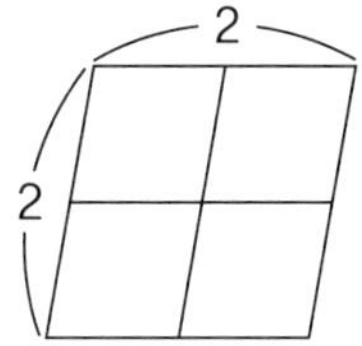

그림 2

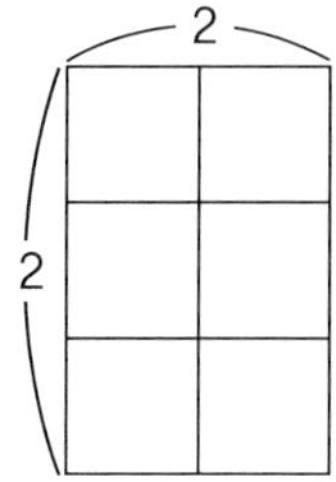

그림 3

칙으로 성립하는데, 그 근거가 어디에 있냐는 것입니다. 가령 (칠판에 그림 2를 그림) 이런 사다리꼴의 경우는 변과 변을 곱해도 면적이 나오지 않는다는 것은 분명합니다. 그것은 우리가 재어서 합해 보면 압니다. 이 경우는 그 높이를 곱해야 면적이 나오죠. 또, 한 변은 두 자고 한 변은 석 자인 이런 직각사각형은 6평방자가 됩니다(그림 3).

그러니까 문제는 그것이 직각사각형이라는 데에 있습니다. 물론 플라톤은 이런 말을 하지 않지만, 만약 플라톤적인 입장에서 그것을 설명하자면 수직이라는 데에 그 요체가 있다는 것입니다. 수직이란 공간에 있어서 반대되는(opposite) 것을 찾았을 때, 공간을 반대되는 부분으로 나누었을 때 성립하는 것입니다. 그것은 즉, 수직하는 두 직선은 공통점이 하나도 없다, 그러니까 그것을 곱하면은 그들이 둘러싸고(cover) 있는 면적은 하나도 빠지지 않고 나온다는 이론입니다. 그렇게 해석할 수가 있어요(플라톤이 그런 얘기를 한 건 아니에요. 내가 지금 그렇게 해석하는 것이지). 요컨대 플라톤의 입장에서는 변을 곱하면 면적이 나올 수 있다는 법칙은 수직각이라는 그

도형의 형태 때문이라는 것입니다. 도형의 형태가 그것을 요구한다는 겁니다. 그 도형의 형태를 우리가 형상(eidos)이라 합니다. 도형의 형태가 다르다고 해 봐라, 면적을 달리 구해야 될 것 아니냐, 하는 입장이죠. 그러니까 형상이라는 것은 여러 가지 뜻이 있어요. 그래서 플라톤에서는 형상이 무엇인가를 말하려면, 대화편에서 형상이라는 말을 전부 찾아내야 됩니다. 그래서 그것을 전부 분류(classify)해서 이 대목은 이 말이고, 이 대목은 이 말이고…… 등등으로 밝혀야 됩니다. 그래야 플라톤 철학이 되는 것이지, 그냥 형상 일반이라는 것은 의미가 없습니다. 구체적(concrete)인 문맥(context) 속에서 그 의미가 무엇이냐는 것을 밝혀내야 돼요. 그렇지 않고 그저 추상적(abstract)인 형상(eidos)이라는 것은 플라톤에는 없어요. 그 문맥 속에서 말 하나하나가 다 달리 있을 수 있다는 얘깁니다.

그러면 이렇게 물리적 세계(physical world)에서 재는 사각형과 수학적인 차원에서, 기하학적인 차원에서 법칙적으로 잰 사각형, 그리고 형상으로서의 사각형이 어떤 차이가 있느냐 하는 것이 문제죠. 사각형이 어디서 성립하냐는 것입니다. 변에다 변을 곱하면 면적이 나온다는 법칙으로서의 원인과, 그것을 설명해 주는 원인은 다릅니다. 이것을 구별해야 됩니다. 가령 인과법칙으로 설명하여 설명이 되면 그것은 인과법칙으로서 사실상 성립합니다. 그러나 왜 인과법칙으로 설명되느냐는 것을 설명해 주는 근거는 전혀 다른 문제입니다.

여기서 우리는 공간이라는 것이 무엇이냐는 것부터 이해를 해야 돼요. 플라톤 철학을 이해하기 위해서도, 그 뒤의 철학을 이해하기 위해서도 이것은 기본적인 문제입니다. 공간은 시간하고 대립이 되는데, 시간은 운동이 있어야 돼요. 그런데 여기서 문제되는 것은 질(quality)입니다. 제일 성질(first quality)은 공간이 가지고 있는 질이죠. 그런데 공간이라는 것은 항상 정지해 있는 것, 구별되는 것, 이것은 여기에 있고, 저것은 저기에 있다고 구별될 수 있는 것들에만 씁니다. 여기에 있다, 저기에 있다는 것은 무엇으로 아느냐 하면, 여기에 있는 사물의 질과 저기에 있는 사물의 질이 다르거나, 또 그 양쪽을 다르게 하는 질이 중간에 있기 때문입니다. 질이라는 것은 각각 서로 다른 것을 말합니다. 다른 것을 질이라고 하지, 같은 것은 질이 아니라 양이라고 합니다. 그런데 질이 각각 자기동일성(identity)을 가지고 있으면 운동은 성립하지 않습니다. 운동이라는 것은 따라서 질이 연결되어야만, 묶여져야만 성립합니다. 그러니까 한마디로 말해서 시간, 운동이라는 것은 질의 연속 과정, 연결되는 과정이라고 얘기할 수 있습니다.

플라톤에 있어서 데이터는 시 · 공간 속에 들어 있는데, 만약에 운동이 빠진다고 해보자. 그러면 질들은 모조리 연결에서 떠나서 전부 흩어집니다. 흩어져서 그 자체 전부 유(有)로 됩니다. 그런 것을 우리가 보통 분석이라고 하죠. 희랍어로 'analysis'(분석)란 'ana-', 즉 위로, 되돌려서(zurück), '-lyo', 즉 풀어 놓는다는 뜻입니다. 그 분석이라는 말은 플라톤에서는 안 나오고—'lyo'라는 말은 나오지만—아리스토텔레스의 논리학에서 나오는 말이에요. 그 뒤에 그 말을 여러 학자들이 자기 마음대로 쓰는데, 그 기본 의미는 '풀어서 돌려 준다', 또는 '자기 본성대로 놓는다'는 뜻입니다. 운동에 있어서는 우리의 인식의 대상인 질이 전부 묶여져서 무엇이 무엇인지 모르게 됩니다. 그러니까 시간이 공간과 관계를 맺고 있는데, 거기서 운동을 빼버리자는 것입니다. 그러면 그 속에 들어 있는 질은 전부 풀어져서 자기 자신의 동일성(identity)을 찾게 됩니다. 그런데 이 물리적 세계는 전부 질로 꽉 차 있습니다. 물론 거기에는 양도 들어 있죠. 아까도 말한 바와 같이 연장성 속에 들어 있으니까. 어쨌든 물리적 세계는 질로 꽉 차 있는데, 그것들을 묶어 주는 것이 바로 운동이라는 그 요소입니다. 그러니까 운동을 다 빼버리면 이 물리적 세계 속에 들어 있는 모든 질은 전부 다 흩어져서 나와 버립니다. 그러니까 지금 여기 물리적 세계에서 주어진 사각형에는 제이 성질(secondary quality)도 들어 있고—제이 성질이 들어 있지 않으면 선을 그을 수도 없습니다—제일 성질(first quality)도 들어 있고, 모든 질이 다 들어 있습니다. 그것을 수학적 공간에서, 기하학적 공간에서 취급하는 것이 기하학입니다. 그러면 정의의 대상, 즉, 다시 말하면 형상(eidos)으로서의 사각형은 어디서 성립하느냐, 그 말이에요. 기하학적 공간에서 성립하는 사각형은 얼마든지 되풀이 될 수 있지만 형상으로서의 사각형은 되풀이될 필요가 없죠. 하나예요. 다시 말하면, 유클리드기하학에서 말하는 것처럼 똑같은 것은 합동해서 하나가 되는데, 바로 하나가 되었을 때 거기에서 공간은 끝납니다. 왜냐하면, 공간이라는 것은 둘 이상이 있어야 성립하는 것이기 때문입니다. 공간이란 두 개 이상의 질을 연결시켜 주는 하나의 연속성입니다. 물론 각각 다르게 구별하면서. 그러니까, 형상으로서의 사각형은 공간이 끝나는 곳에서 단 하나로서 성립하고,

그것을 우리는 즉자적으로 존재한다고 합니다.

그러면 공간은 어디서부터 시작하느냐? 운동과 갈라지는 데에서부터 시작합니다. 그러나 실제 있는 사물은 운동과 결합되어 있지 않느냐? 물론 그렇죠. 실제 있는 사물은 운동과 결합되어 있고, 그것이 어디서 시작하고 어디서 끝나는지를 모르는 상태에서부터 공간이 시작됩니다. 그것을 유동(flux)의 상태라고 말합니다. 그러니까 유동에서는 운동이 어디서 시작되고 어디서 끝나는지 모르지만, 또한 동시에 공간도 어디서 시작되고 어디서 끝나는지 모르는 것입니다. 그러한 유동 속에서 공간이 운동과 뭉쳐져서 어디서 어디까지가 공간이고 어디서 어디까지가 운동인지 모르는 상태로부터, 공간과 시간이 점점 분리되어 나갑니다. 그래 가지고 형상(eidos) 자체에 이르르면 운동은 완전히 빠집니다. 즉, 운동이 공간 바깥으로 나가 버립니다. 완전히 나갑니다. 완전히 나가서 운동은 운동이요, 공간은 공간이다, 그렇게 구별되어 나옵니다. 그 때, 형상이 딱 나옵니다. 안 움직이는 것으로서. 형상은 움직이지 않는 것입니다.

그 사이에 무수히 많은 공간이 있습니다. 가령 기하학을 봐도, 유클리드기하학도 있고, 데카르트적인 해석기하학도 있고, 리만기하학과 같은 비유클리드기하학도 있고, 얼마든지 많습니다. 그런데 비유클리드기하학 공간이란 운동의 흔적이 들어간 공간이고, 그 공간은 그 흔적에 의해서 상대화됩니다. 유클리드기하학은 요컨대 모든 운동을 빼는 데에서 성립합니다. 그러니까 유클리드기하학이 희랍에서 학문에 기여한 바는 대단히 큽니다. 왜냐하면, 아까도 말한 바와 같이 철학이라고 하는 것은 모든 데이터를 취급해야 하는데,

그러려면 모든 데이터가 들어가는 공간이 있어야 한다는 것은 분명합니다. 그런데 모든 데이터가 하나의 공간 속에 들어갈 수 있느냐 하는 문제가 생깁니다. 사물 중에는 우리에게 직접적으로 인식이 되는 것도 있고, 안 되는 것도 있습니다. 가령 운동이니 시간은 우리에게 직접적으로 인식이 안 됩니다. 그러면 어떻게 할 것이냐? 사물을 정의(定義)한다는 것이 문제 해결의 핵심입니다. 정의란 형상(eidos)의 성격을 규정하는 것입니다. 그런데 그 정의한다는 것이 사실 어려운 일입니다. 왜냐하면, 정의는 그 형태가 가지고 있는 모든 기능을 전부 기술해야 할 텐데, 과연 그 기능을 전부 기술할 수가 있느냐 하는 문제가 생기기 때문에, 나중에 가서는 가정(hypothesis)이라고 하죠. 그런데, 철학이 모든 데이터를 취급하려면 모든 데이터가 들어가는 공간이 있어야만 하는데, 모든 것을 정의해 버리면 모든 것은 동일한 공간 속에 들어갈 수 있다는 것입니다. 그러고 나면 거기서 모든 데이터의 일반적인 성격이 무엇이냐 하는 것을 정의할 수 있다, 즉 가정할 수 있다는 것입니다.

그러면 이제 모든 데이터가 동일한 공간 속에 들어갈 때에 그 일반적인 성격을 무엇이라고 정의할 것이냐 하는 문제가 나옵니다—지금 말하고 있는 것은 전부 나의 플라톤 해석입니다—플라톤의 입장에서는 요컨대 무(無)가 아니라는 것입니다. 우선 데이터가 성립하려면 그것은 어떠한 데이터이든지 간에 있어야지, 없는 것은 데이터가 될 수 없다는 얘깁니다. 플라톤이 말한 대로 무는 없다, 그러니까 데이터는 있다는 것입니다. 그것을 존재(ousia)라고 합니다. 무가 아닌 것, 어떤 의미에서도 무가 아닌 것은 무엇이냐 하고 물을 때, 우리는 그것을 존재라 말하죠. 그런데 무와, 어떤 의미에서도 무가 아닌 존재 사이에는 단절이 있고, 그 양자는 모순관계에 있죠. 그러니까 학문이라는 것은 데이터를 취급할 때 언제든지 모순을 회피하라는 것입니다. 그 말은 사실은 데이터 속에 모순이 들어 있다, 그러나 그 모순을 회피하라, 그것이 첫째 조건이다, 하는 말입니다. 여기서부터 출발합니다. 만약 모순을 회피하지 않아 봐라, 그러면 곤란하다, 학문은 하나 마나다, 이론을 세우나 마나다는 것입니다. 모조리 여기서 출발해요. 출발점이 여깁니다.

존재와 무 사이에는 단절이 있고, 양자택일이죠. 공존할 수 없습니다. 그런데 우리의 데이터라는 것은 여러 가지로 갈라져 있거든요. 다르단 말이에요. 가령 기하학을 본다면 삼각형이라도 예각삼각형이 있고, 직각삼각형이 있고, 모두 다 다릅니다. 그러면 우리는 왜 이 삼각형은 저 삼각형과 각이 다르냐는 것을 측정하는 것이 아니라, 그 이유를 물어야 됩니다. 항상 존재론(ontology)은 원인론(aitiology)입니다. 이유를 물어야 돼요. 삼각형이라는 점에서는 같은데 왜 각이 달라지느냐? 또, 삼각형이나 사각형이나 다 도형인데, 도형이라는 점에서는 같은데, 왜 하나는 삼각형이고, 하나는 사각형이고 하나는 오각형이 되느냐, 그 달라지는 이유는 무엇이냐? 아니, 그뿐만 아니라 왜 도형도 있고 도형 아닌 것도 있고, 입체도 있느냐? 입체 중에서 가령 어떤 것은 사람이고, 어떤 것은 생물이고, 어떤 것은 기하학적 입체이고, 어떤 것은 물리적 입첸데, 왜 이렇게 여러 가지로 갈라지느냐? 그 갈라지는 차이(difference)가 나오는 이유는 무엇이냐? 그 원인이 무엇이냐? 그렇게 묻죠. 그러니까 그 다름 일반의 원인을 찾자는 것입니다. 가령 우리가 어떤 사물을 A라고 하고, 어떤 사물을 non-A라고 해 봅시다. 그러면 그 A와 non-A를 구별해 주는 요인은 A도 아니고 non-A도 아닌 것임은 분명합니다. 우리의 데이터라는 것은 항상 차이를 갖고 있는 것이거든요. 그 차이의 원인이 무엇이냐? 그것은 바로 모순이 아닌 것, 즉 존재도 아니고 무도 아닌 것입니다. 모순율에서 출발하니까, 우리는 헤겔처럼 존재와 무가 합쳐진 것이라는 따위의 얘기는 안 합니다. 존재도 아니고 무도 아닌 것, 요컨대 그것만 가지고 출발합니다.

그러니까 다름의 원인은 존재도 무도 아닌 것인데, 희랍어에서는 'apeiron'(무한정자)라고 합니다. 무한정자는 모순율에서처럼 단절이 없으니까 연속이 있고, 또 무규정적(indefinite)입니다. 왜냐? 무도 아니고 존재도 아니니까, 어떻게 규정할 수 없다는 얘기예요. 그것에 대해서 존재는 한정적(definite)인 것으로 나타나고, 또 비연속성을 갖게 됩니다. 그런데 모순율에 있어서의 존재[2]라는 것은 언제든지 배타적이니까 하나입니다. 그런데 그 하나가 다른(different) 것에 나타날 때에는 반복해서 나타날 수도 있고, 한 번 나타나는 것이 아니라 여러 번 나타날 수가 있습니다. 단 차이를 가지고. 그럴 때에 그 존재의 성격을 동일성(identity)이라고 합니다. A를 하나의 존재라 했을 때, 그것이 여러 다른 것들에 나타나면 A는 A 자신이 가지는 일자성은 변하지 않지만 B, C, D, E, F에서 차이를 가지고 나오죠. 그럴 적에 공간에서는 그것을 반복이라 하죠. 그러

2 무를 회피한 존재, 즉 무에 대비되어 드러나는 완전한 존재.

니까 반복한다, 여기에 사람들이 반복해서 있다는 것은 사람으로서의 동일성(identity)이 있다는 얘기예요. 우리가 사진을 붙이고 신분증(identification card)이라 하는 것은 그 사진에는 본인하고 어딘가 같은 점이 있다는 얘기죠. 되풀이된다는 겁니다. 그러나, 그 다름(difference)이라는 것은 어떠한 성격을 가지고 있느냐 하면, 모순하고는 달라서 점점 다름의 정도(degree)를 극대화시키면 반대적(opposite)인 것이 되고, 반대인 것은 모순으로 갑니다. 그러나 다름은 반대가 아니에요. 그 다름의 이면에는 어딘가 또 닿는 데가 있다는 얘깁니다. 그러니까 다름의 성격 자체가 공존과 비공존의 양면을 지니고 있죠. 그래서 비공존에서 나타날 때에는 시간이라고 하고, 공존에서 나타날 때에는 공간이라고 합니다. 그러니까 요컨대 어떤 것이 무한정자(apeiron)에서 나타나는 것은 항상 시간과 공간과 함께 나온다, 다름(difference)을 통해 나올 때에는 항상 시간과 공간이 동시에 다 나온다고 알아 두면 좋겠습니다.

그 다음에 플라톤은 이러한 형식적 존재론(Ontologie)을 가지고 이 세상에 있는 다른(different) 사물들의 질서를 찾으려고 합니다. 그런데 질서라는 것은 어떤 것 하나만 똑떨어져 있으면 성립하지 않고, 연속적인 사물에서만 있습니다. 그리고 기본적인 것은 순서지요. 그런데 동일성(identity)과 다름(difference) 사이에는 정도(degree)의 차이가 있습니다. 그것은 동일성이 연속적이어서 점점 줄어들 수 있기 때문입니다. 플라톤은 그러니까 그 정도의 차이를 가지고서 이 우주의 질서를 전부 한번 정리해 보자는 것입니다. 그래서 쓴 것이 그 사람의 우주론인데, 물론 그렇게 하기 위해서는 여러 가지 가설이 들어가죠. 그 우주론이 아테네의 역사, 그 발전사로 연결이 됩니다. 『티마이오스』 편이라는 우주론은 아리스토텔레스나 그 뒤의 근세철학을 이해하기 위해서는 아주 기본적인 책입니다. 물론 다른 책도 중요하지만.

그런데 어떤 문제가 생기냐 하면, 시간과 공간이라는 것은 반대되는(opposite) 것이어서 동시에 설명할 수가 없다는 겁니다. 이것이 플라톤 철학의 난점입니다. 실지로 사물이 성립하려면 플라톤이 말한 것처럼 반드시 동시에 시간과 공간 속에서 사물의 동일성(identity)이 나와야 하지만, 그 두 개의 동일성이 반대되기 때문에 어떠한 관계를 가지고 있느냐에 대해서 알 수가 없다는 겁니다. 점점 경험적인 세계로 내려가서 관계를 맺으면 어느 정도는 압니다. 그러나 궁극적으로는 모른다는 겁니다. 그러니까 그 사람이 이 우주를 논할 적에 자기가 하는 것은 하나의 우화(fable), 이야기(mythos)라고 합니다. 다시 말하면 우주에 대해서 우리는 다는 모른다는 얘기예요. 우리 학문 가지고 다는 모른다는 겁니다.

그렇다면 형상(eidos)의 일반적인 척도만 가지고 설명해 보자, 그러면 반대되는(opposite) 것이 없어지니까, 모든 것이 깨끗이 드러나지 않느냐 하는 것이 아리스토텔레스입니다. 형상-질료 이론(form-matter theory)이죠. 그 대신 운동은 반대의 것이니까 종속되죠. 움직이지 않는 것에 종속됩니다. 그것이 아리스토텔레스의 목적론이에요. 어떻든 플라톤이나 아리스토텔레스의 형이상학, 존재론, 우주론에서 이야기된 것은 어떤 결과를 가지고 오느냐? 지금 우리가 존재론(Ontologie)이라는 말을 쓰지만, 사실 그 말은 플라톤에는 없습니다. 존재론이라는 것은 추상적이지만, 사실은 그렇게 함으로써 우주의 각 사물의 기본적인 자리매김(classification)이 거기서 가능하고, 우주 내부에 있어서의 각 사물의 위치를 정의(definition)의 차원에서 정하려는 것이에요. 그러니까 정의의 차원에서 각각의 개별 과학이 완성될 때에 비로소 존재론은 완성된다는 결론이 나옵니다. 그래서 철학은 백과사전(encyclopédie)이 됩니다. 아리스토텔레스고 플라톤이고 철학은 'all-wissen', 모든 것을 알려고 하는 것을 궁극적인 목적으로 삼습니다. 물론 그것은 이론상으로만 가능하지 실지로는 불가능합니다. 아리스토텔레스의 입장에 서면, 그의 가정(hypothesis)을 놓고 나가면, 어떤 것은 풀리는데, 또 어떤 것은 안 풀립니다. 그러나 좌우간 희랍에 있어서 개별 과학의 성립이라는 것은 일반론인 존재론이 선행했다는 것을 우리가 꼭 알아둬야 됩니다. 이건 꼭 알아 둬야 됩니다.

그 다음에, 그러한 종합적인 철학을 누가 계승했느냐 하면, 예전에 플로티누스학파도 있긴 하지만 대표적인 것은 스콜라철학입니다. 예컨대 13세기의 토마스 아퀴나스의 철학은 아리스토텔레스의 철학을 받아들인 종합적인 철학입니다. 스콜라철학에 대해서 아무래도 조금 얘기해야 되겠습니다. 스콜라철학은 학원 철학으로서 지금까지도 서구라파에 강대한 힘을 가지고 있기 때문입니다. 게르만 민족이 침입해 들어올 적에, 그 사람들은 미개인이니까 스스로 데이터를 다룰 수가 없었습니다. 스스로 데이터를 다룬다는 것은 성숙된 지능을 가진 사람만이 할 수 있는 것이지, 그렇지 않은 사람들은 할 수가 없습니다. 국민학교 학생들은 스스로 데이터를 다루지 못

하니까 선생이 하라는 대로 배웁니다. 바로 그런 과정이 중세 초기에 시작됐죠. 그러니까 국민학교에서 가르치듯이 우선 예전에 있었던 희랍이나 로마의 학문을 가르치는 것이죠. 지능이 성숙되면 스스로 데이터를 다뤄야만 될 텐데, 스콜라철학은 데이터를 다루지 않습니다. 데이터를 다루는 사람은 대체로 공학자, 가령 다리를 놓는 사람이나 건축가, 연금술사 같은 사람들이었죠. 그 사람들은 실지로 데이터를 가지고 싸우는 사람들이죠. 학원이라는 것은 인간이 만들어낸 하나의 제도입니다. 그리고, 그 학원 속에서의 학문은 교수와 학생 사이의 가르침에 기초합니다. 그리고 교수는 강의 계획(plan)이 있어서, 그 계획에 따라 학생들에게 가르치죠. 그런데 학원이라는 것이 인위적인 제도이기 때문에, 그 학원을 세운 사람, 학원을 지배하는 사람, 학원을 지배하는 어떤 사회적인 최고의 기능에 의해서 지배를 받습니다. 중세기에는 그것이 로마법왕이죠. 로마법왕이 이것을 가르치라고 하면 그 학원은 전부 로마법왕에 의해 지시된 철학을 교과과정(curriculum)으로 짜서 가르칩니다. 그러니까, 백 년 가도 천 년 가도 가르치는 방식에 있어서 똑같은 것을 되풀이한다는 결과가 나옵니다. 학원 철학은 요컨대 주입식이며, 나쁘게 말하면 일종의 세뇌 작용이죠. 그러니까 폐쇄적이죠. 요컨대 데이터는 취급하지 않습니다. 아리스토텔레스는 데이터에서 출발해서 어떤 이론을 끄집어냈지만, 스콜라철학자는 데이터는 취급하지 않습니다. 어떤 과학사에 보면, 스콜라철학자는 가령 말 이빨이 몇 개냐고 물으면, 실제 가서 말의 이빨 수를 세 보지 않고, 아리스토텔레스의 책을 봐라, 그러면 거기 있을 것이 아니냐고 한답니다. 데이터는 취급하지 않습니다. 데이터는 망각하고, 어떤 일정한 계획에 의해 짜여진 교과서를 배워 가지고, 얼마나 이해했느냐, 네가 잘 이해했냐, 내가 잘 이해했냐, 자꾸 토론을 하지요. 말로 증명을 해야 됩니다. 그래서 거기서 논리학이 발달합니다. 본래 논리학은 말로 증명할 때, 즉 논증(argument)할 때 생긴 겁니다. 희랍 사람들은 자꾸 논쟁하거든요. 플라톤 대화편이 전부 토론 아닙니까. 그런데 아리스토텔레스는 실증과학자라, 말로 해봤댔자 무슨 소용이 있느냐, 데이터가 증명을 해야 한다고 생각합니다. 그래서 데이터를 직접 취급하는 학문과 말로써 증명하는 학문을 완전히 구별해서, 말로써 증명하는 학문은 학문에 넣지 않아 버렸죠. 현재 우리로서는 좀 편협해 보이지만, 이를테면 그만큼 자신만만하다는 얘기지요.

그런데 점점 중세기 문화가 발달하면서, 데이터를 취급하는 능력이 발달하고, 여러 가지 기구도 발달되면, 스콜라철학의 결론이 의문시되죠. 맨 먼저가 천체에 관한 운동이죠. 왜냐하면 천체의 운동이 가장 거시적이어서, 그 당시로서는 가장 알기 쉬웠으니까요. 거기서 결정적인 사람이 갈릴레오지요. 왜냐하면 망원경으로 실지로 봤거든요. 보니까 아리스토텔레스가 말하는 천체하고는 전혀 다르더라는 것입니다. 스콜라철학에서는 데이터는 취급않고 자기들끼리만 자꾸 대전제, 중전제, 소전제 놓고, 서로 싸우고, 얘기를 논리정연하게 하고, 그러는데, 갈릴레오의 입장에서 보면 그건 전부 헛소리라는 얘기죠. 갈릴레오는 공학을 한 사람이고, 또 나침반도 만들어내고, 플라톤 · 아리스토텔레스 철학도 물론 공부했지만, 인문주의(Humanism)의 부흥과 더불어 아르키메데스를 공부하고, 그리고 유클리드기하학을 공부했어요. 요컨대 갈릴레오의 선생은 아르키메데스하고, 유클리드기하학하고, 플라톤, 이 셋이라 하죠. 그러니까 스콜라철학자들이 말 가지고 자꾸 이러쿵저러쿵하는데, 그것 다 소용없고, 자기는 아르키메데스가 실지로 실험을 해 본 것처럼, 실제 한번 데이터에 의해서 실험을 해서, 검증을 해 봐야만 속이 풀리지, 그렇지 않으면 안 풀리겠다는 거죠. 그래서 피사의 탑에 올라가서 낙하운동 실험을 했습니다.

아리스토텔레스의 물리학은 질의 물리학입니다. 물리학이란 것은 운동을 다룹니다. 존재가 운동하는 한에 있어서의 학을 물리학이라고 합니다. 물리학은 학문이니까 운동의 자기동일성(identity)을 취급하죠. 그래서 아리스토텔레스는 불가불 형상이 사물의 운동의 자기동일성을 준다고 합니다. 그런데 아리스토텔레스에 의하면 지상에 있는 물질과 하늘에 있는 물질은 형상이 각각 다르니까 다른 물리학이 나올 수밖에 없다는 것은 당연한 결론이죠. 그런데 갈릴레오가 과연 그런지를 망원경으로 보니까 그렇지 않더라는 것입니다. 그 때문에 로마교황청에 의해서 박해를 받았는데, 그것은 요컨대 학문을 학원에다가 정착시킬 것이냐, 데이터에다가 정착시킬 것이냐는 문젭니다. 그래서 아리스토텔레스의 운동론이 과연 옳은지, 아리스토텔레스가 말한 것처럼 운동이 과연 그 형상(form)에 의해서 결정되는 것인지를 피사의 탑에 올라가서 낙하운동을 통해서 실험을 해 보았습니다. 실험을 해 보니까 우리가 무겁다거나 가볍다고 하는 사물의 형상에 의해 운동이 달라지지 않더라는 것입니다. 사실 문헌을 보면 좀 애매한 데도 있어요. 아리스토텔레스가 그런 얘기 안 했다는 소리도 있고요. 어쨌든 방해물이 없으면 가속도로 떨어진다는 정량적인 법칙을 이 사람이 발견했죠. 그러니까 이 실험 하나로써 중세 스콜라철학은 완전히 무너진 것이죠. 그렇다고 해서 가톨릭 세계가 무너진 것은 아니지만, 요는 그의 이야기는 증명되어 버렸죠.

그 다음에, 갈릴레오는 유클리드기하학과 같은 수학을 공부한 사람인데, 유클리드기하학이라는 것은 우리 물리적 세계(physical world)에서 잰 것이 곧 이론화될 수 있고, 이론적인 것이 곧 증명될 수 있는 학문이죠. 아까도 말한 바와 같이, 공간은 유동(flux)에서부터 운동이 완전히 빠져서 형상(eidos)이 성립하는 공간에 이르기까지 나누어지면서도 모조리 연속이 되어 있습니다. 바로 이 연속성은, 추상적인 이론이 물리적 세계에서 검증될 수 있는 근거이고, 또 물리적 세계에 있는 여러 사건들이 추상적인 법칙으로 추상화될 수 있는 근거입니다. 갈릴레오는 물론 학문하는 사람이니까, 실지로 낙하운동 법칙을 확립함으로써, 유클리드기하학과 같이 증명될 수 있고 정확한 물리학을 세워서, 이 지상에 있는 운동을 가지고 천체운동까지 전부 다 한번 설명해 보자는 것입니다. 그것이 뉴턴물리학으로 이어집니다. 그러니까 근대 학문의 개조자는 갈릴레오이고, 그 주도권(leadership)은 물리학이 가지게 되었습니다. 갈릴레오와 더불어 어떤 결과가 나오냐? 아리스토텔레스의 천체나 플라톤의 천체는 비슷하고, 형이상학과 관계를 맺고 있는데, 그 아리스토텔레스, 플라톤의 천체가 다 무너지게 됩니다. 오직 형이상학적인 부분만 안 무너집니다. 단, 플라톤은 우주론을 쓸 때에 수학이나 기하학을 사용했고, 아리스토텔레스는 질적인 우주론을 내세웠는데, 근세 철학은 그러니까 아리스토텔레스에서 플라톤으로 넘어간 셈입니다.

근세철학은 이제 갈릴레오, 뉴턴물리학에 대해서 어떤 태도를 취하느냐에 따라서 그 중요한 진로가 정해집니다. 그런데, 데카르트를 봅시다. 데카르트는 뭐든지 의심스럽다는 것이죠. 그것은 요컨대 유동 이론(flux theory)에서 출발하기 때문에 그렇습니다. 인식론이라는 것은 일단 어떤 존재를 가정(hypothesis)으로 놓고, 이런 인식이 성립했다는 사실(fact)이 데이터로서 주어지면, 그것을 이론적으로 정리해 보는 것입니다. 물론, 사람이 인식하냐, 개가 인식하냐, 말이 인식하냐에 따라 주체자가 여러 개 있을 수 있죠. 그런데 데카르트는 회의를 했습니다. 그것은 유동 이론에서 출발하기 때문에 그렇습니다. 아리스토텔레스는 유동 이론에서 출발하지 않았으나, 플라톤은 유동 이론에서 출발합니다. 또 플라톤의 인식론도 거기에서 출발합니다. 그래 가지고 경험을 내부에서 정리해서 다시 검증해 보자는 것이 『테아이테토스』편의 줄거리인데, 그런 맥락에서 볼 때 데카르트나, 흄이나, 칸트나 전부 다 플라톤의 영향을 받고 있는 것은 틀림없습니다. 그러나 만약에 그 당시에 고전물리학만 있는 것이 아니라 현대물리학도 있어서, 가령 하이젠베르크의 불확정성원리처럼 미세한 세계에 있어서도 꼭 정확한 것은 아니지만 측정할 수 있다는 것이 알려져 있었더라면, 데카르트는 혹 인식론을 하지 않았을런지도 모릅니다. 또 진정으로 데카르트가 철학자였다면, 가장 확실한 것은 먼저 의심스러운 것이 나에게 인식된다는 그 사실 자체임을 깨달았어야 합니다. 의심스러운 것이 인식된다는 것은 어떻게 해서 가능하냐는 이 문제를 먼저 풀려고 했어야죠.[3] 그래야 인식 문제가 됩니다. 그런데 그건 하지 않고 도피해 버렸습니다. 어디서? 데이터로부터 도피합니다. 데이터를 데이터로서 취급하지 않습니다. 'science'(학문)이란 말은 나전어의 'scire'(알다), 'scientia'(앎)에서 나온 말인데, 그 말은 우리의 주관적인 어떤 견해나 생각, 자의적(arbitrary)인 사고는 다 빼버리라는 뜻입니다. 그런 것들에 대립된 말입니다. 희랍어의 'epistēmē'(인식)도 마찬가지입니다. 'doxa'(견해, 의견)와 항상 대립됩니다. 플라톤, 아리스토텔레스에서도 다 대립됩니다. 그런데 데카르트는 데이터에서 도피합니다. 믿음(belief)을 갖든, 혹은 'ego cogito'(생각하는 자아)를 갖든, 그런 것들은 데이터를 데이터 그 자체에 있어서 인식하는 것이 아닙니다. 실증과학자는 우선 데이터를 잽니다. 잰다는 것은 우선 데이터를 데이터로서 인식한다는 것을 의미합니다. 그런데 데카르트는 그렇게 하지 않고 데이터를 회피합니다.

그런데 그와 반대의 사상이 나옵니다. 바로 불란서의 오귀스뜨 꽁뜨입니다. 오귀스뜨 꽁뜨는 갈릴레오와 똑같이 중세기의 신학이니 형이상학은 다 잘못이라고 생각합니다. 그러나 중세를 직접 공격하지 않고, 지능의 삼단계론, 세 발전 단계를 논하죠. 그러나 그것은 사실 갈릴레오에 동조해서 스콜라철학에 반대하는 것입니다. 만

3 의심하기 이전에, 의심한다는 것 자체가 무엇인가, 그리고 그것이 인간의 인식 능력 중에 어디에 위치하는가를 먼저 생각해야 한다는 것.

약 스콜라철학을 대놓고 반대한다면 그 당시에 화를 입을 것은 분명합니다. 갈릴레오도 화를 입었고, 조르다노 브루노(Giordano Bruno)는 우리가 아는 바와 같이 1600년에 불타 죽었습니다. 그러니까 차마 대놓고는 말 못하지만은, 갈릴레오처럼 형이상학과 신학다 그만 두자, 요컨대 우리에게 데이터로서 주어진 것에서 출발하자는 것입니다. 그것을 현상(phénomène)이니 사실(fait)이니 여러 가지로 말합니다. 그래서 그런 지식을 실증적(positive)이라고 합니다. 실증적이라는 것은 허구적(fictive)인 것과 대립된 말입니다. 다만 그 내용은 형이상학이나 신학을 빼고 난 나머지예요. 그러니까 이것은 갈릴레오로부터의 근대 물리학이 가지고 온 필수적인 하나의 예정물입니다. 그런데 이 사람은 갈릴레오 물리학과 같은 그러한 엄격한 학을 물리학뿐만 아니라 모든 학문에 적용시키자는 겁니다. 생물학 등의 모든 학문에 적용하여 그것을 모조리 분류(classify)함으로써 그 전체를 종합하자, 그 종합이 철학자의 할 일이라고 말합니다. 그러니까 흄이나, 칸트나, 데카르트하고는 정반대로 갑니다. 그래서 그 사람은 제일 밑에 수학을 놓았습니다. 그 다음에 무기물을 놓았어요. 그 당시의 분과 과학이라는 것은 지금과 같이 완전하지 않으니까, 자기 말로는 가장 일반적(general)인 것이 가장 단순한(simple) 것이고, 복잡한 것은 일반적이지 않다고 합니다. 수학이 가장 일반적인 것이지요. 그래서 그 일반적인 것에서 그렇지 않은 것으로 가는데, 수학을 맨 먼저 놓고, 그 다음에 무기물을 놓고, 그 다음에 유기물을 놓았습니다. 지금 우리말로 바꿔 놓으면 그렇게 됩니다. 그리고 그 다음에 사회학을 놓았어요. 그래서 그것을 종합(synthese)하는 것이 철학입니다. 그런데 이것이 뭐냐 하면 전부 데카르트에 대한 반항입니다. 반대 이론입니다. 불란서의 철학자라 하면 데카르트를 생각하지만 사실은 근대에 있어서 불란서 학문의 기초를 준 사람은 오귀스뜨 꽁뜨입니다. 그 뒤의 모든 불란서의 철학자들은 그의 영향을 받습니다.

이제 그 실증적인 학문이 물리학에만 국한되지 않고, 불란서에서 여러 방면으로 퍼져나갑니다. 화학이라든지, 레비-브륄(Levy-Bruhl)이나 뒤르껨(Émile Durkeim) 같은 사회학, 또 특히 주목해야 할 병리학 등이 발달합니다. 왜 병리학이 발달하냐 하면, 우리의 내면적인 세계는 실증적으로 증명을 해야지, 데카르트 같은 'cogito'(생각하는 자아) 가지고는 모른다는 겁니다. 그런데 병리학은, 우리의 정상적인 상태가 내면 세계에서 깨지는 수가 있는데, 그 때에 그 내면 세계의 구조가 드러난다는 겁니다. 그래서 병리학이 발달하고, 최면술 같은 것이 발달합니다. 우리가 아는 바와 같이 프로이트도 샤르꼬(Jean Martin Charcot) 밑에 가서 히스테리를 2년 동안 연구했죠. 그런 것들이 모두 불란서에서 발달합니다. 전부 오귀스뜨 꽁뜨의 영향입니다. 'cogito' 가지고는 소용 없다, 실증적으로 해야 한다는 것입니다. 또 실어증의 연구도 발달합니다. 또 레비-브륄처럼 전논리(pré-logique), 소위 논리 이전의 사고가 무엇이냐를 찾기 위해, 미개인의 사고의 특징을 여러 데이터를 통해서 밝혀 냅니다. 물론 그 뒤에 레비-브륄의 그런 생각에 대해서 논란도 많았지만, 요컨대 그 데이터만 해도 가치가 있습니다. 왜냐하면 자꾸 미개인은 줄어드니까요.

많은 그런 학문이 독일하고는 정반대로 나갑니다. 생리학도 발달하고, 여러 가지가 발달하죠. 그런데 그런 학문을 하다 보니까, 도대체 이 과학이란 것은 무엇이냐 하는 반성이 생깁니다. 왜냐하면, 오귀스뜨 꽁뜨처럼 나가면, 결정론으로 기울어지기 때문입니다. 꽁뜨는 사회학을 사회적 물리학(physique sociale)이라 불렀습니다. 다시 말해서, 그 사람이 얼마나 물리학을 중요시했냐는 것을 우리가 알 수 있습니다. 물리학적인 정량성을 사회학에다가 한번 넣어 보자는 것이죠. 그렇다고 해서 꽁뜨가 환원론자인 것은 아닙니다. 모든 학문은 각각의 데이터에 따라서 성질이 다르니까 각각 다르다고 합니다. 그렇지 않으면, 종합하는 의미가 어디 있냐, 철학이 어디 있냐고 합니다. 철학은 모든 데이터를 취급한다는 점에 있어서는 다 같습니다. 그러니까 두 가지 입장이 나옵니다. 수학에 기반하여 그 위에 물질을 놓았는데, 그렇게 양자를 구별한다는 것은 분명히 물질 속에는 수학으로 흡수될 수 없는 것이 있으니까 물질을 놓는 것이 아니냐, 만약 물질의 모든 속성이 수학으로 환원되어 버린다면, 따로 물리학을 놓을 필요가 없고, 수학의 일부분으로서 단지 복잡할 뿐이라고 해야 할 것 아니냐고 물을 수 있습니다. 그러나 꽁뜨는 그렇게는 않거든요. 분명히 수학은 수학이고, 물리학은 물리학이고, 생물학은 생물학이라고 했거든요. 그러니까 그 속에는 수학적으로 해결할 수 없는 어떤 요소가, 다시 말하면 수학적으로 해결하려면 거기에 반항하는 요인이 있지 않겠냐 하는 문제가 생깁니다. 또 생물학이 물리학과 다르게 놓인 것은 거기에는 물리학으로 환원될 수 없는, 물리학으로 설명하려면 거기에 저항하는 요인이 있기 때문에 생물학으로 따로 놓은 것 아니냐는 말입니다. 사회학도 마찬가지입니다. 만약에 사회가 개인에 환원된다면 따로 사회학을 놓을 필요가 없다는 겁니다. 꽁뜨의 입장에서 나오는 학문은 다 실증과학들이고, 또 그것을 비판하는 사람들도 전부 실증과학자들입니다. 도대체 꽁뜨처럼 나가면 결정론이 될 텐데, 과연 결정론이 옳으냐, 비결정론적이지 않느냐 하는 문제가 여러 차원에서 제기됩니다. 모든 것이 다 물질과학으로 환원된다면, 결정론적이며 유물론적인 형이상학까지 갈 것입니다. 그런 주장을 하는 사람도 나옵니다. 또 뒤르껨처럼 사회라는 것은 개인 바깥에 있어서, 우리의 풍습이니, 예절이니, 논리니 모든 것이 다 사회의 규제를 받는다는 사회학적인 결정론을 주장한 사람도 있고, 또, 그게 아니고 모든 법칙(law)은 우리 사회의 필연적인 법칙에 의해서 성립하니까 그런 차원에서 결정론을 말하는 사람도 있습니다.

그리고 또 그 반대로 물리학적인 세계, 아니, 수학적인 세계에까지 결정론이 아니라 우연이 들어간다고 주장하는 입장도 나옵니다. 가령 뒤엠(Pierre Duhem) 같은 사람이 그렇습니다. 그는 순수한 물리학자로서, 물리학 이론도 썼지만, 고대 우주론에 대해서 여러 권의 책을 쓴 사람이죠. 또 포엥까레(Henri Poincaré), 보렐(Émile Borel) 같은 사람들이 있죠. 가령 보렐은 모든 것이 다 비슷비슷한 것뿐이고, 언제든지 다 우연이더라, 다 통계적으로 잡은 것에 불과하다고 합니다. 나는 근세 물리학이 자꾸 흐트러지니까 그런 소리가 나오지 않았겠냐고 생각합니다. 또 부트루(E. Boutroux)는 아무리 이론을 논의해도 이론과 사실(fact) 사이에는 차이가 있다, 그 차이가 만분의 일이라도 이론은 달라진다는 것입니다.

이러한 논의들이 결론이 안 납니다. 많은 메타-과학(meta-science)이 나옵니다. 그 사람들이 전부 꽁뜨의 영향을 받은 것은 사실입니다. 왜냐하면 그 사람들이 모조리 물리학자거나, 생물학자거나, 수학자이기 때문입니다. 사실 나 자신도 그 책들을 읽을 수가 없는 것이, 읽으면 온통 수학이고, 물리학입니다. 그 사람들의 입장은 수학에 대한 메타-과학을 하려면 수학을 먼저 다 해라, 그리고 나서 그 전체를 한번 다시 반성하라는 것입니다. 또 물리학에 대해서 메타-과학을 하려면, 물리학을 일단 다 알아라, 그리고 나서 물리학 전체에 있어서 동일한 사건에 대해서 상호모순된 가정(hypothesis)이 성립하는가, 않는가를 봐라, 이렇게 나갑니다. 그러니까, 그 사람들의 메타-과학이라는 것은 말로 하거나, 사유(Denken)를 해서 가령 현상학적으로 하는 것이 아닙니다. 그 사람들은 철학적인 지식을 한편에 가지고 있으면서 전부 프로급의 실증과학자(scientist)들입니다. 그 사람들의 입장은 전부 그렇습니다. 물론 그렇지 않은 철학도 있습니다. 그렇지만 불란서의 철학자는 거의 대부분이 수학자입니다. 데카르트도 수학자이고, 빠스깔도 수학자이고, 달랑베르도 수학자이고, 오귀스뜨 꽁뜨도 수학자이고, 베르그송도 수학자이고, 수학자 아닌 사람이 없습니다. 수학은 그 사람들에 있어서는 기초지식입니다. 그 다음에, 물리학, 생물학, 사회학과 같은 풍부한 개별과학의 지식을 가져야 됩니다. 가령 베르그송을 보면 실어증이 나오는데, 그 사람도 젊은 시대에 무의식에 대해 많이 공부했습니다. 그런데 그 실어증만 5년 동안 공부해 가지고 썼다는데 그 분량이라는 것은 얼마 안 됩니다. 그런 식으로 학문을 세워 나가죠.

결정론이냐 비결정론이냐에 대해 결론이 나지 않고 있을 때, 한 철학자가 나오는데, 그가 바로 베르그송입니다. 베르그송은 이 문제를 해결하려면, 결정론이냐 비결정론이냐는 문제 이전에, 도대체 데이터 자체가 기본적으로 어떻게 구분이 되며, 만약 꽁뜨에서처럼 무생물과 생물로 나눠진다면, 생명현상은 무엇이며 무생물 현상은 무엇인가에 대한 정의(definition)를 먼저 하고, 그 정의에 입각해서 이 문제를 해결하려고 해야지, 그렇지 않으면 허사라는 겁니다. 문제는 그것을 어떻게 정의할 수 있느냐입니다. 그 당시에 생물학이 발달했는데, 가장 중요한 사람이 빠스뙤르(Louis Pasteur)입니다. 고대 사람들은 거시적인 세계에서는 사람이 죽는다고 생각했지만 미생물은 죽는 것이 아니라 사라졌다가 다시 생겨난다고 생각했습니다. 그런데 빠스뙤르가 실험해 본 결과, 어떠한 생물도 생물에서 나온다는 것이 확인이 됐습니다. 그렇다면 생물에서 나오는 생물은 자기 자신의 모든 기능을 그 어머니인 생물에서 받는 것이 분명합니다. 그것이 유전입니다. 멘델이 그 유전을 정량적으로 연구해 놓았습니다. 그래서 유전법칙은 움직일 수 없는 사실로 되었습니다. 그러니까 무생물에 있어서 되풀이되는 것은 인과법칙에 의해서 되풀이되지만, 생물에 있어서 되풀이되는 것은 유전에 의해서 되풀이된다는 것입니다. 되풀이되는 것에 대해서만 우리는 법칙을 논하니까요. 빠스뙤르의 입장은 현대의 분자생물학으로 갑니다.

문제는 물질은 무엇이고 생명은 무엇이냐는 것인데, 우선 무엇이 유전되느냐가 문제예요. 만약에 유전이 물질과 다른 생물체의 기본적인 기능이라면, 그 때 유전되는 것은 무엇이냐는 말이지요. 가령 그 당시에는 없었지만 지금의 유전공학을 생각해 봅시다. 거기에서는 유전자에다가 여러 가지 변형을 가해서 형질을 바꿉니다. 그런데 그 유전공학에서 시도한 것은 그 생물의 형질을 바꾸자는 것이지 죽이자는 것은 아닙니다. 죽였다가 새로운 생물을 만들자는 건 아니에요. 그것은 그 생물이 그 형질을 바꿔도 살아 있다는 가정하에서만 가능합니다. 그러한 가정의 극한치로 간다면, 유전되는 것은 사실은 형질이 아니라 기능이라는 결과가 나옵니다. 그런데 이것은 제가 지금 알기 쉽게 설명하기 위해 든 예이지, 그 당시에는 유전공학도 없었습니다. 그래서 베르그송은 그것을 철학적으로 얘기합니다. 유전이란 것은 밖에서 주어지는 것이 아닙니다. 그렇다면 근대 물리학과 같이 기계적(mechanical)인 원인은 항상 결과의 밖에 있으니까, 유전을 설명하지 못하는 것은 분명합니다. 기계론은 다만 물질인 한에 있어서, 생명체가 가지고 있는 그 물질적인 부분에 있어서만 설명을 하지, 생명 그 자체의 유전은 설명하지 못 합니다. 또 하나, 아리스토텔레스의 형상-질료 이론(form-matter theory)에서 형상은 밖에서 질료에 주어지니까, 형상-질료 이론도 유전을 설명하지 못합니다.

유전되는 것은 형질이 아니라 생물이 살아가는 기능이라면, 그 기능이라는 것은 무엇인가가 문제입니다. 플라톤은 아까도 말한 바와 같이, 정적인 상태와 동적인 상태, 둘로 나눴는데, 가령 사물을 정적인 상태에서 보면, 공간이 나옵니다. 공간에서는 운동이 빠지니까 각각의 사물의 질(quality)이 분리되어 나온다는 형상 이론이 나옵니다. 결국 형상 이론을 가지고 생물을 설명하는 방식과 또는 운동 이론을 가지고 설명하는 방식이 있습니다. 운동에 있어서 운동의 존재는 일정한(definite) 성격을 띱니다. 즉, 운동의 자기동일성(identity)이 문제가 됩니다. 운동이 자기동일성을 갖는다, 즉, 운동이 일정하다는 것은 운동이 운동 아닌 것으로 될 수는 없다는 얘깁니다. 그런데 운동이 운동 아닌 것으로 될 수 있는 그 측면을 수동성(passivity)이라고 합니다. 그것의 극한치는 정지죠. 그러니까 운동이 일정하다는 것은 운동의 자기동일성과 똑같은 얘기이고, 그것은 운동이 운동 이외의 것이 될 수는 없다, 즉 운동은 항상 지속해야 된다는 결론이 나오죠. 그런데 또 그 운동이 자기 밖에서 운동의 원인을 얻으면 그것은 양화(量化)하는 것이고, 그것은 언제든지 수동성을 요구합니다. 그러니까 자기동일성을 유지하는 운동은 그 운동을 다른 타자로부터 받아들일 수 없습니다. 그래서 그것을 자기운동자라고 말합니다. 그런데 그것을 나중에 나전어에서 온 말로 'spontanéité', 즉 자발성이라고 번역합니다. 다시 말하면, 자발성은 능동성(activity)의 근원입니다. 그리고 물질은 무엇이냐? 고전물리학이나 현대물리학을 통틀어서, 베르그송은 그것을 그 기능에서 보아 엔트로피라고 일차 정의합니다.

그 다음에 또 하나, 이 운동 이론으로 우주를 본다면 어떻게 되느냐는 문제입니다. 아까 실증과학자들 사이에 결정론이냐 비결정론이냐가 문제가 됐었는데, 비결정론자는 우연이 있다는 것이고, 결정론자는 모든 것이 필연적인 법칙에 의해서 움직인다는 것이었습니다. 비결정론자들은 우연이라는 것이 1%만 있어도 결과는 완전히 달라진다고 했는데, 운동이라는 것은 지금 있는 상태로부터 다른 상태로 되는 것이 가능하다는 것을 놓고 나가지 않으면 안 됩니다. 뿐만 아니라, 운동이 어느 방향으로 가느냐 하는 그 공간을 빼놓고 순전히 운동 입장에서만 본다면, 무엇이든지 될 수도 있는데, 그중의 하나가 된 것입니다. 즉, 우연이라는 것입니다. 비결정론자는 우연을 들고 나오는데, 요컨대 운동론의 입장에서 보면 우주라는 것은 모조리 우연의 집합체라는 것입니다. 다시 말하면 모든 것은 전부 변칙뿐이라는 것입니다. 혹은 변하는 과정만 있다는 것입니다. 정적으로 보면 우연이라는 것은 하나의 예외자죠. 99%가 그런데 하나가 다르다는 것입니다. 그러나 동적인 입장에서 보면, 정반대의 이론이 나옵니다. 나머지의 1%가 문제가 아니라, 99%가 모두 변치뿐인데, 즉 다른(different) 것뿐인데, 다른 것은 그 이면에 비슷한 것이 있어서 그 비슷한 것을 주워 모은 것이라는 이론이 나옵니다.

베르그송은 생물과 무생물을 형이상학의 입장에서 정의하려고 하니까, 플라톤으로 갑니다. 이미 플라톤이 바로 그렇게 정의해 놓았습니다. 그러니까 베르그송은 플라톤 존재론의 직계 제자입니다. 어떤 의미에서는 아리스토텔레스보다 더 직계 제잡니다. 플라톤에 운동을 중심으로 해서 우주를 분류(classify)해 놓은 그 구절이 나오니까요. 그러나 그 내용을 형이상학적으로 더 자세히 구명해 놓은 것이 베르그송입니다. 물질이라는 것이 엔트로피라고 해도, 어느 기간이 걸려서 변하는 것이지 그냥 없어지는 것은 아니죠. 그렇게 보면 물질도 어떤 의미에서는 지속합니다. 그러니까 물질과 생명체를 동일한 차원에 놓고 다룰 수 있다는, 즉 연결시킬 수 있다는 이론이 나옵니다. 이 이론이 안 나오면 생명체를 설명한다는 것은 불가능합니다. 그 속에 어떤 모순이 있는 것도 분명하고 또 합리적인 것도 분명합니다. 어쨌든 물질과 생명체를 동일한 차원에 놓고 다룰 수 있다고 해서, 그것을 한편에는 형상 이론(form theory)으로 취급하고, 한편에서는 역동 이론(dynamic theory)으로 취급할 수는 없습니다. 그렇기 때문에 베르그송과 같은 입장에서는 우선 생명체는 무엇이며, 무생물은 무엇이냐 하는 것에 대한 정의를 먼저 해 놓아야 합니다. 그렇게 해 놓고 보니까, 물질의 세계는 모든 것이 유동(flux)이고, 모든 것은 변칙뿐이다, 질로 가득차 있다는 얘깁니다. 아까 뒤엠 같은 사람의 이론도 사실은 우주는 질로 가득차 있는데 어떻게 질을 잴 수 있냐는 얘깁니다. 그러니까 베르그송은 우리가 물질에 대해서 대략만 그렇게 정의한다면, 생명체는 반(反)엔트로피이며, 자발성(spontanéité)과 자기운동을 갖는다는 것입니다.

그러면 그 자발성, 그 기능이 어떻게 작용하느냐? 그것은 우선 반(反)엔트로피이고, 또 하나는 그것이 언제든지 변칙 속에 살고 있기 때문에, 자신의 생존(existence)을 유지하기 위해서는 자기 자신의 여러 가지 기능을 자기 자신이 조절할 수 있는 능력이 있어야 한다는 것은 분명합니다. 생물은 살 수도 있고 죽을 수도 있으니까요. 현대의 분자생물학에 의하면, 분자가 가지고 있는 유전자가 자기 자신의 내부에서, 가령 달걀이면 달걀에서 모든 기능이 분화되어 나오는데, 그 내부에 정보가 있어서, 그 정보가 자신의 외부에 대해 조절해 가면서 자신의 내부의 여러 가지 기능을 분화시켜 나간다고 말합니다. 그런 얘기는 분자생물학만 빼면 베르그송 이론하고 거의 같은 겁니다. 발생론적(genetisch)이니까요. 물질이 분화되는 측면에서부터 시작해서, 점점 성인이 되는 과정으로 갑니다. 그래서 다시 종으로 갑니다. 그 때 그 조절하는 능력이 아까 말한 정보 이론입니다.

그리고 또 하나는, 능동성(activity)의 성격에 관한 문제입니다. 운동이라는 것은 A에서 B로 가야 되는데, 다시 말하면 다른 것으로 변하는데, 변해 버렸으면 그 운동은 그 운동이 아닐 텐데, 어째서 그럼에도 불구하고 그 운동의 자기동일성(identity)을 유지할 수 있느냐는 문제죠. 이 모순을 어떻게 설명할 것이냐? 다시 말하면, 운동 그 자체의 과거의 상태의 지금에 있어서의 보존이 문제가 됩니다. 그것이 해결 안 되면 안 됩니다. 그 보존을 바로 기억이라고 하죠. 불란서 심리학자들은 유전도 넓은 의미에서 일종의 기억이라고 합니다. 넓은 의미에서 기억은 여러 가지가 있는데, 생물학 쪽은 유전입니다. 베르그송이 『물질과 기억』이라는 제목의 책을 쓴 것도 그래서입니다. 그것은 다시 말하면 생물과 물질은 어떻게 다르냐, 그 얘깁니다. 결국 조절 능력과 기억이 있어야만 된다는 것입니다.

그런데 과거의 아리스토텔레스 같은 형상 이론에 의하면, 종에서 출발해서 성인이 되어서 다시 종으로 가는 것이 아니라, 공간에서 인간이면 인간, 개면 개를 딱 오려냅니다. 그 때 중요한 것은 어른이죠. 병신이나 혹은 불구자가 아니죠. 그렇게 오려내어서 그것이 공간에서 가지고 있는 'eidos', 즉 형태를 봅니다. 그리고는 여러 가지로 나눕니다. 실증과학적으로 본다면 해부학을 하는 것이지요. 형태가 다르다는 것입니다. 사람은 아리스토텔레스가 말한 바와 같이 두 발 달린 동물이다, 개는 네 발 달렸다, 그런데 그 발의 형태가 다르더라, 그런 식입니다. 조직론이나, 해부학처럼 나갑니다. 그렇게 해서 계통수를 짓게 됩니다.

그러나 베르그송은 그런 생물학하고 전혀 다릅니다. 아리스토텔레스에서는 하나의 모범형(ideal Typus)으로서의 인간이 나오지만, 베르그송에서는 종에서 성인이 되어서 다시 종으로 가는 모든 순환원(cycle)을 보지 않으면 인간이 나오지 않고, 그뿐만 아니라 그것이 과거로부터 지금까지 어떻게 해서 연속되어 나오는가를 보지 않으면 안 됩니다. 인간이 무엇이냐는 것은 정의가 내려질 수 없습니다. 요컨대 지금 우리가 인간이라고 하는 것은 생명체의 하나의 생태학적인 어떤 외형(aspect)입니다. 철학도 우리 인간의 생활의 하나의 생태학적인 형태입니다. 그러면 왜 새가 되고 사람이 되었냐? 그것은 그 상황(situation)에서 삶(existence)을 유지하려고 조절을 해보니까, 하나는 개가 되고, 하나는 새가 되고, 하나는 사람이 되었더라는 것입니다. 그러면 모든 동물은 지금까지 살고 있는 한에 있어서는 동일한 차원에 서고, 어떤 동물이 진정으로 생존(existence)할 능력이 있느냐는 것은 미래에 맡기는 수밖에 없다는 이론이 나옵니다. 또 하나는 모든 것이 상대적이라는 겁니다. 왜냐? 사람이 바닷속에 산다고 해 봐라. 그러면 물고기 같은 형태를 하고, 자기 기능을 조절하고, 또 그 기구를 만들어 내어야지, 사람처럼 생겨서야 어떻게 하겠느냐는 것이죠. 그러니까 사람 형태는 사람에게만 의미가 있지 물고기에게는 아무 의미가 없어요. 따라서 아리스토텔레스의 목적론 같은 것은 다 성립하지 않게 됩니다.

또 더 중요한 것은 철학을 본질(essentia)의 입장에서 실존(existentia)의 입장으로 전부 돌려놓았다는 것입니다. 실지로 생물학을 본다면 식물만이 자기 영양 섭취를 할 능력을 가지고 있지, 모든 다른 동물은 가지고 있지 않습니다. 전부 식물의 기생충입니다. 일종의 불구자죠. 그것을 메꾸기 위해서 여러 가지 기구가 나왔다는 겁니다. 우리의 대상화하는 능력도 그래서 나왔다는 겁니다. 식물은 대상화해서 철학 같은 것을 논할 필요가 없습니다. 가만히 놓아 두면 말할 필요도 없고, 사유할 필요도 없습니다. 사회는 있죠. 식물에도 어느 정도 사회는 있지만, 어쨌든 식물만이 유일하게 생존(existence)할 수 있는 능력을 가지고 있습니다. 그러니까 "땅에 충실하라"라는 말은 대단히 중요한 말입니다. 니체가 한 말이지만, 사실은 실증주의적인 표어지요. 물질과 연결되어서 물질의 에너지를 받아들이고, 자기 섭취해서 자기의 생존(existence)을 잇는 것은 식물뿐이고, 인간은 제일 못한 것이죠. 인간은 살기 위해서 공부를 해야 되고, 학교를 다녀야 되고, 복잡한 도구를 만들어내야 되는 동물이죠. 아주 복잡하다는 겁니다. 그러면 그것이 과연 다른 동물보다 더 오래 살 수 있느냐 하면, 아무런 보장이 없다는 겁니다. 우리 인간이 대상화시키는 것도, 신경계통이 나오는 것도, 전부 식물의 능력을 보충하기 위해서 나온 것인데, 대상화해서 과연 식물이 만들어내는 어떤 세포 하나라도 만들어 내느냐 하면, 도저히 못 만들어 낸다는 겁니다.

여기서 과거의 'homo sapiens'(지성인)의 세계가 완전히 뒤집어진다는 것을 알아야 합니다. 즉 과거 희랍의 'homo sapiens'의 입장에서는 성인을, 그것도 이성을 가진 성인을 모범(model)으로 삼았지만, 베르그송에서는 종에서 성인이 되어서, 종으로 가는 전 과정을 봐야 되는데, 그 밑에 있는 공통치를 빼내면 조절 능력, 즉 인식 능력이 나옵니다. 그것이 무의식입니다. 무의식이 중심이며, 대상화된 인식은 극히 일부분이라는 것입니다. 또 대상화하는 능력을 가지고 있어도, 대상화하는 능력을 뒤에서 조절하는 능력 그 자체는 무의식 속에서 이루어집니다. 베르그송은 이것을 형이상학적으로 확대시킵니다. 공간에 있어서나 시간에 있어서나 우리가 대상화할 수 있는 것은 무의식이라는 태평양 속에 들어 있는 조그만한 섬처럼 작다는 것입니다. 마치 우리가 소리를 듣는데 일정한 파장의 소리만 들을 수 있는 것처럼, 대상화될 수 있는 능력은 그만큼 제한되어 있습니다. 왜 제한되어 있는가 하는 인식 문제를 베르그송은『물질과 기억』에서 따집니다. 결국 데이터 문제로 돌아가는데, 예전에 플라톤이란 사람은 실제 생물이 무엇이냐, 무생물이 무엇이냐는 것에 대해서는 아무것도 모르던 사람입니다. 그래서 하는 수 없이『테아이테토스』편에서 철학적으로 생물의 기본 원칙을 인식과 행위라고 정해 놓았고, 또 생물을 이론적으로 분류(classify)해 놓았어요. 그러나 플라톤은 정치나 하러 다니고, 수학이나 알고, 기하학이나 아는 사람이지, 실제 데이터에 대해서는 아무것도 모르는 사람이에요. 그러니까 남이 대화하는 것을 옆에서 그리기만 했다는 것입니다. 그런데 아리스토텔레스는 실지로 자기가 실증과학자이고, 자신만만하죠. 그러니까 아리스토텔레스는 벌써 다릅니다. 생물학적 인식론이 딱 나옵니다. 식물, 동물, 인간으로 구별합니다. 그러나 플라톤에는 그런 것이 없거든요. 없으니까 결국 자기에게 잘 알려진 것은 자신이 속한 희랍 사회에서 만나는 사람인 것은 사실이에요. 그러니까 인식론은 언제든지 자기 중심, 인간 중심입니다. 실증과학이 그 시대에는 발달하지 않았으니까요. 그 영향이 근세까지, 현대까지 다 옵니다. 우리가 데카르트에서 우선 첫째 봐야 할 것은 그 사람의 인식론의 데이터가 무엇이냐 하는 것인데, 그것은 바로 자기 자신, 그리고 자기 자신이 가지고 있는 지식뿐입니다.

그러나 베르그송의 입장에서는 그것은 곤란하죠. 왜냐하면, 지금 입장에서 만약에 인식론을 논하라면, 동물의 생태학, 식물학, 분자생물학에서부터서 미생물에 대한 학습 이론, 식물, 동물, 인간에 대한 데이터를 모조리 다 모집해 가지고, 거기서 공통치가 무엇이냐를 논해야 일반 인식론이 나오죠. 베르그송이 바로 그런 방식이죠. 다만 분자생물학이 없다뿐입니다. 식물에서 출발하죠. 그러나 동물을 봐라. 대상화하지 않는다. 가령 비근한 예를 든다면 비둘기는 여기서 제주도에 갖다 놓아도, 서울로 도로 돌아옵니다. 그건 우리가 상식적으로 다 알고 있는 일인데요, 과학자들이 그걸 실험하기 위해서 여러 가지 방법을 써 봤어요. 컴컴한 상자 속에다가 비둘기를 집어넣고, 이리 갔다 저리 갔다, 동으로 갔다 서로 갔다, 도로 온 자리로 갔다 딴 데로 갔다, 좌우간 방향을 못 잡도록 해서 어디 멀리 갔다 놓아도 꼭 자기 집으로 돌아오거든요. 실증과학자들은 그건 알 수 없는 어떤 물리학적인 법칙에 의한 것이 아니냐고 생각하죠. 과학은 항상 물질에 대한 과학이고, 잴 수 있는 건 물질뿐이니까, 그런 식으로 생각할 수도 있죠. 그런데 그것이 안 들어맞는 것이, 물리학

법칙에 의해 간다면, 물리학적인 법칙이 가는 곳으로 비둘기가 가야 할 텐데, 그리로 가지 않고, 자기의 집으로 간다는 데에 문제가 있어요. 그 집이라는 것이 무엇이냐 하면 자기의 생존(existence)을 보장해 주는 장소입니다. 그런데 그런 현상이 비둘기에만 있는 것이 아니라, 여러 동물에 다 나타납니다. 가령 연어도 그렇죠. 다른 동물도 후각만 발달했다뿐이지, 다 마찬가지죠. 그러니까 어떤 실증과학자들은 동물은 우리하고 전혀 다른 세계에 산다고 합니다. 그 말은 대상화하는 능력이 없어도 자신의 삶(existence)을 유지할 수 있는 능력이 동물에는 있다는 것입니다. 그걸 인정하지 않으면 설명이 안 됩니다. 가령 병아리는 알에서 막 깨어나서도 먹을 것, 못 먹을 것 다 압니다. 사람은 안 됩니다. 사람은 일일이 이건 먹어라, 이건 먹지 마라 하고 가르쳐 주어야 가려 먹습니다. 바로 선생이 있고, 이것 먹어라, 먹지 말아라 하는 예(example)를 가르쳐 주고 모방하는 것, 이것이 플라톤 철학의 기초가 됩니다. 그것이 기본조건으로 들어갑니다. 그러나 동물에서는 그것이 성립하지 않습니다. 병아리가 배워서 먹는 게 아니죠. 타고나면서부터 유전적으로 이건 먹고 이건 안 먹고, 다 압니다. 그러면 그 전에 병아리가 알 속에 있을 때, 이건 먹고 이건 안 먹고를 다 보고 배웠냐? 절대로 본 일 없죠. 다시 말하면 인간 중심의 경험론이나, 합리론이나 모든 인식론은 동물에 대해서는 재고해야 된다 얘깁니다. 동물은 딴 세계에 살고 있습니다. 동물은 본능에 의해서 삽니다. 가령 새가 남쪽으로 날아가는데, 그게 남쪽에 가서 살아 보니까 좋더라 해서 가는 것이 아닙니다. 여기서 새로 알에서 깬 새도 날아갑니다. 제비가 집을 짓는

데, 이렇게 지으니까 좋더라 해서 짓는 것이 아닙니다. 타고나면서 짓는 능력을 갖고 있습니다. 그러니까 동물은 인간처럼 대상화해서 추론(inference)하거나 계산하는 능력이 없어요. 그러나 벌은 생태학자가 오랫동안 연구해 보니까, 천분의 일초까지 정확하게 시간을 잰다는 겁니다. 그러니까 모든 것은 변칙뿐이다, 다시 말하면, 동물은 인간과 다른 시공간 속에 살고 있다는 것을 인정해야만 된다는 것입니다. 그렇지 않으면, 동물의 자기조절 능력이 설명되지 않습니다. 또 동물뿐만 아니라 식물도 그렇죠. 식물은 아름다운 꽃을 피우는데, 그러면 꽃이 우연히 피냐? 아니죠. 현대 생물학자가 말하는 것처럼, 유전자에 있어서의 정보 이론에 의해서 다 자기조절해서 이것은 무엇이고, 이것은 무엇이고…… 해서 꽃이 피는 겁니다. 하나도 대상화 안 됩니다. 대상화 능력이 없어요. 그럼에도 불구하고, 아름다운 꽃을 피우는 조절 능력을 가지고 있어요. 그러니까 대상화하지 않고도 그렇게 조절할 능력이 있는 것이지요.

실제 내가 지금 여러분께 말을 하고 있지만, 지금 나의 말을 조절하는 능력은 내 배후에 숨겨져서 의식화되지 않습니다. 무의식 속에서 주어지지요. 그러니까 무의식이 기본이라는 겁니다. 나도 그 원문을 안 읽고 번역판으로 읽어서 정확히 얘기할 수는 없지만, 가령 쏘쒸르(Ferdinand de Saussure) 같은 언어학자도 철저한 기능주의자죠. 예전의 플라톤은 말은 사물의 표식이라고 했죠. 말을 품사대로 모아 놓으면 명제가 나옵니다. 플라톤에서는 그러니까 다 형상(eidos)입니다. 그건 공간에서 본 거죠. 그런데 쏘쒸르는 그것이 문제가 아니라 언어 행위(speech act)가 문제라는 것이죠. 그리고 우리의 지적인 세계는 캄캄한데, 그것을 기호로 떼어 놓아야 분명해진다고 합니다. 그러면 기호와 더불어 세계가 열린다는 이론이 나옵니다. 그러나 기호를 조절하는 능력은 무의식 속에서 일어납니다. 너무나 단순한(simple) 세계관이죠. 그러나 어쨌든 그 무의식 속에 주어진 것이 무엇이냐는 것을 자꾸 캐려고 했다는 겁니다. 가령 프로이트 같은 사람은 개체 본능과 종족 보존 본능으로 구별하죠. 그 종족 보존의 본능이 성(sex)이죠. 그것이 우리가 어려서부터 커나갈 때, 감정을 조절하는 데에 중심적인 역할을 한다는 것이지요. 그것을 캐기 위해서는 가령 꿈을 해석하든지, 실언을 해석한다든지, 혹은 자유연상을 한다든지 해서 해석하려고 하죠. 그것들이 해석(interpretation)의 기초가 되는 것이죠.

그러면 베르그송의 그런 세계관에 따르면 실증과학은 어떻게 되느냐? 그가 하는 것은 형이상학이니까, 하나하나의 실증과학을 문제삼는 것이 아니라, 실증과학 전체가 공간에서 성립하는데, 그 공간 자체의 존재(existence)를 문제삼습니다. 그리고 나서 실증과학에 대해서 메타-과학(meta-science)으로서의 과학 비판을 합니다. 과학이라는 것은 재는 데부터 시작합니다. 베르그송은 그러면 도대체 무엇을 재느냐고 문제를 제출합니다. 가장 기본적인 문제죠. 재지 않으면 과학이 성립하지 않으니까요. 재는 데부터 시작합니다. 그러면 무엇을 재냐? 질을 잴 수 있냐? 플라톤은 질을 재는 데에서부터 시작하죠. 공간이라는 것은 사물이 각각 분리되어 나오는 것이니까 질은 공간에서 나오는 것이 마땅하다는 것이 플라톤의 이론입니다. 당연한 이론이죠. 그런데 공간은 재집니다. 공간에 있는 것만이 재집니다. 변하는 것은 잴 수가 없습니다. 아리스토텔레스도 질을 쟀습니다. 그래서, 가령 논리학에서 대개념, 중개념, 소개념, 보편자, 특수자 등으로 얘기합니다. 그것은 곧 재어서 양화시킨 것입니다.

그런데 베르그송은 질이라는 것은 서로 다른 것이다, 다른 것을 어떻게 재냐, 공통치가 있어야지, 양을 재는 것이지 어떻게 해서 질을 재느냐, 하고 말합니다. 또 운동은 물리학의 기본 문제인데, 운동, 즉 과정(process)을 어떻게 재냐, 정지된 것만 잰다는 것입니다. 그러니까 운동 자체는 사실은 잴 수 없고, 운동이 지나간 그림자, 스쳐간 공간을 잰다는 것입니다. 그러면 스쳐간 공간에서 모든 이론이 생기는 것이 됩니다. 그러니까 모든 학문은 실제 있는 변치(變値)로서의 세계를 스쳐갈 따름이라는 이론이 나옵니다. 또 중요한 것은 우리 내면적인 세계를 잴 수 있느냐는 심리학적 문제죠. 이것은 그 당시의 심리학에 굉장한 충격을 주었다고 합니다. 왜냐? 잰다는 것은 물질과 수학적 공간을 놓아야 할 텐데, 눈으로 볼 수 있는 어떤 물질적인 현상으로 환원되어야 할 텐데, 내면적인 세계는 과연 그렇게 될 수 있느냐는 것입니다. 뒤에는 더구나 무의식인데요. 우리의 내면적인 세계를 보면 끊임없이 어떤 동기(motivation)가 들어갑니다. 그것을 잴 수 있냐? 잴 수 없다는 겁니다. 왜냐하면, 생명 현상의 기본은 자발성이고, 자발성은 자기조절하는 능력인데, 자기조절하는 능력은 외부에서 어떠한 척도도 받아들이지 않는다는 것이 그 기본적인 특징이기 때문입니다. 척도를 받아들이면 그것은 인과법칙에 빠져야 된다. 자율적인 것을 어떻게 잴 수 있냐? 잴 수 없다는 것입니다. 이것이 심리학에 막대한 충격을 주었습니다. 이것은 메타-과학 중에서 가장 기본적인 과학 비판 이론입니다. 왜냐하면 우선 재는 데에서부터 시작하니까요. 현대물리학에서는 어느 정도 미시적인 세계까지 쟀냐는 데에까지 나갑니다.

가령 불란서 심리학을 봐도 압니다. 불란서 심리학의 전집이 나오는데, 제1권에 심리학사가 나오고 심리학에서의 측정과 심신 관계가 나옵니다. 그것이 바로 심리학자들이 한 메타-과학입니다. 메타-과학이라는 것은 수량적인 정의에 따라서 형이상학으로부터 심리학적인 사실(fact)에 이르기까지 여러 차원이 있어요. 그런데 거기에서 어떠한 심리학적인 법칙도 심신 관계를 충분히 설명하지 못한다, 다만 그때그때의 미봉책일 뿐이라는 것입니다. 어떤 현상에 기반을 둔(phénoménal) 주장을 하면 곧 거기에 반대되는 어떤 사실(fact)이 나온다는 겁니다. 그러니까 심리학이 얼마나 불완전한 학문인가 하는 것을 알 수 있죠. 심리학이 지금 굉장히 수학화되고 미세하지만, 사실은 그것이 잴 수 있는 한계는 분명합니다. 항상 어떤 가정(hypothesis) 속에서만 측정이 가능합니다. 심리학뿐만 아니라 생리학도 마찬가지입니다. 가령 혈압이 90에서 130이라면, 그 두 배는 180에서 260이 될 것입니다. 수학적으로는 그것이 가능하지만 생물학적으로는 의미가 없습니다. 왜냐하면 260이 되기 전에 사람은 죽으니까요. 더구나 심리 현상은 더 잴 수가 없다는 겁니다. 그것을 재려고 하면 물질 현상처럼 수학적 공간에 집어넣어야 될 텐데, 그러면 심리 현상은 다 죽어 버린다는 겁니다. 그렇게 되면 이제 세계는 모두 변칙뿐이라는 세계관이 나옵니다. 그리고 상황(situation)이라는 말을 쓰는데, 상황은 공간하고 전혀 다릅니다. 공간은 모든 운동도 빠지고 질도 빠진 것을 얘기하지만, 상황은 그러한 질로 가득차 있는 고유한 환경을 의미합니다.

그러면 존재론인 철학에서 어떤 문제가 생기느냐? 모든 철학은 무엇인가 자기의 전체적인 어떤 의도(intention)가 들어가지 않은 것이 없습니다. 사실 이 세상에 똑같은 철학은 하나도 없습니다. 칸트철학은 칸트 하나일 뿐이고, 나머지는 다 칸트에 대한 해석들일 뿐이지 칸트철학은 아닙니다. 그러면 이제 존재론적인 문제가 생깁니다. 아까도 말한 바와 같이 모순율이, 무가 아니라는 것이, 모든 학문의, 모든 데이터의 기본입니다. 그 무가 아닌 것이 시간과 공간을 통해서 분열되어서 나옵니다. 그런데 실재하는 사물은 언제든지 일정한(definite) 것입니다. 무규정적(indefinite)인 것과 자기동일성(identity)을 가진 것 중 어느 것이 존재에 가깝냐 하면, 자기동일성을 가진 것이 존재에 가깝습니다. 존재의 측면에서 보면 모든 것은 일정한(definite) 것으로서 드러납니다. 그 일정한 것의 극한치는 고유명사입니다. 고유명사가 먼저냐, 보통명사가 먼저냐? 모든 것을 일정한 것으로 본다면 고유명사가 되고, 그것이 양화될 때에는 보통명사로 됩니다. 가령 태양은 하나이니까 고유명사라 할 수 있지만, 내가 보고 저 사람이 보고 여러 사람이 보았고, 어제도 보고 오늘도 보았다고 할 때, 즉 어떤 것이 여러 사람에게 되풀이되었다고 가정할 때는 보통명사로 됩니다. 다시 말하면 질은 그 자체 잴 수 없고, 운동도 잴 수 없고 되풀이되지 않는 내용도 잴 수 없습니다. 그렇다면 모든 것이 변칙으로 이루어져 있게 됩니다. 그런데 법칙이 성립하려면 운동은 항상 양화해야만, 다시 말하면 확정되어(definite) 있는 질을 빼버려야만 합니다. 질은 양화되지 않습니다.

2 + 3 = 5가 성립하는 것은 각 수가 양(量)이기 때문이지, 2, 3, 5가 각각 다른 질이라면 수학적인 조작(operation)의 대상이 될 수 없습니다. 요컨대 양화한다는 것은 연결시켜 준다, 다시 말하면 모든 질을 빼버린다는 얘기예요. 그런데 우주는 질로 가득 차 있으면서, 또한 동시에 고유한 자기동일성(identity)을 가진 일정한(definite) 운동으로 가득 차 있습니다. 그 둘이 합쳐져서 있는 것이 사실입니다. 그것이 바로 직접적으로 주어진 세계이고 데이터의 세계입니다. 그런데 법칙이란 것은 한정적(definite)인 세계에서 무한정적(indefinite)인 세계, 양적인 세계로 자꾸 내려가야 됩니다. 아까도 말한 것처럼 아리스토텔레스는 그냥 사람이지, 플라톤처럼 여기에 있는 이 사람, 어디서 온 사람, 누구누구의 아들 같은 얘기는 하지 않습니다. 그것은 아리스토텔레스가 질을 양화했기 때문입니다. 그러나 플라톤은 순수한 질은 양화가 안 된다는 것입니다. 다시 말하면 형상(idea)의 세계는 다 고유한 것이며, 고유명사지, 되풀이되는 것이 없습니다. 그 대신 무제한히 있을 수 있다는 이론이 나옵니다. 실제 그 영원의 세계에서 어떤 형상(Idée)이 실지로 존재하는가 하는 것은 선험적(a priori)으로 주어질 수는 없습니다. 왜냐? 형상이 성립하려면, 다(多)가 성립하려면, 그 또한 공간이 필요하기 때문입니다. 공간이 무한정적(indefinite)이라는 것은 어느 공간이나 다 똑같습니다. 그러니까 어떤 영원한 법칙이 있다는 것은 의미가 없습니다. 모든 것은 사건으로서 성립합니다. 법칙도 사건으로서 성

립합니다. 가령 2 + 3 = 5가 성립하는 공간을 수학적 공간이라고 합시다. 그러면 우선 수학적 공간이 왜 성립하느냐가 문제이고, 그 다음에 그 공간에서 2가 성립하느냐 아니냐 하는 것은 추상적 공간에 대하여 우연입니다. 왜냐? 우리에게는 모순율이 최고입니다. 모순율이 최고라는 것은 그것이 성립하지 않을 수도 있다는 얘기예요. 그러니까 2가 성립하느냐 않느냐는 것은 결과적으로 우연입니다.[4] 또, 2는 정적(static)인 것이고 보탠다는 것은 동작, 운동인데, 2를 보탠다는 것은 2에 대해서 밖에서 주어진 운동이에요. 따라서 2에 보탠다는 운동이 주어지느냐, 아니냐는 2에 대해서 순전히 우연적이에요. 그러면 추상적인 법칙이란 추상적인 공간에서 이루어지는 사건입니다. 어떠한 영원한 법칙이 미리 선험적(a priori)으로 있다는 것은 얘기할 수가 없습니다. 그렇기 때문에 학문은 데이터에서 출발합니다. 어떤 이론에서 출발하지 않아요. 선험적인 어떤 법칙이 있다는 것은 전부 무의미(non-sense)합니다. 그러한 추상적 공간이 무한정적(indefinite)이라는 것은 운동이 무한정적인 것과 다 똑같습니다. 그래서 우리는 확정된(definite) 것에서 출발합니다. 아까도 말한 바와 같이 플라톤은 전부 구체적인 고유명사로 썼습니다. 베르그송은 플라톤의 하나의 특수한 계승자입니다. 구체적인 데이터는 어떠한 추상적 사고도 안 들어간 바로 그러한 데이터이지만, 그러나 또한 존재론적으로 보면 바로 그것이 실재(reality)입니

4 2라는 수는 그 자체 무가 아닌 것으로서 무에 대비되어 단적으로 존재하는 것이기 때문에, 즉 모순율을 통해서 나타나는 것이기 때문에, 그것이 왜 존재하는지 하는 이유는 설명할 수 없고, 따라서 그것의 존재는 우연이라는 것.

다. 다시 말하면 항상 그 확정된(definite) 것의 극한치까지 가야 됩니다. 그 확정성의 극한치에서 무한정성(indefinite)의 극한치까지 보자는 것이 플라톤입니다.

그러면, 플라톤 철학을 우리가 어떻게 이해할 것이냐? 우리의 일반적 기능인 서술 능력의 발현이냐? 만약 그렇다면 플라톤의 저술은 단순한 데이터의 서술이죠. 그러나 또한 서술이 아니라 그 서술 문장 앞에 어떤 가정(hypothesis)이 빠진 결론(apodosis), 그 결론 문장만 주워 모은 것이라고 할 수도 있습니다. 그러면 그것은 철학이 됩니다. 그것이 철학적이냐 아니냐는 그 앞에 있는 가정이 무엇이냐에 따라서 달라져야 됩니다. 미학적인 가정이 있다면 미학책이 되고, 만약에 역사적인 가정이 빠졌다면 역사책이 됩니다. 가령 성서를 우리가 왜 신학책이라 하냐 하면, 그 사건의 기술 앞에 어떤 신학적인 가정이 빠졌다고 생각하기 때문입니다. 그렇지 않으면 신학책이라고 하지 않는다는 겁니다. 한편 우리가 플라톤에서 왜 고유명사가 나오느냐, 왜 누구누구의 아들이 나오느냐는 것을 이야기하는 것은 플라톤의 데이터의 성격을 좀 알고서 얘기하자는 것이었습니다. 거기에 반해 스콜라철학과 같은 학원 철학은 데이터의 성격은 생각지 않고, 밑도 끝도 없는 어떠한 이론을 내세워서는 그것을 자꾸 학생들에게 주입시킵니다. 그러나 그러한 방법은 희랍철학에서는 곤란합니다. 또 불란서 철학에서도 곤란합니다. 또 서양철학의 주류도 아닙니다.

내가 여기서 이런 얘기를 하는 것은 서양철학의 주류가 무엇이냐 하는 것을 한번 반성을 해보자는 것입니다. 플라톤과 유클리드기하학과 같은 정량적인 학이 어디서 나왔냐 하면 이태리에서 나왔습니다. 또, 형이상학도 이태리에서 나왔습니다. 파르메니데스의 존재론(ontologie)이죠. 로마가 동서로 갈라질 때, 하나는 비잔틴문화의 기초가 되고, 하나는 로마 가톨릭을 받아들인 중세를 통해서 서구라파 문화의 중심이 됩니다. 중세의 스콜라철학도 주도권은 이태리 사람들이 가지고 있었고, 토마스 아퀴나스(Thomas Aquinas)를 보면 그 사람이 얼마나 논리적이고 스콜라철학의 대가인가를 알 수 있습니다. 그 사람의 아리스토텔레스의 주석을 읽어 보면 그래요. 그리고 또 학원 철학을 반대하고, 데이터로 눈을 돌린 갈릴레오도 이태리 사람입니다. 뿐만 아니라 로마 사람은 예전에 기독교가 나올 적에 신앙을 단순히 신앙으로서 보지 않고 신성(神性)은 무엇이냐, 성령은 무엇이냐 등등을 정리해서 교리를 세우려고 했습니다. 그래서 마치 유클리드기하학에서 정리 체계로서의 기하학을 세운 것과 똑같이 교리를 세워서 기독교의 자율성(autonomie)을 확립하려고 했던 것도 그 사람들입니다.

서로마의 문화권 속에 들어 있는 것을 대체로 서구라파라고 우리가 일반적으로 말할 수 있는데, 불란서는 갈로-로맹(Gallo-romain) 문화에서 드러나는 것처럼, 로마 문화의 맏딸이라고 할 수 있습니다. 중세기에 로마에는 가톨릭 교회의 법왕이 있고, 불란서에는 대학이 있고, 독일에는 황제가 있다고 하는데, 그것은 지금도 옳습니다. 그러나 플라톤으로부터의 서양철학, 서양 학문의 정수는 어디로 가냐 하면 불란서로 갑니다. 그리고 아까도 말한 바와 같이 실증과학의 그 배열이라든가, 분류, 분할은 오귀스뜨 꽁뜨가 해 놓은 것이 기본이고, 베르그송은 무엇을 재느냐를 묻고, 거기에 어떻게 대답하느냐에 따라서 모든 것이 달라집니다. 그리고 플라톤의 존재론만이 그것에 대한 정당한 대답입니다. 요컨대 서양의 그런 실증과학에 대응할 수 있는 이론은 베르그송에서 끝납니다. 왜냐하면 플라톤이 말한 것처럼 사물을 정리할 수 있는 것은 시간에서냐 공간에서냐 둘뿐이에요. 플라톤은 둘 다를 놓았고, 아리스토텔레스는 공간에서 형상 이론(form theory)을 놓았고, 베르그송은 시간에서 정리했습니다. 그 이외에는 없어요.

요컨대 서양철학의 주류는 데이터에서 출발합니다. 예전부터 서양의 학문은 대상화된 것을 취급했습니다. 그러나 그렇지 않은 것도 있습니다. 가령 헤겔을 봅시다. 헤겔은 대상화된 세계에서의 모순율을 부정하고, 그의 『논리학』을 보면 비합리주의적입니다. 그러나 그것이 문제가 아니라, 그 상황(situation)에서 그렇게 대상화된 세계를 조절하는 무의식의 세계에서 성립하는 자기의 동일성(identity)의 조절 능력이 헤겔로 하여금 철학하게끔 한 필수조건이 아니겠느냐 하는 문제를 제출할 수 있습니다. 그러니까 요컨대 모든 철학을 다 보라는 얘깁니다. 대상의 세계에서 이것이 합리적이니까 혹은 비합리적이니까 좋다, 나쁘다 하는 것은 그만 두라는 겁니다. 우리는 서양철학을 데이터로서 취급하고, 어떤 것이 좋으냐 나쁘냐 하는 것은 학문의 대상으로 삼지 않고, 어떤 것이 옳으냐 그르냐 하는 것도 취급하지 않습니다. 모든 증거에 의해서 증명을 해보니까 다만 이러이러한 것이 나오더라, 그것뿐입니다. 모든 존재자는 그것이 있다면 있을 만한 원인이 있기 때문에 있는 것이 아니냐 하는 것이 학문의 목적이에요. 그것이 무의식의 세계에서 이루어지든, 대상화의 세계에서 이루어지든 상관없습니다. 다만 대상의 세계에서 이루어지면 수학 같은 것들이 나오겠지요. 그러니까 우리가 서양철학에 접근(approach)하는 것은 우선 데이터로서의 서양철학에 접근해 보려는 것입니다. 불란서 사람보고 아무리 독일 사람처럼 철학하라고 해도 그렇게 하지 않습니다. 또 독일 사람은 독일 사람 나름대로 철학하지요. 그러니까 독일철학은 그 나름대로 일단 이해하는 것이 마땅하고, 독일철학을 어디 영미철학이나 불란서철학에다 옮겨 놓고 이해하면 곤란하다는 겁니다. 희랍철학도 마찬가지죠. 그리고 나서 나중에 추상적인 어떤 문제를 놓고 얘기를 해 보자는 겁니다. 또 철학은 데이터 그 자체가 어떻게 성립하느냐는 것도 문제입니다. 모든 측면에서 봐야 합니다. 그것은 간단하지 않아요. 내 얘기 그만하죠.

2

희랍철학 소고(小考)

1. 인위적인 것 자연의 구별

희랍철학의 주류에는 인위적인 것과 인위적이 아닌 것의 구별이 있다. 희랍 사람들은 인위적이 아닌 것을 자연이라 부른다. 인위적인 것에는 사람이 만든 말, 사람이 내리는 판단, 해석 그리고 관습 및 사회적 통념의 일부분이 포함된다.

플라톤의 저서로는 대화편이 있다. 대화편의 대부분은 대화의 주인공들이 모임을 갖고 서로 주고받는 말을 통해서 철학을 전개한다. 아리스토텔레스는 이러한 철학의 전개를 'logikōs'[1]라고 하면서 비판한다. 여기서 'logikōs'란 말로만 한다는 뜻이다. 즉 플라톤의 대화편의 주인공들은 사물을 직접 취급하지 않았다는 것이다. 물론 아리스토텔레스의 이러한 비판은 일방적이다. 플라톤의 대화편의

1 W. D. Ross, *Metaphysics* I, p. 168.

주인공들은 그들 나름대로 대상을 직접 다루며 다만 그 결과를 말을 통해 상대방에게 전달할 뿐이다. 플라톤의 대화편에선 오히려 소피스트가 비판을 받는다.[2] 소피스트는 모든 것을 말로 모방하여 마치 진리인 것처럼 말하고 있지만 사실은 그들의 말은 허구적이라는 것이다. 소피스트는 직업적으로 말을 가지고 유희(遊戱)하는 사람들로서 그들은 말로만 그럴듯하게 꾸며대어 사람들을 믿게 하고 사물 자체의 진상(眞相)은 등한시한다는 것이다.

말이 대상과 괴리되어 허구적으로 될 수 있음은 비단 아리스토텔레스의 저서나 플라톤의 대화편에서만 지적되는 것이 아니라 멀리 초기 자연철학자의 단편 속에서도 엿보인다.

크세노파네스의 단편 B32에는 다음과 같은 구절이 있다. "사람들이 이리스(Iris) 여신이라고 명명하는 것은 사실은 구름이다(nephos pephyke)." 파르메니데스의 단편 8의 38에는 다음과 같은 구절이 있다. "가사적인 것[3]이 존재의(역자 삽입) 진리라고 믿고서 주장하는 것들, 곧 생성과 소멸, 존재함과 동시에 없음, 장소의 예화(豫化), 밝은 색의 변화 등은 모두 말뿐이다." 아낙사고라스의 단편 B19에는 다음과 같은 구절이 있다. "우리는 구름 속의 태양이 반사된 것을 이리스(여신명, 무지개)라고 부른다." 또 그의 단편 17에는 다음과 같은 구절이 있다. "희랍 사람들은 생성과 소멸을 잘못 판단하고 있다(nomizesthai). 왜냐하면 어떠한 사물도, 생성하거나

---

2 플라톤의 『소피스트』편 및 기타.

3 가사적인 것은 사람을 지칭함.

소멸되지 않으며 다만 존재하는 사물의 결합과 분리가 있을 뿐이기 때문이다. 그러므로 생성을 결합이라고 부르고 소멸을 분리라고 부름이 옳다."

크세노파네스의 단편에서 추측되듯이 신화의 시대에는 신의 이름과 대상 사이의 괴리가 자각되지 못했다. 곧 신화의 몰락과 철학의 대두는 신화에서 사용되는 말이 사실과 반드시 일치하지 않음이 자각됨과 동시에 이루어졌다. 그리고 파르메니데스와 아낙사고라스의 단편에 나타나 있듯이 희랍 사람들 사이에서 사용되는 언어에 허구성이 있음을 철학자는 자각하였다.

말의 배후에는 판단(doxa)[4]이 있다. 판단은 말 못지않게 사실과 괴리될 수 있다. 대상이 직접적으로 주어지지 않았음에도 불구하고 마치 진상이 드러나기나 한 듯이 판단을 내리는 해석은 허구적이다. 점쟁이는 새의 내장 빛깔을 보고 길흉을 예견할 수 있다는 듯이 장래를 해석한다. 신전 속에서 신의 영감을 받고 사물을 해석하는 신관의 판단은 허구적이다. 그리고 그 판단 가운데는 개인적인 판단도 있거니와 관습이 밑받침이 된 판단도 있다. 관습(nomos)은 지방과 종족에 따라 다르고 시대에 따라 변하며 어느 한 지방, 한 부족, 한 시대에 통용되는 관습은 다른 지방, 다른 종족, 다른 시대에는 허구적이다. 희랍 민족은 다른 민족보다 유달리 훌륭한 관습 및 사회적인 기강을 보유하고 있었다. 그러나 폐쇄적인 시대에서 개방적인

---

4 판단에 해당하는 희랍어 'doxa'는 여러 가지로 번역됨. 'belief'는 그중에서 중요한 것이다.

시대로 접어들면서 그들의 관습은 허구적임이 드러났다.

인위적인 것이 허구적일 수 있음[5]을 자각한 희랍 사람들은 사람이 사물에 첨가한 모든 것을 제거하고 사물 자체, 곧 자연을 인식하려고 했다. 곧 허구적이면 인식이 아니라는 것이 자각되던 것이었다. 여기서 희랍 사람들 사이에서 인식의 본성이 무엇으로 규정되었는지가 분명히 드러난다.[6] 인식은 사물을 사물 그대로 받아들임의 한 방식이며 이것은 인식의 비허구성을 뜻한다. 그런데 사람이 인식에 허구성을 부여한다. 그러므로 인식(epistēmē)과 주관적인 판단(doxa)은 대립되고 이 대립은 플라톤이나 아리스토텔레스에 이르기까지 변함없다.

2. 인식과 직관

자연, 곧 인위적인 것이 제거된 대상은 항상 인식 주관 밖에 있다. 그러나 주관에서 떨어져 있으면 인식이 되지 않는다. 그러므로 그것이 인식되기 위해서는 인식 주관과 관계를 맺어야 한다. 그러나 대상은 허구적으로 될 수 없고 자기동일성을 요구하므로 그것의 자기동일성이 유지되면서 관계가 맺어져야 한다. 이러한 관계는 접촉이다. 접촉에서 두 사물은 공동의 한계를 갖는다. 곧 인식 주관이

---

5 fingo → fictus

6 사람이 하는 인식 작용이 어떻게 하여 비인위적인 대상을 받아들이는지의 문제는 인식론의 기본 문제이며, 이 문제는 진위의 문제로 직결된다. 허위의 문제는 플라톤 인식론의 중요한 문제이다.

끝나는 한계는 대상의 한계이다. 따라서 인식 주관과 대상의 한계 사이에 제3자가 개입하지 않는다. 이러한 인식은 직관이다.[7]

대상과 인식 주관이 저마다 자기동일성을 유지함은 대상 의식의 기본 조건이다. 이 기본 조건이 없으면 대상과 인식 주관의 한계가 흐려진다. 만약 대상이 인식 주관의 내부에 들어오면 그것의 자기동일성은 상실되고 주관적인 판단의 내용으로 해체된다. 아리스토텔레스는 직접적으로 주어지는 최초의 인식을 촉각이라 하였는데 촉각을 뜻하는 희랍어 'hapē'는 본래 접촉을 뜻한다. 주관이 끝나는 한계는, 곧 대상의 한계라는 것이다.

대상에 접촉되는 인식 주관의 한계가 어디냐에 따라서 직관의 종류가 구별될 수 있다. 아리스토텔레스에 따르면 인식은 생명현상의 일부로서 영혼에서 성립하므로 영혼의 종류에 따라서 직관의 종류가 구별된다. 아리스토텔레스에서 영혼은 단계적으로 분류되고, 식물, 동물, 사람의 영혼이 층계를 이룬다. 대상의 직관은 동물의 영혼에서 촉각으로 시작하고 사람에게만 고유하게 있는 지적 능력의 정점에서 이루어지는 지적 직관으로 끝난다. 그는 이 지적 직관을 'noūs'라고 부른다. 그러므로 촉각과 'noūs'가 연결되는 인식 주관의 한계선상에서 대상이 직관된다.

7 eidenai → intueor → intuitio

3. 직관과 조작(operation), 주입, 증명

인식 주관의 한계선상에서 직관되는 것, 곧 그것에 접하는 것은 대상의 한계이며 이 대상의 한계는 대상의 외모이다. 희랍어 'eidos'는 외모를 뜻한다.

사물의 내부나 이면은 인식 주관의 한계에 접촉되지 않으므로 직관되지 않는다. 뿐만 아니라 대상이 움직일 때 인식 주관도 대상을 따라서 움직이지 않는 한, 대상은 직관되지 않는다. 곧 대상의 내부나 이면이 직관되기 위해서는 그것이 인식 주관과 접촉되도록 하는 작업(operation)이 필요하며, 대상이 움직일 때도 그것과 접촉을 유지하기 위한 작업이 필요하다. 따라서 직관의 반대는 조작 또는 작업이다. 직관은 항상 조작 또는 작업과 더불어 있으며 이 둘은 상보, 상반 관계에 있다.[8] 다(多)와 운동 속에서 이루어지는 대상의 직관은 작업을 떠날 수 없다. 플라톤과 아리스토텔레스는 진상을 찾는 작업을 탐구(zētēsis)라고 부른다.

작업은 부피를 지닌 물체의 직관에 국한되지 않는다. 이론적 학문의 대상도 그 나름대로 내용을 지니고 있고, 그 내용은 직관되지 않는다. 수나 수학적 공식이 단순히 직관되는 것과는 달리, 수나 수학적 공식에 함축된 내용이 직관되기 위해서는 일정한 작업이 필요하다. 수학자는 수학적 공식을 기억할 뿐만 아니라, 그것에 수학적

8 직관에서는 동시에, 조작에서는 연속적인 과정으로, 다(多)가 주어지므로 직관과 조작은 공간과 시간의 관계에 해당한다.

조작을 가하여, 그 속에 함축된 수의 모습과 관계를 이끌어내어 직관하는 능력을 지닌다. 수학자가 수학을 알기 위해서 많은 수학적 문제를 풀고 그 속에 들어 있는 수의 모습과 그것의 관계를 직관하듯이, 철학자도 대상의 철학적인 진리를 알기 위해서는 많은 문제를 풀면서 대상에 철학적인 조작을 가하여 그 속에 들어 있는 사리(事理)의 모습을 끌어내어 직관하는 작업을 수행해야 한다. 플라톤의 대화론은 대부분 이러한 철학적 작업의 기록이다.

인식의 대상은 인식 주관의 한계선상에서만 대상이 되며 인식 주관 속으로 주입되면 자기동일성을 상실한다. 이 점에 있어서 인식의 대상과 인생관이나 세계관의 내용은 다르다. 인생관과 세계관은 주입됨이 특징이다. 그러나 인식의 대상은 인식의 주관을 다만 스쳐갈 따름이다. 스쳐가는 대상은 끊임없이 새로울 수도 있다. 그러나 때로는 직관되어 기억으로 저장된다. 그 결과 지식이 증가된다. 그러나 때로는 망각된다. 주입된 인생관이나 세계관은 인식 주관을 포로로 삼고 망각되기를 거부한다. 주입된 인생관이나 세계관은 내부에서 일어나는 판단력을 마비시킨다. 그러나 인식의 대상은 밖에서 스쳐갈 따름이므로 판단 능력을 방임한다. 판단 능력은 그것이 지닌 허구성을 줄이기 위해서 항상 자유롭고 유연성을 지닌, 지적 작업을 통해서 밖에 있는 대상에 접근해야 한다. 플라톤의 대화편에는 설득 아닌 지적 작업이 있을 뿐, 주입되는 강의는 없다.

대상은 직관에서 주어지며, 직관된 것은 지식으로서 인식 주관 내부에 저장된다. 그런데 일단 저장된 후에는 그 지식이 과연 허구적인지 아닌지 분간할 길이 없다. 따라서 저장된 지식이 허구적이 아님을 보여주는 작업이 요구된다. 이 작업이 곧 증명이다. 모든 증명은, 증명되는 지식이 무엇이든, 증명되는 지식이 허구적이 아님을 직관케 한다. '증명한다'를 뜻하는 희랍어 'apodeiknumi(demonstro)'의 'deiknumi'는 '보여준다'나 '지적한다'를 뜻한다.

4. 증명 방식에 의한 지식의 구분

지식을 분류하는 여러 기준이 있다. 그런데 지식에는 비허구성의 증명이 요구된다. 따라서 지식의 비허구성이 증명되는 방식은 지식이 분류되는 기준이 될 수 있다. 지식의 비허구성이 증명되는 방식이 기준이 되어 희랍에서 발생한 철학적 지식이 분류될 수 있다면 그 중요한 것으로 셋을 들 수 있다.

첫째는 실증적 지식이다. 실증적 지식에는 그것을 증명하는 사람으로서, 그 지식을 직접 경험하였거나 목격한 사람이 있다. 희랍에서 'historia'는 다른 뜻도 있으나 실증적 지식을 뜻한다. 'histōr'[9]는 목격자나 증인을 뜻하며, 'historia'는 목격하면서 얻어진 지식, 또는 목격자가 증인으로 있는 지식을 뜻한다. 이 지식은 이오니아에서 최초로 탄생하였다.

둘째는 기술이다. 만약 지식이 허구적이 아니라면 그 지식이 사물에 응용될 때 소기(所期)의 성과가 얻어진다. '인식한다'를 뜻하

9 Bruno Snell, "Die Ausdrücke für den Begriff des Wissens", *Vorplatonischen Philosophie*, p. 234.

는 희랍어 'epistamai'는, 동사의 부정법(不定法)을 취하면, 능력을 표시한다. 이것은 우리말에 있어서도 동일하다. 예를 들어, 저 사람은 자동차를 운전할 줄 안다, 술 마실 줄 안다, 등산할 줄 안다, 수영할 줄 안다, 병을 고칠 줄 안다 등이 그것이다. 자동차를 운전할 줄 안다, 곧 자동차를 운전하는 것을 앎과 자동차를 운전하는 것을 사고(思考)함은 전혀 다르다. 자동차를 운전할 줄 앎은 다음과 같은 사실을 함축한다. 곧 자동차의 운전에는 일정한 지식이 필요하다. 그리고 그 지식은 변화하는 대상에 일치해서 얻어진 지식이며, 그 지식이 허구적이 아니라면, 그 지식은 자동차에 가해지는 운전이라는 조작을 실패로 돌아가지 않게 하고 성공시킨다. 허구적이 아닌 지식이 대상의 조작에 있어서 소기의 성과를 얻게 하는 능력을 그 지식의 소유자에게 부여하다. 곧 지식이 능력의 일부로 변하여 그 능력이 구체적 효과를 얻으면 기술이 된다. 곧 기술은 지식이 허구적이 아님을 증명하는 방식의 하나이다.

지식이 기술이 됨은 이런 뜻에서 중요할 뿐만 아니라 행위와 지식이 미분(未分)된 단계에서 중요하다. 이 단계에서 지식이 허구적이 아님이 증명되는 방식은 순수한 지식의 영역에서 이루어지지 않고, 행위와 밀착된 지식의 영역에서 이루어진다. 곧 그러한 지식은 일정한 효과가 나타남을 요구한다. 그러므로 그러한 지식은 기술이 될 수밖에 없다.

셋째는 논증적 지식이다. 논증적 지식으로 대표적인 것은 유클리드기하학이다. 유클리드기하학에서 증명이 이루어지는 방식은 엄밀하며, 증명의 근거가 외부에 있지 않고 그 지식의 내부에 있으므로 유클리드기하학은 앞의 두 지식과 다르다.

물론 기하학은 유클리드에서 시작하지 않는다. 기하학은 멀리 피타고라스학파에서 비롯되며, 피타고라스학파의 기하학에는 엄밀하게 논증적인 부분이 있고, 후에 유클리드기하학에 집대성되는 부분도 있다. 그러므로 필자는 편의상 유클리드기하학이라는 명칭을 사용한다.

유클리드기하학은 공간 형태에 관한 학이다. 공간에는 여기저기 사물이 공존한다. 공간은 공존하는 사물이 빠져 나간 나머지 연속성이며 일종의 결핍(privation)이다. 그러나 공간 속에 있는 사물이 배제되었다고 하더라도 데카르트의 해석기하학에 있어서처럼 XY축이 있고 그 위에 눈금이 그어져 있으면 그 공간에는 일정한 좌표가 부여된다. 그리하여 한 위치에 있는 삼각형이 다른 위치로 운동하는 경우에 그 삼각형의 좌표는 변화한다. 그리고 이 좌표가 변경됨에 있어서 운동이 개입된다. 그러나 유클리드기하학에서는 한 삼각형이 어떤 장소에 있거나, 동일한 삼각형으로 있으며, 또 그 삼각형이 공간 이동을 하여도 동일한 삼각형으로 있다. 즉 유클리드기하학적 공간에서는 무수히 많은 위치에 무수히 많은 동일한 삼각형이 있을 수 있고, 또한 그 삼각형들이 공간 이동을 하여 위치를 옮긴다 하더라도 그것에 관계없이 동일한 삼각형으로 있다. 그러므로 위치를 달리하는 무수히 많은 삼각형이 공간 이동을 하여 합동이 되고 하나가 될 수 있다. 이 하나의 삼각형은 연장성(延長性)이 빠진 공간에서 유별된 종(eidos)으로서의 삼각형이며 측량될 수 없다. 그리고 이 삼각형에는 다른 모든 것으로부터 구별되고 삼각형에만 고유한 규정이 있을 수 있다. 이 규정은 밖에서 얻어지지 않고 그 속에 있다. 왜냐하면 종이 된 삼각형은 다른 모든 종으로서의 도형으로부터 완전히 구별되어 있고 그것의 규정은 하나의 전체로 통일되어 있기 때문이다. 이 규정이 삼각형의 정의에 나타난다. 피타고라스 정리의 증명은 측량에 의거하지 않고 직각삼각형에만 내포되고 있는 규정, 곧 종으로서의 직각삼각형의 정의에서 필연적으로 도출된다. 정의에서 결과를 도출하는 증명은 근거와 결과가 하나로 연결됨으로써 통일된 전체로서 한번에 직관되도록 하는 작업이다. 곧 엄밀한 논증의 성립은 도형이 합동이 되어 하나가 되고 일의적인 정의가 내려질 수 있음에 기인한다.

5. 논증적 지식으로서의 존재론

그렇다면 이제 "하나는 무엇인가?"의 문제가 제기된다. 이 문제에 근본적으로 대답해 준 철학자가 파르메니데스이다.

진정한 하나는 다(多)가 되지 않고, 언제나 하나이며, 이 하나는 다에 대립된다. 다는 여러 '하나'의 공존에서 성립한다. 곧 다는 상호 배타적이 아니다. 다가 사라지고 하나만 성립하려면, 공존 관계가 아닌 배타적 관계가 성립해야 한다. 배타성의 극치는 모순이며, 모순 속에 있는 것은 공존이 불가능하고 단 하나만 남는다. 그런데 모순은 존재와 무에서 성립한다. 파르메니데스는, 존재는 존재이고 무는 무이므로 무는 없어지고 다만 존재만 남는다고 말한다. 곧 일자성(一者性)은 무에 대한 모순 때문에 성립하는 존재의 기본적인 특징이다. 이렇게 모순율을 따르면 존재하는 일자만 있고 존재 속에 다와 운동은 없다. 그러므로 다와 운동이 있다고 함은 허구적이다.

위와 같이 파르메니데스에 의하여 일자(一者)의 성격은 분명히 규명되었지만, 그러나 다른 한편, 다와 운동이 존재하지 않는다는 결론이 나옴으로써 다로 성립하는 기하학의 성립 여부가 문제로 제기된다. 그런데 파르메니데스의 순수한 일자는 모순율을 따르고 유클리드기하학에서 성립하는 일자는 동일률을 따르기 때문에 이 문제는 모순율을 따르는 일자와 동일률을 따르는 일자의 문제로 귀착된다.

모순율을 따르는 일자는 홀로 있으므로 타자(他者)와 관계를 맺을 수 없다. 그것은 오직 자기를 따를 뿐이다. 그것의 이러한 성격은 자체성(kata' hauto)이다. 그러나 자기동일자는 일자가 타자와 관계를 맺고 있으나 타자에서 분명히 일자로서 구별되어 있을 때, 곧 타자에 접촉하고 있을 때, 가능하다. 그리고 일자가 타자와 관계를 맺으나 일자가 타자에 엉켜서 타자성으로 해체됨이 운동 과정의 기본적 특징인데, 이러한 운동 과정은 단절되고, 고정되고, 비교된다 하더라도 거기에는 완전한 동일함은 없고 비슷함이 있다. 자체성, 자기동일성, 운동의 과정은 무가 아님의 세 방식이다. 그리고 자체성과 자기동일성을 지닌 것은 저마다 일자이므로 존재라고 불리며 타자성에 해체되는 운동 과정과 구별된다.

자기동일자는 타자와의 관계에서 성립한다. 근원적인 타자는 동시에 존재도 무도 아님이다. 동시에 존재도 무도 아님에는 존재와 무의 관계인 단절이 없고 연속이 있다. 연속의 이면은 결핍이다. 이 결핍에 일자가 일자로서 접할 수 있는데, 접할 수 있는 부분은 연속의 어느 부분이며 이 부분은 일자에 대하여 우연적이다. 따라서 일자는 다른 부분에도 접촉할 수 있다 곧 반복 가능하다.[10] 일자가 반복되는 경우, 일자는 일자와 결부된 타자에서 유리되어 하나로 향할 수 있는 것(universale: 보편적인 것이라고 번역됨)이 되고 일자와 결부된 타자의 부분은 개별적으로 분리된 것(diversum)이다. 일자가 존재도 무도 아님의 연속의 이면인 결핍에서 그것에 접하는 대신 존재도 무도 아님의 연속성과 관계를 맺으면 연속적으로 동시에 존재도 무도 아님, 곧 타자성 곧 일자의 결핍으로 해체된다. 이러한 해체에 거역해서 일자가 일자로서 성립하면 일자가 보존된다. 곧 운동에서 일자의 일자로서의 성립은 일자의 보존이다. 보존에서는, 반복에서 'universale'인 것이 연결되어 지속이 되고, 'diversum'은 계기(繼起, succession)가 된다. 존재도 무도 아님에서 성립하는 연속의 이면인 결핍에서 공간이 성립하고 보존에서 시간이 성립한다. 반복과 보존은 자기동일성의 두 측면이며 저마다 그 나름대로 비어 있는 연속성의 채움이며 충만으로 향한다. 결핍, 곧 비어 있음은 무와 접하나 충만은 존재와 접한다.

타자 없이 성립하는 자체적 존재는 반복과 보존을 넘어서고 일자를 타자로 해체하는 흐름은 반복과 보존도 해체한다.

자체적 일자는 완전한 일자이다. 그러나 자기동일적 일자는 타자

---

10 'tauton(동일자)'의 'auto'가 대명사임에 주의. 대명사는 반복될 때 사용된다.

에 접촉되면서 성립하므로 그만큼 불완전한 일자이다. 따라서 자기동일자는 자체적 일자가 지닌 일자성의 일부분만을 지닌다. 이와 비슷하게 일자를 연속적으로 타자성으로 해체하는 운동은 자기 동일자의 일자성의 일부분만을 지닌다. 일자성은 존재의 특성이므로 일자성의 관계와 비례하여 존재성에 있어서도 자기동일적 존재는 자체적 존재의 존재성의 일부만을 지니며 일자를 타자로 해체하는 흐름은 자기동일적 존재의 존재성의 일부만을 지닌다. 그리고 일자를 타자성에 해체하는 엉킴에는 정도의 차이가 있는데 완전한 엉킴에서 일자는 완전히 타자성으로 해체되고 무규정성(無規定性)만이 남는다. 무규정성과 타자성은 다 같이 동시에 존재도 무도 아님의 특성이다. 이미 언급되었듯이 자기동일성의 운동의 과정은 자체적 존재가 타자와 관계를 맺은 결과이다. 그런데 타자성은 동시에 존재도 무도 아니므로 연속성을 내포하고 있다. 따라서 자체성, 자기동일성, 운동의 과정은 연속적으로 접촉하고 있으며, 자체성은 반드시 자기동일성을 거쳐서 운동의 과정으로 옮겨질 수 있다. 자체성, 자기동일성, 운동 과정의 순서는 타자성의 연속적인 증가를 뜻한다.

자기동일적 존재는 타자에 접촉되는 존재이다. 타자에 접촉되는 존재에는 두 부분이 있다. 곧 일자가 타자와 구별되는 부분과 타자와 한계를 같이하는 부분이다. 타자와 구별되는 일자의 부분에는 그것의 고유한 자기동일적인 내용이 있는데 이 내용이 'essentia'이다. 타자와 한계를 같이하는 일자의 부분에는 타자와의 관계에서 일자의 자기동일성이 확보되는 측면이 있는데 이것이 'existentia'이다.[11] 'essentia'는 일자의 고유한 내용이며 하나밖에 없으나,

'existentia'는 무수히 많은 것과 관계를 맺을 수 있다.

타자에 접하지 않은 자체성에는 타자에서 구별되는 그것 고유의 내용인 'essentia'가 없으며 타자와의 관계에서 성립하는 'existentia'도 없다. 자체성은 'essentia'와 'existentia'를 초월한다. 일자를 연속적으로 타자성에 해체하는 흐름은 'essentia'와 'existentia'의 구별도 해체한다. 'essentia'는 내포를 지닌바, 내포와 그것을 통일하는 단위는 부분과 전체의 관계에 있으며 전체와 부분은 공존한다. 그러나 다른 한편 그것들을 서로 다르므로 상호 배타적이다. 따라서 'essentia'의 일자성은 필연적으로 성립하지 않고 일정한 조건 밑에서만 성립할 수 있다. 'existentia'의 측면에서 성립하는 일자성은 타자와의 관계에서 성립하기 때문에 일정한 조건이 이루어질 때 가능하다.

'essentia'와 'existentia'가 어떻게 합일하여 하나가 되는가는 어려운 문제이다. 'essentia'는 일자의 내용이며 타자로부터 구별됨으로써 이루어지고, 'existentia'는 일자가 타자와 관계 맺음으로써 이루어진다. 따라서 양자는 상반된 성질을 지닌다. 그러나 이 합일에서 한 사물이 'essentia'와 'existentia'로 구별되기 이전의 통일된 즉자적인 존재가 되므로 이 합일을 연구하는 것은 존재를 탐구하는 이론적 학문의 중요한 과제이다.

인식은 사물의 'eidos'(외모, 모습)를 받아들인다. 'eidos'가 받

---

11 적당한 어휘가 없어 라틴어를 빌려 쓴다. 희랍어 'ousia'는 'essentia', 'existentia' 두 뜻을 다 지닌다. 독일어 'Sosein', 'Dasein'도 좋은 말임.

아들여지기 위해서는 'eidos'가 그것의 'existentia'로부터 분리될 필요가 있다. 이러한 분리는 유클리드기하학적 도형의 동일성에서 분명하다. 왜냐하면 유클리드기하학에서는 동일한 도형이 합동이 되는데 도형의 합동은 'eidos'와 그것의 'existentia'의 분리를 내포하고 있기 때문이다. 곧 유별(類別)된 'eidos', 종으로서의 'eidos'는 연장성을 계기로 성립하는 그것의 'existentia'에서 구별된다. 인식은 대상의 'eidos'가 'eidos' 그것대로, 곧 자기동일성과 더불어 인식 주관에 받아들여짐을 뜻하는데, 유클리드기하학의 도형의 합동은 'eidos'가 자기동일성을 가지고 인식 주관에 받아들여지는 대표적 예이다.

'essentia'와 'existentia'를 초월하는 자체적 존재는 인식을 초월하며, 'essentia'와 'existentia'의 구별을 해체시키는 운동 과정은 인식을 해체한다.

위와 같은 고찰의 결과, 유클리드기하학적 도형에서 성립하는 종으로서의 일자는 동일성에서 성립하는 일자이므로, 이 일자는 순수한 일자의 성격, 곧 무에 대한 모순에서 성립하는 존재의 일자성의 일부분만을 지니며, 타자에 접촉됨으로써 성립하고, 일정한 조건 밑에서 성립함이 밝혀졌다. 자체적 일자, 자기동일적 일자, 운동의 과정, 이 셋은 이미 언급된 것처럼 무가 아님을 공통 인자로 갖는다. 무에 대해서 모순된 일자인 존재와 동일성을 지닌 존재 그리고 운동—이 셋의 순서는 순수한 일자인 존재가 타자성과 맺는 관계의 증가를 뜻하며, 순수한 일자인 존재에서 운동으로 옮겨지기 위해서는 자기동일성을 거쳐야 한다고 언급되었는데, 이것은 커다란 의미를 내포한다. 왜냐하면 대상 자체가 공간에서 반복되거나, 시간에서 보존되어 동일성을 지니는 경우에 그 대상들은 유클리드기하학적 대상처럼 순수한 공간에서 유별되어 종으로 단일화될 수 있지만, 비록 대상이 그와 같이 자기동일성을 지니지 않고 운동의 과정으로 있다 하더라도 이 운동의 저편에 동일성에 의거한 존재의 영역이 있고 이 영역에 있는 것이 순수한 공간에서 종으로 유별될 수 있기 때문이다. 예를 들어, 운동하는 대상에 아무리 많은 삼각형을 그려도 이 삼각형은 유클리드기하학적 공간에서 성립하는 삼각형은 아니다. 이러한 삼각형은 하나의 종으로 단일화될 수 없다. 그러나 이러한 삼각형이 성립하면 반드시 그 배후에는 이러한 삼각형을 넘어서 유클리드기하학적 공간에서 유별되는 삼각형이 있고, 따라서 단 하나의 종으로 단일화되는 삼각형이 성립한다.

이리하여 우리가 직접 부딪치는 만유(萬有)가 동일성을 지니고 있든, 그렇지 않고 다만 운동 과정으로 있든, 만유의 내용들이 순수한 공간에서 하나의 종으로 각각 유별되어 단일화될 수 있다. 그리고 단일화된 종에 대하여 그것이 일자인 까닭에 지닌 규정이 탐구되어 일의적인 정의가 내려질 수 있다면 이 정의가 토대가 되어 이론적 학이 성립될 수 있다.

그리하여 다(多)와 운동이 있는 만유에 대해 유클리드기하학에 못지 않게 엄밀한 이론적 학이 성립할 수 있는 가능성이 열리게 된다.

모든 이론적 학문은 그 학문의 대상이 지닌 동일성을 다룬다. 곧 그 학문의 대상이 공간에서 반복되지도 않고, 시간에서 보존되지도 않고, '지금', '여기' 일회적으로 성립한다면, 그 대상에는 기술(記述)만 있을 뿐 이론적 학은 없다. 예를 들어 물리학은 물리학의 대상이 지닌 성질이나 기능이 공간에서 반복되거나 시간으로서 보존되지 않으면 성립할 수 없다. 인과율은 동일한 원인이 있으면 동일한 결과가 있음을 말한다. 이것은 반복되는 운동의 가능성을 전제로 한다. 반복은 동일한 것이기 때문이다. 즉 인과율은 반복되는 운동을 단절하여 원인과 결과로 나누고 그것의 합동성을 규정한다. 생명을 다루는 이론적 학문도 동일하다. 곧 생명체가 지니는 성질이나 기능 가운데 어디서나 반복되고 언제든지 보존되는 것만이 이론적 생물학의 대상이 된다. 심리학은, 그것이 사람의 심리를 다루는 이론적 학문이라면, 사람이 어떻게 심리적 측면에서 동일성을 지니는지 탐구한다. 곧 사람의 동일성을 심리적 측면에서 다루며 이것은 물론 사람에 있어서 심리적 기능의 동일성이 무엇이냐를 탐구하는 것과 동일하다. 왜냐하면 심리적 기능의 동일성 없이 사람의 동일성은 없기 때문이다.

이론적 학문은 그 학문의 대상이 지닌 동일성을 다룬다. 그런데 동일성은 반드시 일정한 모습을 지닌다. 이 모습은 유별되어 종이 된다. 따라서 동일성의 일정한 모습은 다른 모든 종의 모습으로부터 구별된다. 곧 독립되려고 한다. 따라서 즉자성에 접촉한다. 플라톤은 종의 모습의 이러한 성격도 그것의 초월성이라고 부른다. 이러한 종의 모습, 곧 'eidos'의 초월성은 이론적 학의 하나하나가 독립될 수 있는 근거가 되어, 한 이론적 학이 다른 이론적 학으로 해체됨을 막아 준다. 그 결과, 만유에 있는 내용만큼이나 많은 수의 이론적 학문이 독립하여 성립할 수 있다. 'eidos'의 독립성은 모든 'eidos'를 자체성(自體性)에 접촉하게 하여 동일한 차원에 위치하도록 하며, 따라서 모든 학은 그것이 독립해 있는 한, 동일한 차원에 서게 된다. 그러나 또 동일성의 일정한 모습 때문에 이론적 학이 서로 구별된다. 예를 들어 무생물체의 경우, 어떤 물질이 공간에서 완전히 자기동일성을 지니게 되고 다른 물질에서 독립할 수 있는 경우에는 입체화한다. 입체는 다른 타자로부터 공간의 모든 차원에서 구별되는 것이기 때문이다. 그리고 이론적 학문의 대상이 되는 이 입체는 시간에서 끊임없이 보존되며 변화되지 않기를 요구한다. 생명체의 경우에도 공간적으로는 입체, 곧 신체가 성립해야 한다. 그런데 생명체의 경우, 그것의 보존은 신체의 불변성을 요구하지 않고 신체의 사멸과 생식을 통해서 이루어진다. 이렇게 무생물체냐 생물체냐의 구별은 이론적 학의 입장에서 고찰해 볼 때, 그것들이 보존되는 모습이 다르거나, 어느 무생물체나 생물체에서도 반복되는 것의 구조가 다른 데 기인한다.

개별적 존재를 다루는 이론적 학문은 개별적인 이론적 학이다. 그러나 존재자 일반의 동일성을 다루는 이론적 학문은 이론적 학문 일반의 성립 가능성을 탐구하는 이론적 학문이 되는데, 이러한 학문이 존재론이다.[12] 따라서 존재론은 모든 개별적인 이론적 학문을 이론적 학으로서 성립하게 하는 궁극적 근거를 탐구한다. 그리고 이론을 표시하는 희랍어 'logos'는 법칙을 뜻한다. 논리라는 말이 곧

12 존재론은 존재하는 것의 모습을 달라지게 하는 일반적인 원인도 탐구한다.

잘 그것에 사용되지만, 어떠한 논리도 어떤 실재하는 대상의 어떤 측면에서 성립하며, 그 측면을 구성하는 요인에 함축된 내면적 규정을 통해서 이루어지므로, 대상 자체를 떠난 논리는 있을 수 없다. 대상 속에 함축된 자기동일적인 내용은 그것이 타자와 구별되기 때문에 그것에만 고유한 규정이며, 어떤 타자의 간섭도 받지 않고 성립한다. 그런데 타자 속에는 인식하는 주관이나 언어 및 모든 인위적인 것이 포함된다. 그러므로 어떤 논리학도 객관적인 법칙을 다루는 객관적인 학이다. 만약 논리학 일반이 있다면, 그것은 법칙 일반을 다루는 학이 되며, 따라서 이론적 학 일반이 어떻게 가능한지를 다루는 존재론과 일치한다. 따라서 논리학은 사실은 말일 뿐이고, 개별적인 이론적 학이 있거나 이론적 학 일반을 다루는 존재론이 있을 따름이다. 그리고 존재론은 단순히 개별적인 이론적 학이 이론적 학으로서 어떻게 성립하는지 그 근거를 다루는 방법론이 아니라, 개별적인 이론적 학의 대상 영역과 다른 대상의 영역을 다루며 존재자의 어느 곳에서도 반복되고 어느 때라도 보존되는 것을 다루는 객관적인 학문이다.

유클리드기하학은 누가 다루어도 동일하다. 곧 이론적 공간에서 유별된 종(種)이 단 하나이며, 이 종에 일의적인 정의가 내려질 수 있고 정의에 입각된 법칙이 일의적이면 그것은 자기동일성을 지닌다. 자기동일적 존재의 'essentia'는 연장성을 계기로 성립하는 그것의 'existentia'로부터 구별된다. 인식은 'eidos'를 자기동일성과 더불어 받아들임이다. 그러므로 유클리드기하학처럼 엄밀한 학이 되려고 하는 존재론과 존재론에 입각한 개별적인 이론적 학은 누가 다루어도 동일한 학이 되려고 하며, 개인, 학파, 민족과 시대를 초월하려고 한다.

플라톤의 철학에서 위와 같은 존재에 대한 이론적 학이 비롯된다. 플라톤의 'eidos'는 유별(類別)된 종이다. 모든 유별된 종은 저마다 자기동일성을 지닌 일자이며 모든 타자로부터 독립하려고 하므로 자체성에 접근하여 접촉한다. 자체성에 접근하는 한, 모든 'eidos'는 동일한 차원에 선다. 그런데 사물의 정의가 성립하기 위해서는 독립하려는 'eidos'가 관계를 맺고 자기동일성을 지닌 새로운 전체가 성립해야 한다. 그런데 근본적인 정의는 궁극적으로 분석된 요인의 결합을 요구하는데, 이 요인들은 서로 대립되어 있으므로 단 하나의 결합 방식만 있을 수는 없다. 이로 인하여 플라톤과 아리스토텔레스가 사물을 정의하는 방식이 갈라지고, 저마다 다른 존재론과 그것에 입각한 개별적인 이론적 학이 성립한다.

그러면 이러한 철학이 그 이전의 철학과 어떻게 다른지 비교해 보자. 우선 탈레스와 비교하자. 탈레스는 만유의 근원(archai pantōn)을 물이라고 하였다. 이러한 그의 천명은 그가 인위적인 모든 것을 버리고 사실을 직관하는 'historia'의 입장에 서 있음을 말해 준다. 곧 신화와는 달리 만유에 대한 믿음이나 주관적 해석을 버렸다. 신화는 말로 전해지는 공동체의 견해의 일종이다. 그는 이러한 말을 버렸다. 공동체의 굴레도 버렸고 그에게는 코기토(cogito)도 없다. 그러나 그가 만유의 근원이라고 말했을 때, 이러한 천명은 이론적 공간에서 성립하는 분석과 유별을 포함한다. 왜냐하면 'archai (principia)'라는 규정은 이러한 분석을 통해서만 얻어지기 때문이다. 곧 만유의 'archai'를 문제로 삼는다는 것은 이론적 학 일반이 어떻게 성립하는지를 먼저 풀지 않으면 해결되지 않는 문제를 다루고 있음을 뜻한다. 그가 만유의 'archai'가 물이라고 천명했을 때, 그는 분명히 이론적 학 일반이 어떻게 성립하는지 모르고 그의 탐구를 시도했음을 뜻한다. 왜냐하면 그가 이론적 학 일반이 어떻게 성립하는지를 알았다면, 만유의 'archai'를 물이라고 천명하지는 않았을 것이기 때문이다. 곧 그에게는 이론적 공간에서 사물을 유별하는 능력이 발달되어 있지 않았다.

사물의 성질이나 기능을 유별하는 능력의 결핍은 헤라클레이토스의 경우에도 동일하다. 그에게는 운동과 정지, 일과 다가 구별되어 있지 않으며, 불이라는 개별자와 만유의 법칙이 미분(未分)되어 있고 우연과 필연이 구별되어 있지 않다. 그러나 점차 정지와 운동, 일과 다가 구별되기 시작한다. 엠페도클레스에 있어서는 정지하고 있는 4원소와 운동인인 애증(愛憎)이 구별된다. 4원소가 구별되었음은 탈레스에 있어서처럼 단 하나의 원소가 구별된 경우보다 유별하는 능력이 증가되었음을 말해 준다. 아낙사고라스에 이르러 모든 사물은 그것과 동질적인 부분(homoiomeros)으로 성립된다. 그는 커다란 하나로부터(ex henos megalou) 무수히 많은 동질소(同質素)가 분리되어 나왔으며, 사물의 생성과 소멸은 집합과 분리에 지나지 않는다고 천명한다. 그가 만물의 동질소를 찾은 것은 엠페도클레스가 4원소만을 구별한 것보다 분간하는 능력이 진보하였음을 보여주고 있다. 그러나 사물의 동질소가 내포하고 있는 동일성은 변화가 개입하지 않는 공간에서 성립함은 아낙사고라스는 미처 알지 못했다. 곧 그에게는 동일성이 성립하는 공간과 변화가 개입하는 물리적 공간이 혼동되었고, 동일성이 확보되는 공간에서 이루어지는 것을 가지고 질적 변화가 있는 물리적 세계를 설명하려고 하였다. 원자론에서도 기하학적 공간 및 단일자인 원자가 성립하는 공간과 질적 변화가 있는 공간의 관계가 설명되지 않는다. 유클리드 기하학에 이르러 동일성이 확보되는 공간이 나타난다. 그에게서 비로소 동일한 도형이 합동이 되어 하나의 종으로 단일화되었고, 'essentia'가 연장성을 계기로 성립하는 'existentia'와 분명히 구별되었다. 그리하여 일자가 타자성으로 해체되는 운동의 과정과 동일성이 확보되는 공간이 확연히 구별되어, 만유를 구분하는 기준의 하나가 되고 이론적 학의 성립 근거가 되어 플라톤이나 아리스토텔레스 철학의 성립의 전제 조건이 된다.

이론적 학문에서는 각각의 사물은 그것의 자기동일성이 확보되어 타자로 환원됨이 금지된다. 일자가 타자로 환원됨은 일자가 타자로 해체됨을 뜻하며, 각각의 사물의 자기동일성에 입각해서 유별됨과 상반된다. 일자가 타자로 환원되고 해체되면, 반복과 보존은 불가능하다. 반복은 일자가 타자에 해체되지 않고 구별되는 경우에만 가능하며, 보존도 역시 마찬가지이다. 그러므로 부분을 해체하거나 전체로 환원시키는 전체주의나, 또는 그와 반대로 전체를 부분으로 환원시키거나 또는 단적으로 전체를 해체함도 각 사물의 자기동일성을 근거로 하여 성립하는 이론적 학에서는 성립할 수 없다. 뿐만 아니라 물질 아닌 것을 물질로 환원시키는 유물론이나, 감각기능만을 중요시하고 다른 인식 기능을 무시하거나 감각으로 해체하는 감각주의, 또는 그와 반대로 감각을 무시하고 이성만을 중요시하는 합리주의는 이론적 학문에서는 성립할 수 없다. 일원론이나 다원론에 대해서도 사정은 동일하며, 말로 상대방을 이기는 것만을 노리는 소피스트의 입장도 이론적 학문의 입장에서는 성립할 수 없다. 소피스트는 말과 대상, 말과 진리, 말과 허위, 말과 이론의 구별을 무시하고 모든 것을 인위적인 말에 환원시킨다.

이론적 학문은, "감각은 감각이며, 이성은 이성이며, 물질은 물질이며, 생명은 생명이며, 하나는 하나이며, 다는 다이며, 운동은 운동이며, 정지는 정지이며, 존재는 존재이며, 무는 무이다"라는 원칙, 곧 만유의 어느 것도 해체하지 않는다는 원칙에 서서 사물의 자기동일성을 탐구하고 그것의 한계를 고수하며, 넘어서지 않는다. 한 사물의 자기동일성의 한계를 넘어섬은 곧 타자의 자기동일성의 한계를 침범함이며, 이것은 혼란이 야기되는 원인이다. 예를 들어 사람의 경우, 사람은 분명히 물질적 존재이자 생리적 존재이며 또 심리적 존재이다. 사람에 있어서 이러한 여러 측면은 그 나름대로 자기동일성이 확보되어야 한다. 그렇지 않으면, 사람의 자기동일성은 무너지기 때문이다. 이론적 학은 생리 현상을 물질 현상으로 환원시키거나 심리 현상으로 환원시킴을 거부한다. 물질 현상이나 심리 현상에 대해서도 사정은 동일하다. 그러나 또 이론적 학문은 물질적 현상과 생리 현상, 심리 현상이 저마다 자기동일성을 지니면서 어떻게 해서 하나의 사람으로 통합되는지를 탐구한다. 왜냐하면 사람으로서 존재함은 무가 아니며 자기동일성의 일정한 모습을 유지하는 일자로서 성립함을 뜻하기 때문이다. 사람은 많은 자기동일성을 지닌 요인으로 성립하는 통일자이며, 통일자로서 자기동일성을 유지한다. 이러한 문제를 해결하려는 가설의 하나가 아리스토텔레스의 형상-질료설이다. 형상-질료설에 의거하여 나무로 된 책상을 설명해 보자. 나무는 나무로서 자기동일성을 가지고 있고, 나무로서의 자기동일성이 나무에서 사라지면, 책상의 자기동일성도 사라진다. 그러나 책상은 또 단순한 나무와는 달리 책상으로서의 자기동일성을 지니고 있다. 이 두 자기동일성이 합치하여 일자로서 존재하는 모습을 설명하기 위하여 아리스토텔레스는 나무는 나무이지만 가능적으로 책상이 될 수 있다고 한다. 가능적으로 책상이 될 수 있다는 것은 책상이라는 규정을 받아들여서 책상과 하나가 될 수 있음을 뜻한다. 나무는 책상의 'eidos'를 배제하고 따로 떨어져 존재하는 것이 아니라, 그것을 받아들이며, 그것을 지탱하고 그것과 하나로 되어 있다. 곧 질료(質料)로서 성립한다. 물론 아리스토텔레스의 형상-질료설은 대단히 단순하며 존재자 사이의 규정에 대한 하나의 가설 위에 성립한다. 플라톤의 경우, 다(多)가 합일하여 어떻게 하나가 되느냐는 매우 복잡한 문제이며, 이 문제는 바로 사물의 내면적인 구조의 문제와 관련되고 정의의 성립 가능성의 문제와도 관련된다.

플라톤의 이론적 학이 성립하기 이전의 철학들, 곧 밀레토스학파나 헤라클레이토스, 그 밖의 여러 자연철학자들 및 후기 자연철학자들은 만유를 만유 속에 있는 어느 일부분으로 해체시킨 사람들이다. 그들은 곧 만유의 내용 모두를 그것들의 자기동일성에서 탐구하지 않고 그 대신 그것들을 어느 일부분으로 해체시켰다. 탈레스는 만유를 물로 해체시키고, 헤라클레이토스는 불로 해체시키고, 엠페도클레스는 4원소 및 애(愛)와 증(憎)으로 해체시키고, 원자론은 원자로 해체시켰다. 소피스트는 인위적인 말에다 만유를 해체시켰다. 그리고 해체의 극치는 만유를 단 하나의 사물인 물로 해체하는 데서 이루어진다.

이미 언급되었듯이, 이러한 해체는, 그들에게는 만유의 내용을 유별하는 능력이 결핍되어 있음과 병존한다. 아직 지능이 발달하지 못하였던 것이다. 모든 인식은 대상을 그것의 자기동일성과 더불어 받아들일 때 성립한다. 만약 그렇지 않은 경우에 그것은 허구적인 것이 되어, 오직 주관적 상이거나 판단 내용에 지나지 않는다. 대상이 그것의 자기동일성과 더불어 받아들여지면 당연히 그것의 내용은 확립되고, 다른 내용의 대상과 구별되기 마련이다. 인식은 따라서 분간하는 능력을 포함하고 있다. 따라서 일자를 타자로 환원시킴은 분간하는 능력의 미발달, 곧 인식 능력의 미발달을 뜻한다. 이미 지적되었듯이, 탈레스를 기점으로 하여 플라톤에 이르기까지의 철학은 사물을 유별하는 능력이 증가되었음을 말해 주고 있거니와 이것은 곧 희랍철학사가 희랍 사람들의 인식 능력의 발달 과정을 나타내고 있으며, 초기 자연철학자나 후기 자연철학자 그리고 플라톤과 같이 존재에 대한 이론적 탐구를 하는 사람들이 인식 능력의 동일한 발달의 차원에 있지 않음을 말해 준다.

6. 맺음말

인위적인 것과 자연의 구별은 이 논문에 방향을 부여하는 지침이다. 허구성의 근원이 인위적인 것에 있기에, 자연은 실재성과 진리성의 성격마저 갖는다. 그리고 허구적인 것이 부자연스러움을 내포하고 있기 때문에, 자연은 자연스러움과 정상적임[13]을 함축한다. 본 논문은 자연을 대상으로 하는 지식이 그것의 정상적인 길을 따르면 존재론이 됨을 밝히려고 했다. 물론 초자연적인 존재도 있다. 인식이 허구적인 것을 대상으로 삼지 않으며 실재를 대상으로 삼는 만큼 그리고 허위와 진리가 모순 관계에서만 성립된다면, 인식의 대상은 무에 모순된 존재뿐이라는 결론이 나오는데, 파르메니데스가 이러한 견해를 천명하였다. 그러나 자연을 뜻하는 명사 'physis'에 해당하는 희랍어 동사 'phyō'의 원뜻은 탄생시킨다는 것으로서, 탄생시키는 것과 탄생되는 것의 구별을 가정하고 있으며, 또한 탄생되는 운동을 포함하고 있다. 따라서 다와 운동을 배제하는 파르메니데스의 존재는 'physis'를 넘어섰으며, 다와 운동에서 성립하는 존재는 자기동일성으로 인하여 성립하는 존재임이 밝혀지고, 이것에 대해서만 정의가 있을 수 있고 논리적 학이 성립할 수 있음이 밝혀졌다. 그리하여 논리적 학은 사물에서 보존되거나 반복되는 측면을 다루며, 존재론은 적어도 만유의 어디서나 반복되고 언제나 보존되는 측면을 다룸이 밝혀졌다.

---

13 physin echein + infinitive.

그러나 'nomos'와 'physis'의 구별은 비단 대상의 인식에 중요할 뿐만 아니라 희랍 철학자의 실천적인 생활의 기준이 되는 점에 있어서도 중요하다.

소크라테스의 제자인 아리스티포스는 주지하는 바와 같이 쾌락주의자였다. 디오게네스 라에르티우스에 의하면 아리스티포스는 다음과 같이 말했다. 곧 어느 것도 자연에 있어서(physei) 정의롭거나 아름답거나 추하지 않고, 다만 관습에 따라서(nomō) 그리고 습관에 따라서(ethei) 그러할 뿐이다.[14] 곧 쾌락만이 자연적이라는 것이다.

퀴니코스학파인 디오게네스는 다음과 같이 말한다. 곧 신에게는 아무것도 부족함이 없다. 부족함을 가장 적게 느끼는 것이 신에 가장 가까이 있는 상태이다. 무욕(無慾)은 현인의 특성이다. 그리고 우주야말로 자신의 나라이며, 현인은 기성(旣成)의 'nomos'에 따라 생활하지 않는다. 곧 그는 일체의 'nomos'를 배척한다.

'nomos'의 몰락과 더불어 현저히 드러난 것은 아래와 같은 퇴폐적인 성도덕관이다. 생식에 대한 본능적인 욕구는 사람이 타고나면서, 곧 자연적으로 지니고 있다. 그런데 인위적인 'nomos'는 성행위에 여러 가지 제약을 가한다. 그러므로 자연으로서의 인간의 참다운 모습은 성행위에서 인간이 가한 제약에 속박되지 않는 데 있다. 동물의 성행위는 자연스럽게 이루어지는데, 개는 노상에서 자연스럽게 성행위를 한다. 퀴니코스학파인 디오게네스는 이를 실천

14 C. J. Vogel, *Greek philosophy* I.

했다고 한다.[15] 사람들은 당시 그를 개, 또는 개와 같다(kynikos)고 말했다. 개와 같다는 뜻을 함축하는 퀴니코스라는 이 학파의 이름은 그 이후 기성 문화를 멸시하고 그것에 대해 냉소적이며 음란하고 파렴치하고 추잡하다는 뜻을 지니게 된다.

아리스토파네스의 희극 『구름(*nephelai*)』에서도 'nomos'의 문제가 제기된다. 이곳에서 이 희극의 주인공의 아들 페이디피데스는 승마를 좋아하여 많은 비용을 낭비한다. 그의 아버지 스트렙시아데스는 이 비용을 대기 위하여 남의 돈을 빌렸지만 갚을 길이 없게 되었다. 그는 궁여지책(窮餘之策)으로 법정에서 빚을 갚기를 요구하는 채권자를 물리치고 승소하여 채무를 변제하지 않으려는 의도로 그의 집 가까이 있는 소크라테스의 '사색의 집(phrontistērion)'에 가서 변론술을 배운다. 소크라테스의 사색의 집에서는 전통적인 신을 믿지 않고, 그 대신 구름이나 공기나 그것의 소용돌이를 믿고 있으며, 정밀한 논리를 구사하여 근거가 약한 논의를 그 내용에 상관없이 이길 수 있도록 하는 방법을 가르쳐 준다. 스트렙시아데스는 스스로 소크라테스의 사색의 집에 가서 첨단적인 소피스트의 논리를 배우고 그의 아들에게도 그것을 배우도록 한다. 그러나 소크라테스의 사색의 집에서 새로운 사상을 배운 아들은 주연에서 그의 아버지를 구타한다. 주연에서 아버지는 그의 아들에게 리라라는 금(琴)을 타면서 시모니데스의 노래를 불러 달라고 요구했는데, 그의 아들이 이 요청에 대하여 노했던 것이다. 또 그의 아버지가 아이스

---

15 Heinemann, *Nomos und physis*, p. 145.

퀼로스의 작품을 읽어 달라고 부탁했는데, 아들은 아이스퀼로스는 허무맹랑한 시인이라고 거절하면서 새로운 시대의 시를 읽겠다고 하여, 의붓 누이동생을 강간하는 유리피데스의 시를 읽게 되는데, 아버지가 부화가 치밀어 아들을 질책하였던바, 페이디피데스는 아버지에게 달려들어 그를 박살내고 목을 조른 것이다. 그런 뒤에 페이디피데스는 소크라테스의 사색의 집에서 새로운 사상에 접해서 "현존하는 'nomos'를 멸시하는 것(kathestōtōn nomōn hyperphronein)"을 배웠음은 즐거운 일이며, 이전에는 세 마디의 말도 제대로 못했지만 이제 정밀한 논리와 사색을 배워 아버지를 응징하는 것쯤은 정당화시킬 수 있다고 말한다. 그러면서 그는 그의 변론술을 보여주기 위해서, 자기가 어릴 때 아버지가 그를 구타한 적이 있느냐고 자기 아버지에게 묻는다. 아버지가 아들을 염려한 나머지 때렸다고 대답하니, 그는 자기도 역시 아버지를 염려해서 구타한 것이라고 대꾸하면서, 다음과 같이 말을 계속한다. 아버지의 몸은 구타할 수 없고 아들의 몸은 구타할 수 있음은 있을 수 없다. 아이들은 울 수 있지만 아버지는 울어서는 안 된다는 말도 없다. 우는 것은 어린이가 할 일이라고 법에 의하여 정해진 것(nomizesthai)은 아니다. 늙은이가 과오를 저지르면 어린이가 과오를 저지르는 것보다 더 용서받을 수 없으니, 늙은이야말로 울어야 한다. 이렇게 말하는 아들에게 그의 아버지는 아버지가 이러한 처우를 받으라는 법은 어디에도 없다고 대답한다. 그러나 아들은 또 아버지를 공격한다. 곧 예전에 아버지를 구타하지 말라는 법(nomos)을 최초로 만든 사람이 있었다. 그 사람은 예전 사람들을 말로 설득시켜 그런 법을 만들었다. 그렇다면 아들도 역시 새로운 법을 만들어 아버지를 구타할 수 있다. 닭이나 다른 동물을 보면 어미에게 보복을 한다. 그 동물이 우리와 다름은 투표에 의해서 정해진 법(phēphisma)을 가지고 있지 않음에 있다. 이러한 아들의 공격에 대하여 아버지는 반론을 펴며 아버지를 구타하는 것을 그만두라고 말하면서 너도 너의 아들이 생기면 너의 아들을 구타할 수 있게 될 것이라고 말한다. 그때 아들이 "만약 내 아들이 없는 경우엔 나는 헛되이 울기만 하고 아버지는 웃고 좋아하면서 죽을 것이 아니겠느냐"고 반문한다. 아버지는 아들의 말이 정당함을 인정하고, 정당한 것은 젊은이가 말하더라도 양보하고, 늙은이도 잘못하면 울게 되어도 하는 수 없다고 말한다. 그러자 아들은 자기 어머니도 아버지처럼 구타할 수 있다고 말한다.

위의 여러 사람들은 사람을 동물과 같은 상태로 해체하려고 한다. 그리고 그때 그들이 사용한 구실은 인간의 행위 규범은 'nomos'라는 것이다. 문화의 몰락과 더불어 인간은 동물과 같은 상태로 해체된다. 그들에 의하면, 그것이 자연에 따르는 길인 것으로 보인다. 인간의 세계를 이렇게 해체함에는 반론이 일어날 수밖에 없다. 사람에게는 타고난 정욕이 있지만, 그러나 동물과는 달리, 이성이 있어 사물의 본성을 파악하고 그것에 따르는 능력이 있고, 그 본성은 행위의 세계에 나타날 때 여러 가지 법으로 나타나고, 사람은 동물과는 달리 법에 의하여 국가를 형성할 수 있다고 플라톤이 강조한 것은 절실한 현실적인 요구에 의한 것이었다. 아리스토파네스의 희극이 대변하고 있듯이, 기본적인 공동체가 되는 가정도 파괴되었다. 가족은 동일한 선상에 서 있는 사람들의 집합으로 간주되고, 가정을 지배하는 독특한 법칙은 사라졌다. 가정이라는 구성체는 해체되고 다만 구성 요소들의 집합과 이산이 있을 뿐이다. 마치 원자론이 물리적 세계에서 그러한 세계관을 대변하고 있듯이. 플라톤에 이르러 종합적이고 큰 철학이 탄생한 것은 해결해야 할 커다란 문제가 제기되었기 때문이다. 그 문제의 많은 부분은 문화의 몰락과 사람의 해체에서 온다. 인위적인 것이 아직 자각되지 못했던 시절의 산물인 신화의 몰락과 더불어 희랍철학은 탄생했지만, 플라톤의 시대처럼 인위적인 것뿐 아니라, 사람의 본성에 입각한 모든 것이 해체의 위기에 놓여 있던 시대는 없었다. 이 위기를 극복하려는 플라톤은 사람에 있어서 본성적으로 보존될 수 있는 것이 무엇인지를 검토하고, 역사적인 산물로서 성립하는 관습일지라도, 그것이 사람의 본성에 필요한 이유를 살피고, 또 사람의 과오의 본성은 무엇인가를 살폈다. 그 결과, 'nomos' 및 인위적인 것의 정당한 위치는 자연을 토대로 하여 찾아져야 했다. 그러기 위해서는 인위적인 것과 자연을 엄밀히 구별하고, 사람 자체가 자연 속에서 다루어져야 했다. 사람을 자연 속에서 다룸은 자연 일반을 정당히 다루는 과정에서만 이룩될 수 있고, 이것은 필연적으로 존재론을 요구한다. 존재론은 단순히 대상 인식을 위해서 요구되는 것이 아니라, 사람 자체의 보존이라는, 그 시대에 드러났던 기본적 욕구에 의해서 탄생하였다. 곧 그들은 가장 과오 없는 행위의 보장을 존재론에 요구했었다.

플라톤의 『티마이오스』편에서는 기술적 세계관이 엿보인다. 만유가 보존되는 법칙 위에서만 사람도 보존되며, 이 법칙을 따름은 인간을 전체로서 보존하는 기술의 극치이기 때문이다.

이리하여 희랍철학은 희랍 문화 및 그 주체자의 해체가 전면적은 아니라도 적어도 일부분이나마 이루어졌다는 값비싼 대가 위에서 탄생하였다. 신화는 인위적인 것, 곧 허구적인 것이 자각되지 않은 시대의 산물이며, 미개인의 사유에 연결된다. 곧 모순과 부조리에 대한 인식이 부족하고 유별하는 능력이 가장 미숙한 시대에 신화는 탄생하였다. 신화는 사라지고, 가장 허구성이 없고, 사리에 맞는 지식을 만유에 대해서 찾으려는 존재론으로 희랍 사람의 지능은 급격히 발달했지만, 바로 존재론은 지상에서의 그들의 보존의 문제를 해결함을 과제로 갖고 있었다.

3

베르그송에 있어서의 근원적 자유

1. 문제의 제기

자유는 여러 차원에서 논의될 수 있다. 정치학 · 사회학 · 심리학 · 생물학 등이 자유가 논의될 수 있는 차원이다. 그러나 여기서 자유가 논의되는 곳은 순수철학이다. 그러므로 우리가 베르그송의 근원적 자유를 논하려 할 때 근원적이란 말의 의미는 위에 열거한 여러 가지 개별적인 분과학 내부에 국한될 수 없다. 그것은 철학이 모든 개별적인 학의 근원을 이루고 있기 때문이다. 그러나 철학은 또 그 자신의 내부에 여러 방면의 분과학을 포함하고 있다. 그러므로 여기서 근원적이란 말은 철학의 내부에서 분과학이 파생되어 나오는 뿌리를 뜻한다. 이러한 뿌리를 우리는 형이상학이라 한다. 그러므로 여기서 논의되는 근원적 자유는 형이상학적 차원에서 성립하는 자유이다.

베르그송은 그의 초기 저서 『의식에 직접적으로 주어진 것에 대한 시론』의 제3부에서, 자유를 아 프리오리(a priori)한 측면과 아 포스테리오리(a posteriori)한 측면으로 나누어 다루고 있다. 그런데 그가 동일한 저서의 서문에서 자유를 형이상학과 심리학의 공통된 문제라고 진술하고 있는 점을 고려하면, 여기서 아 프리오리라고 한 측면은 자유의 형이상학적인 측면을, 아 포스테리오리라고 한 측면은 심리학적 측면을 각각 지칭하는 것으로 해석될 수 있다. 그러므로 베르그송의 형이상학적 차원에서 성립하는 자유를 천착하여 그 소론을 음미하려면, 그가 자유의 아 프리오리한 측면이라고 진술한 이 부분을 예의 분석하여 그 논지를 파악해야 할 것이다.

베르그송은 『의식에 직접적으로 주어진 것에 대한 시론』의 제3부의 모두(冒頭)를 다음과 같은 문장으로 누르면서 자유의 아 프리오리한 측면을 논술하고 있다.

> 자유(liberté)의 문제가 자연(nature)에 관하여 대립된 두 개의 체계(systèmes)인 기계론(méchanisme)과 역동론(dynamisme)을 대결시키는 이유를 이해하는 것은 어렵지 않다. 역동론은 의식(conscience)에 의하여 주어진 유의적 활동(activité volontaire)의 이념(idée)에서 출발하여, 이 이념을 조금씩 비움으로써 타성(inertie)의 표상(représentation)에 도달한다. 그러므로 그것(dynamisme)은 한편으로는 자유스러운 힘(force libre)을 또 한편으로는 법칙(loi)에 지배되는 물질(matière)을 확신한다. 그러나 기계론은 반대로 간다. 기계론은 그것이 종합하는 물질적인 것이 필연적 법칙에 의하여 지배된다고 생각하며, 그 결합이 더욱 풍부해지고 예견하기 힘들며 외견상

으로는 우연적인 것이 되더라도, 그것이 당초에 갇혔던 필연(nécessité)의 좁은 환을 빠져 나올 수 없다. 자연에 관한 이 두 개의 개념을 천착하면 이 두 개의 개념이 법칙과 법칙이 지배하는 사실(fait)에 관하여 매우 다른 두 개의 가정(hypothèses)을 포함하고 있음을 볼 수 있다. 역동론은 그의 눈을 높이 듦에 따라서 그만큼 법칙의 구속에서 벗어나는 사실을 본다고 생각한다. 그러므로 역동론은 사실을 절대적인 실재(realité)로 삼고, 법칙을 그 실재와 정도의 차이는 있으나 그 실재의 기호(symbole)적 표현으로 삼는다. 이와 반대로 기계론은 개별적인 사실 속에서 일정한 수의 법칙을 분간하는데, 말하자면 사실들은 이 법칙들의 교차점이 된다. 그런데 고차적인 실재를 혹자는 사실에 귀속시키고, 혹자는 법칙에 귀속시키는 이유를 찾는다면, 기계론과 역동론은 단순성(simplicité)이라는 말을 두 개의 다른 뜻으로 취하고 있음을 발견할 것이라고 우리는 생각한다. 전자(기계론)에서 그 결과가 예견되고 또한 계산되는 모든 원리는 단순하다. 이리하여 타성이라는 개념이 그 정의 자체에 의해서 자유보다 더욱 단순하며, 동질적인 것(l' homogène)이 이질적인 것(l' heterogène)보다 더욱 단순하며, 추상적인 것(l'abstrait)이 구체적인 것(le concret)보다 더욱 단순하다. 그러나 역동론은 여러 관념(notions) 사이에 편리한 질서(ordre)를 세우려 하기보다는 그 관념들의 실재적인 연관성(filiation réelle)을 찾으려고 한다. 사실 소위 단순한 관념도—기계론이 원초적인 것으로 삼는 것도—외견상으로는 단순한 것에서 파생되는 것처럼 보이는 개념들의 융합(fusion)으로 얻어진 것인데, 이 융합에서 마치 어둠이 두 개의 광선의 간섭으로 인하여 이루어지듯 그 개념들은 서로 중화된(neutralisé) 것이다. 이러한 관점에서 보면 자발성(spontanéité)이라는 이념(idée)은 타성이라는 이념보다 확실히 더욱 단순하다. 왜냐하면 전자(타성)는 후자(자발성)를 통해서만 이해되고 정의될 수 있기 때문이며 전자는 자족하기(se suffit) 때문이다. 사실 우리는 각자 자기의 자유스러운 자발성(libre spontanéité)에 대하여, 사실에 맞건 착각이건 간에 직접적인(immédiat) 감정을 갖고 있는데, 이 표상 속에는 타성의 이념이 어떠한 이유로도 들어오지 않는다. 그러나 물질의 타성을 정의하기 위해서는 물질은 그 스스로 움직일 수 없으며 스스로 정지할 수도 없다고 사람들은 말할 것이며 모든 물체(corps)는 다른 힘이 간섭하지 않는 한, 정지나 운동을 계속한다고 말할 것이다. 이 경우에서 필연적으로 활동성(activité)이라는 개념으로 소급하지 않을 수 없다. 위에 든 여러 가지 고찰은 우리로 하여금, 추상적인 것에 대한 구체적인 것의 관계, 복잡한 것에 대한 단순한 것의 관계, 법칙에 대한 사실의 관계를 이해하는 방식에 따라서, 우리가 선천적으로 인간 활동에 관한 두 개의 반대되는 개념에 도달하게 되는 이유를 이해시킨다.(105-6쪽)

위의 문장을 자세히 검토해 보면 베르그송이 강조하고 있는 기계론과 역동론의 대결은 플라톤 철학에서 기본적인 원인의 구실을 하고 있는 이념과 능동인, 또는 본질과 자발성의 대결임을 간과할 수 없다. 즉 베르그송은 자유를 논함에 있어서 서양의 형이상학이 건설되는 초창기로 소급하여 그의 형이상학적 탐구의 차원을 설정하고 그의 철학적 사색을 전진시키고 있는 것이다. 그러므로 위의 문장을 정확히 천착하려면 서양 형이상학의 여명기에 전개되었던 사물의 진상에 관한 원인론을 고려하지 않을 수 없다. 그런데 베르그송은 자연에 관하여 역동론과 기계론의 두 종류의 가정을 대결시키고 있으므로, 역동론과 기계론의 관계를 상론하기 이전에 이 두 가정을 받아들이는 자연의 의미를 우리는 확정해야 할 것이다.

2. 자연의 의미

베르그송은 강단 철학자가 아니며, 어휘의 의미를 정확히 규정한 바 없이 일상적인 용어를 철학의 전문적인 용어로 구사함으로써 표현의 애매함을 빈번히 범하고 있다. 그러나 본 저서가 심리학을 중추로 하는 자연과학적인 저서인 한편 형이상학적인 저서임을 감안할 때, 두 학문의 융합을 가능케 하는 공통적인 차원에서 자연의 의미가 밝혀져야 할 것이다.

자연과학자가 이해하는 자연은 그들이 취하는 학문적 입장에 따라서 그 양상이 다를 것이다. 그러나 모든 자연과학자는 그들이 연구하는 대상을 그들에게 직접적으로 주어지는 단순한 사실로 인정하면서 그 대상 자체의 객관성을 확립하려고 할 것이다. 객관성이 결여되어 있는 대상에 대한 모든 탐구의 소산은 객관적인 진리 체계로서 성립할 수 없기 때문이다.

직접적으로 주어지는 사실은 단순하며 단순한 사실은 직접적이다. 여기서 사실의 단순성은 사실의 객관성을 은폐하거나 변질시키는 모든 인위적인 것의 배제를 지칭한다. 이러한 인위적인 것에는 전 인류를 사로잡고 있는 각 시대의 편견과 오해, 민족의 전통과 사회의 인습으로 인하여 형성된 통념, 개인의 특수한 성격과 경험의 소산인 억견이 포함되어 있으며, 인간의 인식 능력의 한계로 인하여 일면성 속에서 정체하고 있는 학문적 이론 그리고 모든 행동의 배후에서 작용하는 무의식의 힘이 또한 사실의 직접성을 은폐하는 데 큰 역할을 할 것이다. 일보 전진하여 자연과학자는 그가 무장한 이론이 정당한 가설이라고 가정하더라도 그 이론마저 망각하고 구경(究竟)에 가서는 그 자신이 자연과학자임을 망각하고 허심탄회하게 사실을 사실로 받아들일 것이다.

그러나 자연과학자에게 직접적으로 소여되는 대상은 그 자연과학을 한정하고 있는 특수성으로 인하여 그 범위가 국한되어 있으며 개별적인 과학에서 형이상학으로 학문이 확대됨과 동시에 직접적으로 소여되는 대상의 범위는 대상 전체로 확대된다. 그러므로 형이상학의 대상은 개인이나 민족이나 전 인류가 그 전 역사의 과정에 있어서 단 일회도 주관성을 투여한 바 없는 원초적이며 직접적인 전체로서의 대상이며 모든 이론의 피안(彼岸)에 있다. 이것이 여기서 의미하는 자연이다.

3. 본질과 자발성

학문은 사물의 진상(眞相)을 밝힘을 임무로 하며, 형이상학은 만유의 진상을 남김없이 밝힘을 그 소임으로 삼는다. 고금을 통하여 모든 철학에서 끊임없이 문의되고 검토, 음미된 진상은 그것을 표현하는 우연적인 어휘를 기초로 하여 해명할 수는 없다. 그러나 진상을 의미하는 희랍어 'alētheia'는 은폐되어 있지 않음을 함축하고 있는데 이것은 진상 개념의 탐구의 지침이 된다.

다(多)로서 성립하는 현실적인 진상을 탐구하기 위하여 모든 사물에 대하여 던져진 "이것은 무엇이냐?"는 물음도 비은폐성의 지침하에 해명될 수 있다. 이 물음의 의미는 그 사물이 다른 사물이 아니며 그 사물로 존재케 하는 이유를 사물 자체에서 찾는바, 그렇게 되거나, 그렇게 나타나거나, 그렇게 사유되는 근거를 탐구하는 것이 아니라, 그것이 직접적으로, 즉 객관적으로 그렇게 성립하는 근거를 찾는 것이다. 이러한 물음의 존재 이유는 그러한 근거가 현실에서 은폐되어 있는 데 있으며, 진상의 탐구는 그러한 근거를 은폐하고 있는 요인을 제거함을 뜻한다. 사물의 진상은 사물에서 그것을 은폐하는 것을 제거함으로써 성립한다. 그런데 은폐는 사물이 단적으로 부정되는 것이 아니므로 은폐에서는 일자(一者)와 타자(他者)를 예상하며 타자와의 관계를 맺음에서 연유하는 사태인 것이다. 이러한 관계 맺음의 사태는 필연적으로 일자를 타자화(他者化)하므로, 사물의 진상은 그 사물이 타자화되지 않는 극한점에서 성립하며 사물이 시간, 공간, 관점의 변화에도 불구하고 그것으로서 성립하는 극한치인 것이다. 그러므로 사물의 진상은 모든 타자에 대한 관계 맺음을 완전히 단절함에서 성립하며, 모든 타자에게 절대(絶對)함으로써 성립한다. 그러므로 각 사물의 진상은 그 사물에만 고유한 것이며 그 자신의 내용에 있어서도 타자와의 관계 맺음을 포함하고 있지 않으므로, 내외(內外)의 구별은 없으며 일자화(一者化)한다.

일자는 그 자체에 대해서는 진상이며 타자에 대해서는 절대상(絶對相)이 되는데 절대함에는 상대적인 무가 아니라 절대적인 무, 즉 허무가 요청된다. 허무는 은폐하는 모든 것이 완전히 없으며 일자를 부정하는 요인이 완전히 없다는 것을 의미한다. 무(無)는 자기 모순된 개념이며 존재에 대하여 아무런 영향을 미치지 않는 극한점에서 성립하므로 허무를 통해서 일자는 시간, 공간, 그리고 관점을 초월하여 그 자체로서 성립할 수 있으며, 또 외부로부터 아무런 간섭을 받지 않으므로 모든 시공을 넘어서 존속한다. 즉 일자로서의 본질은 허무가 아니므로 그 자체 실재하며 그것을 부정하는 요인은 그것밖에 없다.

그러므로 본질로서의 진상은 1) 타자 일반, 2) 관계 맺음 일반, 3) 허무 일반에 대비하여 규정된다. 사물의 진상은 다른 모든 사물과 전체적으로나 부분적으로나 교환될 수 없는 그 사물에만 고유한 내용이며, 관계 맺음 일반의 법칙에서 오는 모든 규정을 배제하며 최후로 무가 아니므로 그 자체로 실재한다.

진상의 이면(裏面)은 타자에 대한 절대상이다. 그리고 이것은 허무로 인하여 가능하다. 그러므로 본질 사이에는 상호 해후(邂逅)가 없으며 상호 간섭이 없다. 상호 해후는 우연의 원인이며 상호 간섭은 비공존의 원인이다. 그런데 존재에 속한 모든 것은 허무가 아닌 이상 본질로 화한다. 그리고 본질들은 허무를 통하여 서로 절대하므로 서로 우연하지 않고 서로 간섭하지 않으므로 영원히 공존한다. 역으로 영원에는 일자만 있지는 않으며, 다의 본질로서의 진상이 모조리 필연적으로 공존한다. 즉 영원은 질과 양에 있어서의 다의 진상의 대명사이다. 영원에 있어서 다의 질의 진상은 양의 진상과 일치한다.

다는 본질에 있어서 즉자적으로 고립하여 상호간에 무관심하므로 모조리 공존한다는 결론에 도달하였거니와, 직접적으로 소여되는 현실적인 대상은 관계 맺음 속에서 성립한다. 그러므로 현실적으로 주어진 대상의 진상을 남김없이 파악하려는 형이상학은, 다를 순수한 본질로서 영원 속에서 파악하려 함과 동시에 또한 관계 맺음 일반의 법칙의 차원에서 현실을 파악하여야 한다.

관계 맺음은 존재의 고립성을 개방하여 타자와 연결을 설정하므로, 관계 맺음 일반의 원리는 연속성에서 구할 수 있다. 두 개의 관계 맺어진 존재들은 상호간에 그 고유한 질을 부분적으로나마 타자화하여 극한에 가서는 어느 것도 아닌 무규정적인 것에 도달하며, 이 점에서 관계항의 연결은 성립한다. 모든 존재의 상호 타자화의 극한인 무규정성 일반은 모든 존재의 관계 맺음 일반의 성립 기반이다. 존재와 무는 단절의 원인이며, 이와 반대로 동시에 존재도 아니고 무도 아닌 무규정성은 연속의 원인인바, 무규정성은 질의 관점에서의 규정이며 연속성은 양의 관점에서의 규정이다. 모든 존재의 관계 맺음에서 관계 맺음의 필연적인 법칙은 모든 존재를 연속적으로 무규정성으로 인도한다. 그런데 연속적인 타자화에서 운동이 성립하며, 무규정성에서 성립하는 부동성(浮動性)은 운동의 특징이므로 무규정성은 운동의 원인이다. 공존하는 본질들과 대조적으로 관계 맺음의 필연적인 규정은 연속적으로 타자화하는 운동 그 자체, 즉 과정(process)을 동반하며 그 과정의 극한치는 그 과정 자신도 구별될 수 없는 상태이다. 만유는 서로 관계를 맺고 있는 한, 그 진상은 만유의 무규정적인 것으로의 연속적인 몰락 과정이다. 바꾸어 말하면 관계 맺음은 독립된 존재자 상호 간섭을 야기시키므로 존재자의 공존은 무너지며, 타자화를 일으키는 데 이질적(異質的)인 존재가 잔존하는 한 관계 맺음은 불가능하므로, 모든 이질적인 존재, 즉 모든 규정의 무규정화가 초래된다. 즉 모든 본질의 몰락이 초래되는 것이다.

이리하여 순수한 본질들의 남김 없는 공존의 대명사라고 단정된 영원(永遠)과 모든 질들의 상호 간섭으로 인한 비공존화의 연속적인 과정, 즉 모든 질의 무규정적 상태로 환원되는 과정은 데카르트의 해석기하학에서 성립하는 횡축과 종축처럼 서로 방향을 달리한다. 그러므로 영원에서 성립하는 본질의 좌표는 비공존의 운동에서 성립하는 현실을 영원히 외면(外面)한다.

그러나 만약 관계 맺음 속에서 존재의 보존이 이루어지며 공존이 가능하고 운동을 통하여 새로운 존재가 형성되고 다가 탄생되는 경우가 있다면 이러한 사태에 대한 해결의 근거는 나변(奈邊)에서 구해야 할 것이냐의 문제가 제기된다.

주지하는 바와 같이 관계 맺음과 운동을 통하여 사물이 탄생하며 공존이 가능한 사태는 유기체의 영역에서 볼 수 있는바, 이러한 사태에 대해서, 현실의 관계 맺음을 외면하고 고립 속에서만 다가 성립한다는 영원의 좌표와 관계 맺음 속에서는 다는 무규정성으로 몰락한다는 관계 맺음의 필연적인 법칙의 좌표는 해결을 제공할 수 없다. 그러므로 사태 자체가 지시하듯이 관계 맺음 속에서는 다가 무규정성 속에 몰락한다는 관계 맺음의 필연적인 법칙에 역기능하는 좌표, 즉 관계 맺음의 좌표를 설정해야 한다. 이러한 좌표는 관계 맺음에서 존재에 대한 관계 맺음의 원인인 무규정성의 당연한 규정, 즉 관계 맺음에서 존재에 대한 무규정성의 우위를 주장하는 필연성에 역기능하는 비합리적인 좌표이다. 그러므로 이 비합리적인 좌표는 불가능한 것이 가능성을 통해서 현실화되는 좌표이며 필연성의 좌표에 대해서는 가능성의 좌표이다. 필연성의 좌표는 가령 물리학의 열역학 제2법칙에서 나타난다고 하며, 가능성의 좌표는 전자에 역기능한 것으로 일자 속에 타자가, 부분 속에 전체가 가능적으로 들어 있는 생명현상 속에서 성립한다고 한다. 그런데 전자의 운동은 다를 무규정성으로 몰락시킴으로써 운동마저 구경(究竟)에 가서는 소멸시키는 데 비하여 후자의 운동은 사물을 존재케 하는 운동이며 따라서 그 운동 자신을 지속시키려는 운동이다. 이러한 운동은 타자에 의지할 수 없다. 운동을 양분하여 운동을 주는 부분과 받는 부분으로 구별하는 경우에, 그 운동은 타자화하는 운동이지만, 이 운동은 타자화되지 않으며 운동 그 자신을 유지하므로, 자신에로의 운동이며, 역으로 말하면 자신에서의 운동이며 그 출발점과 종점이 자기 자신에게 있는 운동이다. 이러한 운동은 자발성에 기인한 운동이라 한다. 베르그송은 전자의 운동은 하강하는 운동이며 후자의 운동은 상승하는 운동이라 한다.

이상에서 논한 바와 같이 다에 관하여 두 가지 대립된 좌표가 성립한다. 그 하나의 좌표에 따르면 다는 공존을 뜻하는바 공존은 상호 무간섭에서만 성립하며 이것은 영원에서만 성립한다. 또 하나의 좌표에 따르면 다의 공존은 상호 관계 맺음에서 성립하며 운동의 과정에서만 현상한다. 전자에 있어서 다의 본질은 즉자적으로 존재하며 그것의 실재성은 스스로 확보되며 본질 이외에 아무것도 필요로 하지 않는다. 후자의 경우에는 관계 맺음과 운동을 통해서 다의 내용이 존재하게 되므로, 그것의 존재는 의존적이며, 즉자적으로 존재하는 대신 자발성으로 인하여 무규정성 속에서 밖으로 나타나는 존재, 즉 현상이며, 이러한 관계 맺음 속에서 성립하는 존재를 'existence(existentia)'라 하므로 이러한 다(多)는 'exister'한다. 그리고 운동에 있어서 존재가 드러나는 측면, 즉 하강하는 운동에 역기능하는 측면을 시간이라 하므로 다는 시간에서만 현상한다. 시간의 이면은 운동이며 운동은 비공존의 소산이므로 시간에서는 모든 다가 현상할 수 없으며 또 시간에서는 고정적인 것은 성립하지 않으므로 다의 변하는 측면, 즉 양상만이 현상한다. 이렇게 영원과 시간이 다를 성립시키는 좌표에서 대립된다.

4. 영원 좌표의 시간 좌표로의 환원

이상과 같이 다의 성립에 관하여 두 가지 대립된 좌표가 성립하였는데, 베르그송은 본질론적 다의 진상의 좌표, 즉 영원의 좌표를 양상론적 다의 현상의 좌표, 즉 시간의 좌표로 환원시킴으로써 플라톤의 철학과 결정적으로 결별한다.

본질론적 입장에서는 다의 공존은 본질들의 무간섭성에 기인하며, 이 무간섭성은 허무에 기인하거니와 허무는 본질을 절대적으로 고립시키는 요인이다. 그런데 고립된 본질은 그것들이 고립되어 있는 한 다의 구성 요소는 되지만 아직 다를 구성하지는 않는다. 요소들이 다를 구성하려면 관계를 맺어야 하며 새로운 단위가 그 결과 성립하여야 한다. 가령 수에 있어서 1과 1은 2를 구성하는 단위인데, 이 단위들이 고립되어 있는 한에서는 2를 구성할 수 없으며, 1과 1이 완전히 합하여 불가분의 하나가 되어도 2는 성립하지 않으므로 이 단위들은 양자 어느 편도 아닌 단순한 관계 맺음에 머물러 있어야 한다. 그리하여 고립되지 않는 한에서만 2 자체에 참여할 수 있으며, 또한 불가분의 하나가 아닌 한 1과 1이 될 수 있다. 즉 관계 맺음에 있어서 1과 1은 고립되지도 않고 동시에 완전히 통일되어 있지도 않음으로 인하여 부동상태(不動狀態)에 있게 되는데, 바로 이러한 이유 때문에 1과 1은 2가 되며 2는 다시 분할되어 1과 1로 나누어질 수 있고 또 다른 모든 수와 관계를 맺을 수 있는 수학적 연산(演算)의 대상이 된다. 1이 많은 부분으로 나누어지는 까닭도 완전한 통일체가 아니며 가분적인 연장성을 그 속에 함유하고 있기 때문이다. 일반적으로 다와 운동은 상호 불가분리의 관계에 있으며, 양자는 관계 맺음의 대립된 양극이다. 다에 있어서는 관계 맺음으로 인하여 야기되는 부동성(浮動性)은 후면으로 사라지고 고정적인 관계 항(項)만이 전면에 나타나며, 운동 과정에 있어서는 고정적인 관계 항은 후면으로 사라지고 그 부동성이 전면에 나타난다. 그러므로 다가 관계 맺음 속에서만 성립한다면 본질론적 입장에서 성립하는 다의 관계 맺음의 좌표의 성질은 과연 무엇인가라는 문제가 해결되어야 한다.

본질론적 입장에 있어서 다가 성립하려면 여러 존재가 공존하여야 한다. 그런데 공존을 가능케 하는 근거는 허무였다. 그러나 공존에 있어서 본질들은 허무 속에 임의로 있을 수 없으며 적어도 위치를 달리하여야 한다. 왜냐하면 본질은 불가침의 존재이기 때문이다. 그러므로 허무는 위치에 의해서 분할되며 상대적인 하나의 차원으로 변한다. 그런데 그 위치는 서로 여러 방향으로 갈라지는바 이러한 위치를 동시에 공존 가능케 할 수 있는 차원은 텅 빈 공간이다. 텅 빈 공간은 한편으로는 허무에 접하고 있으므로 본질들의 비분할성을 확보하여 주며, 한편으로는 그것의 연장성으로 인하여 본질들에게 상대적인 규정을 부여하므로, 본질들이 자동성(自同性)을 지니면서 관계를 맺을 수 있는 공간이 된다. 즉 법칙이 성립하는 제1차적 규정은 텅 빈 공간에서 성립하므로, 텅 빈 공간이 지닌 법칙성은 그 속에 주어진 존재자들 사이의 특수한 법칙들에 선행한다. 그런데 텅 빈 공간은, 본질들의 공존의 차원인바, 시간상으로는 시간에 있어서 공존으로서의 과정이 완전히 배제되어 있는 순간, 즉 동시성(同時性)에서 성립한다. 그러므로 본질들의 존재 방식, 즉 'existence'는 동시성이다.

이상과 같이 본질의 영역도 현실과 동일한 인자, 즉 관계 맺음이라는 인자로 구성되어 있음이 판명되었으며, 다만 관계 맺는 방식만을 달리할 뿐이다. 그런데 모든 사물은 한편으로는 그것에만 고유한 내용이 있고 다른 한편으로는 타자와 관계 맺음으로 인하여 규정되는 측면이 있는데, 베르그송에서 만유는 그 고유한 내용, 즉 본질을 기준으로 하여 그 영역이 구별되는 것이 아니며 그 내용들이 관계 맺는 방식 여하에 따라서 구별된다. 즉 유기체와 비유기체의 구성 요소는 직접적 지각상(知覺像)에서 볼 때 동일한 요소로 일원화되나 그 관계 맺는 방식이 다르며 비유기체는 텅 빈 공간이 지닌 법칙성을 받으며 유기체는 그것에 역기능하는 관계 맺음에서 성립한다. 텅 빈 공간성은 무규정성의 한 양태인 한 그것의 존재 일반에 대한 관계는 무규정성의 존재 일반에 대한 규정성, 즉 존재 일반에 대한 무규정성의 우위성을 요구한다.

그러나 본질들이 성립하는 영원의 좌표는 시간의 좌표로 아직 완전히 환원되어 있지 않다. 즉 다의 이면(裏面)은 운동이며 운동의 필연적인 법칙은 모든 존재자의 상호 타자화의 과정이며 그 극한은 무규정성으로의 환원이므로 여러 본질들의 자기동일성을 확보하여 주는 순간, 즉 동시성을 계속 성립시키는 원인은 나변(奈邊)에 있는가 하는 문제가 생긴다. 그리고 이 문제는 본질들이 텅 빈 공간에서 성립하므로 텅 빈 공간의 성립 근거의 문제와 병행한다. 텅 빈 공간은 사물들의 내용이 자기동일성을 지니고 나타날 수 있는 공간이다. 그런데 이 공간은 연장성의 한 범주이며 연장성은 무규정성의 하나의 범주이다. 무규정성은 본질의 자기동일성을 상실케 하는데, 텅 빈 공간은 본질의 자기동일성을 가능케 함을 특징으로 하므로 이러한 공간은 본질을 무규정적인 것으로 환원시키는 능력에 역기능하는 능력의 소산임은 명백하다. 따라서 텅 빈 공간은 자발성의 소산임이 분명하다. 자발성은 관계 맺음에 있어서 무규정성의 기능에 대한 역기능으로서 성립하는바 사물의 표면에서 무(無)에 접한 부분을 배후의 관계 맺음으로부터 차단하여 자기동일성을 유지하도록 한다. 사물의 표면은 운동과 관계 맺음이 끝나는 곳이며 무에 접하며 따라서 본질에 참여한다. 관계 맺음에 있어서 운동의 반대 방향의 극한은 다라고 이상에서 논의하였거니와 자발성은 다를 동시에 그 본질에 참여한 부분에 있어서 배후의 무규정성의 영향으로부터 보호하며 보존한다. 즉 자발성은 다를 본질로 승화시켜 존재케 함으로써 자기 내부에서 그것들을 보존하는데 이러한 자발성의 보존 능력을 베르그송은 기억이라 하며 동시성은 기억에서만 가능하다고 한다.

그러므로 관계 맺음에 대한 자발성의 기능이 1) 운동 과정에 대해서 발휘될 때는 하강하는 운동 과정에 역기능함으로써 시간이 성립하며, 2) 운동의 반대 방향의 극한인 다에 작용할 때는 그것들의 본질의 공존을 가능케 하므로 동시성이 성립한다. 현실적인 운동의 특징은 사물의 무규정성으로 이행하는 과정이 모든 측면에서 이루어지는 데 있으므로 이러한 과정에 역기능함으로써 성립하는 진정한 시간은 그 시간 내용이 다른 모든 시간 내용과 순간순간 다르게 계기(繼起)한다. 계기와 동시성의 차이는 자발성이 현실적인 관계 맺음의 양면, 즉 운동과 다에 대하여 작용하는 데 그 근거를 가지고 있다.

끝으로 자발성의 입장에서 본질을 고찰하면 텅 빈 공간에서 타성적(惰性的)으로 정지하거나 운동하는 본질은 자발성에 비하여 자기 동일성을 지니고 있다는 점에서는 같으나, 자발성처럼 무규정성의 힘에 대하여 능동적으로 대처하지 못하여 그 결과 자기 보존을 기할 수 없고 무규정성의 힘에 대하여 수동적으로 운동하는 점에 있어서 자발성과 다르므로 자발성의 능력의 부분적인 결핍을 의미한다. 그러므로 본질은 무규정성에 대한 자발성이라는 존재의 능동성과 무규정성에 대한 수동성이 융합함으로써 이루어진 중화(中和)된 상태의 일종이라 할 수 있다.

이상에서 논한 바에 따라 영원의 좌표는 시간의 좌표로, 즉자적으로 존재하는 본질은 자발성의 기능의 함수로, 공간은 동시성으로 환원되고 본질보다 'existentia'가 선행함으로 인하여 기능 일변도의 동적인 형이상학이 성립하게 되는데, 끊임없이 자기동일성을 지니고 변하지 않는 것은 순수한 자발성 자신뿐이며, 만유가 시 · 공간적으로 연속된 운동을 하고 있는 한 이러한 자발성 자체는 단 하나이다.

5. 본질 및 자발성과 현실성과의 관계

이상에서 논한 바와 같이 본질에는 존재가 합치함으로써 그것이 존재하는데 그것 자신으로 충분하며(se suffit), 다른 모든 복잡한 존재를 성립시키는 기본적인 단위(le simple)가 된다. 그러나 자발성 또한 그것을 무규정화하여 소멸시키려는 힘에 대하여 스스로 능동적으로 방어하여 자신을 존재케 하는 능력을 지니고 있는 만큼 그것의 존재에 타자를 필요로 하지 않으며 자발성 자신만으로 존재하는 데 충분한바, 베르그송은 본질 및 자발성과 현실과의 관계를 다음과 같은 대조를 통하여 부각시킨다.

본질과 현실과의 관계

a) 현실에 대한 본질적 이설(理說)의 하나는 기계론이다. 기계는 불변치의 부분을 단위로 하여 해체되거나 재구성되는데, 이 운동은 집합과 이산으로 환원된다. 기계론적 이설에 따르면 본질 자체가 직접 현실을 구성하는 경우도 있고, 또 본질은 순수한 질이므로 양의 규정을 지닌 현실을 구성하기 위하여 본질이 공간적인 규정을 받아서 현실을 구성하는 경우도 있다. 그 어느 경우를 막론하고 이러한 원자론적 사고에는 다음과 같은 난점이 있다. 첫째로, 전체를 구성하는 부분들은 불변치(不變値)이므로 집합에 있어서 서로 만남을 이룰 뿐, 적극적인 관계 맺음을 이룰 수 없으므로 새로운 적극적인 통일된 규정의 근거는 될 수 없다. 그런데 현실은 서로 얽혀서 적극적으로 관계를 맺고 있으며 가령 물질은 무규정성에 의하여 침투된 결과 한덩어리가 되어 하나의 연속적인 운동을 하고 있는 측면을 드러낸다. 둘째로 기계의 부분은 불변치인 까닭에 불변치 이상의 것을 생산할 수 있는 잠재적 능력을 결여한다. 즉 있는 것은 있고 없는 것은 없다는 이론이 기계론적 집합의 근저에 있으므로 가능성이 개입할 여지는 배제된다. 즉 현재는 지금까지 있는 요인의 집합의 결과이며 부분이 계산 가능하면 전체도 계산 가능하므로 충족률이 완전히 타당하며 부분과 전체 사이에는 필연적 법칙이 성립한다. 이러한 기계론적 입장에서는 사실들은 그 요소들의 집합으로써 성립하므로, 집합을 규정하는 법칙의 통일된 전체가 되거나 그렇지 않으면 그 법칙들의 교차점이 된다. 그러므로 복잡한 사실이 단순한 사실에 비해 공통적인 측면을 노정하지 않으며 서로 우연적인 것으로

보이는 경우에도, 그 사실들을 성립시키는 법칙들은 모조리 필연성을 따르며 따라서 사실은 우연성의 외모에도 불구하고 완전히 필연성의 집합이다.

b) 또 하나의 본질과 현실에 대한 이설은 다음과 같다. 즉 본질은 구체적 현실에서 시간과 공간을 달리하여 성립하는 여러 외연(外延)에서 추상적 작용을 거쳐 성립하며, 본질들의 외연의 관계를 정확히 파악할 수 있다면 본질들의 관계를 정확히 해명할 수 있게 되고 따라서 현실을 본질을 기준으로 하여 파악할 수 있다는 주장이 있다. 즉 본질들은 사물의 내용이 서로 구별되는 측면이므로 서로 관계를 맺을 수 없으며 그 외연만이 질료(質料) 속에서 관계를 맺을 수 있다는 주장인데 이러한 정확한 외연의 관계는 유클리드기하학적 공간에 외연을 투여함으로써 가능하다. 물론 이러한 이론은 본질이 현실에서 변질하지 않고 질료 속에 성립할 수 있다는 가정에 의한 것이므로, 본질이 현실에 나타나면 변질하여 본질을 이탈하기 때문에, 본질이 직접적으로 현실을 구성하는 기본적인 단위가 되어야 한다는 가정 위에 서 있는 기계론과는 다르다.

c) 끝으로 본질의 현실에 대한 이설은 다음과 같다. 자연에서 성립하는 모든 현상은 물질적 현상이든 의식적 현상이든 모두 흐르고 있으며 인위적인 기호만이 고정적이므로 본질의 특성인 고정성은 기호에서만 볼 수 있다. 따라서 본질을 기준으로 하여 현실을 설명하는 것은 기호로써 성립하는 존재를 기준으로 하여 현실을 설명하는 것이 된다는 이론이다.

자발성과 현실과의 관계

이상에서 본질과 현실과의 관계를 일별하였거니와 자발성과 현실의 관계를 검토함에 있어서 역동론은 사물의 실재적인 연관성(filiation réelle)을 찾는다는 구절이 지침이 된다.

사물의 내용의 관계 맺음은 모조리 그 관계 맺음 자체를 실재케 하는 관계 맺음이 아니며 그중에는 실재를 가능케 하지 않는 관계 맺음도 있다. 그러므로 어떠한 종류의 관계 맺음이 관계 맺음 자체를 실재케 하느냐의 문제가 제기되는 것이다. 그런데 실재한다는 것은 무가 아님을 의미한다. 다와 운동을 두 측면으로 하는 관계 맺음에 있어서 무가 아님은 불가분적인 지속과 단위를 내포하고 있다. 단위성은 그 내부에 자기 분할의 인자를 포함하고 있지 않으므로 통일적인 존재를 이룬다. 그런데 자기 분할의 인자, 즉 무는 단독으로 오지 않으며 현실의 영역에서는 무규정성과 더불어 온다. 현실은 모든 측면에서 어느 장소 어느 시간을 막론하고 작용하는 무규정성, 즉 진정한 무규정성으로 인하여 하강하는 운동을 계속한다. 그리하여 자기 분할을 배제하고 자기 단위를 이룩하려면 모든 측면에서 어느 장소, 어느 시간을 막론하고 무규정성의 기능에 전체적으로 역기능하는 관계 맺음이 필요하며 이 관계 맺음은 정적인 것이 아니고 동적인 것이다. 그리고 이러한 단위는 관계 맺음 속에서 이루어지는 단위인 만큼 이 관계 맺음은 독립적으로 분리되어 실재할 수 없고, 전체적인 관계 맺음 속에서만 실재가 가능하며, 이러한 관계 맺음에서는 전체의 부분들이 상호간의 존재의 원이 된다. 즉 전체의 부분들은 상호 타자화됨으로써 무규정성 속으로 하강하는 것이 아니라, 그와 반대로 서로 상대방을 보존케 함으로 인하여 존재로 향한다. 이러한 관계 맺음은 봉쇄적이며 기계론적인 경우에서처럼 밖에서 주어지는 작용의 소산이 될 수 없으며 내부에 그 원인이 있다. 관계 맺음에 있어서 자기 존재를 가능케 하는 자체 조절 능력을 자율이라 한다. 이러한 관계 맺음은 자율적인 관계 맺음이며 또한 자기 자신의 시간을 성립시킴으로써 자립을 도모할 뿐만 아니라 그 자립을 지속하게끔 하는 관계 맺음이다. 이러한 관계 맺음은 자발성의 기능의 소산이며 유기체에서 볼 수 있다. 그리고 유기체에서 자율은 그것의 존재 이유로서, 불변치를 단위로 하여 다가 성립하는 기계론적 이론에 있어서 사물의 존재 이유가 되는 충족률과 대비된다.

이러한 자율적 존재와 연관된 비유기적 사물은, 기계론적 법칙하에서 맺어진 관계와는 달리, 유기체를 중심으로 하여 하나의 통일된 현상계를 이룬다. 즉 생의 세계가 성립하는데 생의 세계의 내용은 그 일부분이 변하여도 전체가 만화경처럼 변하여 순간순간 그 내용이 다른 상황을 이루며 법칙적인 관계 맺음에서 성립할 수 없는 우연성으로 가득 차 있다.

영원에서 성립하는 본질은 즉각적으로 존재하므로 자율은 필요없으며, 그 결과 본질의 항존성에 기초를 둔 법칙의 불변성으로 현실의 운동을 지배하여 그 운동 내용의 항존성을 확보하려는 존재론적 이론이 요청된다. 그러나 본질적 존재의 자동성(自同性)을 보장하는 운동은 공간 운동에 국한되며 모든 질적 변화는 변질이며 변질은 본질의 변질이 되는 까닭에 본질론적 입장에서는 모든 질적 변화는 본질의 상실을 뜻한다. 그러나 유기적인 운동에 있어서는 모든 질의 변화는 존재로 향하며 추상적인 관계 맺음은 비독립적이므로 유기적인 관계 맺음으로 인하여 성립하는 세계 밖에서 독립적으로 성립할 수 없으며 세계 내부에서 자발성의 함수로 성립한다.

역동론의 입장에서 보면 본질은 자발성의 기능에 의하여 세계의 표면에서 추상화된 것이다. 그런데 표면은 현실이 끝나는 곳이므로, 추상적인 공간 속에 병렬된 본질은 유기체를 중심으로 성립하는 세계 내용이 그 세계의 전체적인 연관성을 떠나 허무 속으로 흩어져 나가서 상호 연관성을 상실하여 소멸되려는 직전의 상태이거나 또는 자발성의 기능에 의하여 생기(生起)된 직후의 상태이다. 그러므로 추상적인 공간에서의 본질들의 병렬은 사물들의 내용의 최소한의 관계 맺음이며 또한 최초의 관계 맺음이다. 이렇게 추상적인 공간은 구체적인 상황으로서의 세계로부터 자발성이 탈출해 나가는 한계점에서 성립하며, 그것 자체가 자발성의 소산이므로 자발성이 구체적인 세계 속으로 던져지기 이전의 상태로 초월하려는 통로로서의 의미가 있다.

6. 본질 및 자발성과 자유와의 관계

본질과 자유와의 관계

자유의 의미는 자유로 인하여 사물의 존재가 확보되는 데 있으므로, 본질론적 입장에서 자유는 각 사물의 본질을 구현하는 것을 목표로 삼는다. 인간에 있어서는 인간의 본질을 구현하는 것이 자유가 된다. 이러한 의미로서의 자유는 본질의 구현을 방해하는 강제와 대립된다. 이러한 자유는 비단 인간에 있어서만 성립하는 것이 아니라 무생물에까지 확대될 수 있다. 가령 아리스토텔레스의 자연학의 경우에서처럼 돌이 지상으로 하락하는 것이 돌의 본성에 적합한 운동이며 위로 상승하는 운동이 외부의 힘에 의해 강제된 운동이라면, 돌이 지상으로 하락하는 운동은 자유스러운 운동이다. 생물에 있어서도 사정은 동일하며 모든 생물은 그 생물에 고유한 본질을 강제하는 외부의 힘에서 벗어남으로써 자유를 얻는다.

인간의 경우에 있어서는 사정은 복잡하다. 인간은 높은 수준의 지능을 소유하고 있으며 이론을 통하여 그 자신의 존재 및 행동을 처리할 수 있다. 그런데 인간은 현실적으로는 우연적인 시간의 과정 속에 있으므로 미래를 겨냥하는 인간은 현시점에 접점(接點)하는 여러 이론 체계 중에서 어떠한 이론의 체계가 인간의 본성에 적합한지의 여부를 판단하고 행위를 결단하여야만 한다. 선택적인 결단은 미래에 대해서 계산 가능한 필연적 법칙의 체계가 없으면 무의미하다. 이러한 지적 능력은 복잡한 현실에서 선택이 이루어질수록 우둔해서는 안 되며 현명함이 필요한데, 그 지능의 발달의 수준이 높을수록 우연성이 배제된 정확하고 항구적인 체계를 선택할 수 있다. 인간의 모든 학문은 인간의 선택에 유조(有助)함에 그 존재 이유의 일부분이 있다. 그러므로 인식 능력은 행위에 대하여 우월한 위치에 있게 되며, 본질을 파악하는 인식 능력의 발휘 및 본질을 실천하는 행위를 방해하는 감정 및 충동 등은 제거되어야 한다. 법칙에 따라서 행동하는 궁극적 목적은 본질을 구현하는 데 있는데, 본질론적 입장에서 성립하는 자유의 극치는 모든 타자에 대한 영원한 무감동에서 성립한다.

자발성과 자유와의 관계

자발성에서 성립하는 자유는, 존재의 질서를 교란시키고 혼란으로 빠뜨리는 무규정성을 배제함에 있어서는 본질론적 자유와 비슷하나, 일보 전진하여 본질에 입각한 이론적 체계는 타성의 체계이므로 이를 따름은 자발성의 자기 상실을 의미하며, 이론적 체계를 따른다는 것은 타율이 된다. 그러므로 이론적 체계를 그 자체로서 따르지 않는 점이 본질론적 자유와 다르다. 그러므로 필연성 위에 서 있는 이론 체계를 그 자체 때문에 선택하는 것은 자율을 포기하고 타율을 따르는 것을 의미하며, 그 이론이 정확하고 불변의 것일수록 그만큼 정확히 불변의 타율에 복종함을 뜻한다. 본질론적 입장에서 선택은 우연적인 현실에서 본질적인 존재로 비약하는 발판으로서 중요하나 자발성의 입장에서는 본질도 자발성의 기능의 소산이며 선택은 자발성의 기능을 발휘하는 계기로서만 의미가 있다. 선택은 동굴과 같은 자기 세계 내부에 폐쇄돼 있는 자발성이 자기 세계를 벗어나는 한계점에 위치할 때 성립한다. 거기서 자발성은 자기의 영향을 받지 않는 물질의 흐름과 사물의 표면에서 추상된 물질의 관념(Idée) 및 그것의 법칙을 인식한다. 뿐만 아니라 자기 세계 밖에 존재하는 다른 유기체의 천태만상의 세계가 있음을 알며 또 자기 세계와 공존하는 타인의 세계가 있어 공통적인 사회를 이루고 있음을 안다. 따라서 무생물, 생명체, 인간 등을 전체로 파악하고 그 전체가 성립할 수 있는 근거를 고찰하며, 그 결과를 토대로 하여 행동을 선택한다. 즉 만유(萬有)를 성립시키는 최후의 요인이 되는 무규정성, 본질, 자발성 등을 분명히 부각시키면서, 선택의 주체자는 자기 자신의 자발성을 전체적인 자발성과 융합하면서 선택을 한다. 그리하여 선택은 선택하는 주체자의 자발성의 유한성을 함유하고 있지만, 자유의 의미는 자유로 인하여 사물의 존재가 보존되는 데 있으며 자발성이야말로 사물의 존재를 보존시키는 원인이므로, 선택에 있어서의 자유는, 전체를 보존하는 자발성과 합치한 개인의 자발성에서 선택이 성립할 때, 진정한 자유가 된다. 그런데 세계 내에서 발휘하는 자발성의 기능과 세계의 한계에서 발휘하는 자발성의 기능은 하나의 자발성의 기능의 양면이다. 그러므로 이 두 기능이 통일적으로 이루어질 때만이 자발성은 관계 맺음의 양면으로 성립하고 있는 현실에서 그 참다운 기능을 발휘할 수 있으며, 이러한 자발성은 타성에 지배되는 여하한 이론으로도 객관화될 수 없고 단지 구체적인 삶을 통해서 행동 속에서 나타날 뿐이다. 여하한 이론도 진정한 자발성에 육박할 수 없으며, 천태만상으로 변하는 상황에 자발성은 대처하여야 하므로 자발성의 기능의 발휘는 비결정적이며 예측을 불허하며, 자발성은 전진과 후퇴를 되풀이하며 다로 분산하는가 하면 일자로 수축하고, 외부로 확산하는가 하면 내부로 집중하여 우연과 모순을 통하여 존재로 향할 수 있다. 베르그송에 있어서 근원다(根源多)인 자유는 자발성 자체의 초월적인 성격을 지칭하며 자발성의 기능의 어느 일부분을 지칭하지 않는다. 본질론은 존재의 초월적인 성격으로 일자 · 무엇 · 진 · 선 · 미 등을 열거하고 있으나, 자발성의 입장에서는 위에서 열거한 존재의 초월적이며 항구적인 규정은 성립하지 않는다. 그러한 규정은 구체적인 상황 속에서 다른 사물과의 관계하에서 자발성의 함수로서만 의미가 있다. 자발성은 관계 맺음에 있어서 사물을 존재케 하는 원인이므로 진정한 자유는 모든 사물과 관계 맺음 속으로 들어가는 데서 성립한다.

대체로 자유의 근원성은 그 자유를 성립시키는 형이상학의 기본이 되는 개념에 자유가 어떠한 관계를 맺고 있는가에 달려 있다. 그러나 더 나아가서 자유의 근원성은 그 자유를 성립시키는 형이상학의 기초가 어떠한 원리 위에 서 있느냐에 달려 있다. 필자는 베르그송의 근원적 자유를 설명하기 위해서 그가 『시론(試論)』의 제3부에서 자유를 아 프리오리한 측면에서 서술한 부분을 이상과 같이 분석했거니와 인간의 자유는 인식과 행위를 떠나서는 성립되지 않으므로, 베르그송의 근원적 자유는 그의 철학에 있어 행위와 인식의 관계를 설명함을 불가피하게 하나 이 문제는 본고의 한계를 넘는다.

| 연보 |

1919년 6월 1일	전남 광주시 서창면 서창리에서 박하정과 송계남의 3남 1녀 중 2남으로 출생
시기 미상	광주서방소학교(수창초등학교) 입학
시기 미상	광주서중학교 입학
1934년 4월	1934년 4월 중앙중학교 입학
1937년 4월	일본 와세다대학 제1고등학교 입학
1937년 4월	일본 아테네-프랑세 불어과 수학(2년)
1939년 4월	일본 상지대학 독어과 수학(2년)
1940년 4월	와세다대학 법학부 입학
1941년 4월	와세다대학 철학과 입학
1941년 4월	아테네-프랑세의 희랍어과와 라틴어과에서 수학(3년 7개월)
1943년 8월	와세다대학 철학과 졸업
1943년 9월	와세다대학 법학부 연구실 조교
1945년 2월	경성치과대학 불어 강사
1945년 8월 15일	일제로부터 해방
1946년 10월	서울대학교 치과대학 강사
1948년 1월	서울대학교 문리과대학 불어과 조교수

1949년	19세의 현영오와 결혼
1950년 6월 25일	한국전쟁 발발. 서울에 남아 있다가 1 · 4 후퇴 때 광주를 거쳐 부산으로 피난
1954년 8월	서울대학교 문리과대학 불어과 부교수
1955년 1월	서울대학교 문리과대학 철학과 교수
1975년 3월	서울대학교 인문대학 철학과 교수
1984년	정년 퇴임. 서울대학교 철학과 명예교수
1986년	한국서양고전학회 창립. 이사 역임
1994년 3월 9일	서울대학교병원에서 별세

| 참고문헌 |

I. 생전에 발표한 논문들

1. 「古代哲學과 近世哲學」, 『대학신문』 276(1959. 11. 23.); 277(1959. 11. 30.); 278(1959. 12. 7.), 각 제3면.
2. 「西洋의 哲學史想: 序章, 第I部 希臘哲學. 第II部 基督敎 世界에 있어서의 哲學」, 『哲學槪論』, 서울대학교출판부, 1967, 329-412쪽.
3. 「Bergson에 있어서의 근원적 자유」, 『철학연구』 10, 1975, 41-57쪽.
4. 「Protagoras篇에 對한 分析(I)」, 『철학연구』 11, 1976, 1-23쪽.
5. 「플라톤의 對話錄 Sophist篇의 分析(I)」, 『철학연구』 12, 1977, 1-21쪽.
6. 「Platon의 대화편 Euthydemos의 分析」, 『人文論叢』 3, 1978, 113-40쪽; 『문제를 찾아서』, 종로서적, 1980, 211-46쪽에 재수록.
7. 「희랍철학 小考」, 『人文論叢』 5, 1980, 3-20쪽; 『希臘哲學硏究』, 종로서적, 1988, 5-25쪽에 재수록.
8. 「Timaios편의 〈필연〉에 대한 Archer-Hind의 견해를 음미함」. 『人文論叢』 8, 1982, 87-101쪽.
9. 「대학원 교육에 있어서의 희랍 哲學 敎科科目의 연구」(연구보고서), 1981, 組版 인쇄본.

10. 『데카르트의 방법서설』(번역), 대성출판사, 1948.

11. 이 외에 일본 巖松堂書店에서 1951년 와세다대학 법학연구실의 一又正雄 교수 번역으로 간행된 『戰爭과 平和의 法』 전 3권이 당시 법학연구실의 조교였던 박홍규 선생에 의해 일차 번역된 것으로 一又 교수의 역자 서문에 기록되어 있음. 번역을 제외한 논문들은 모두 전집 1권 『희랍철학 논고』에 수록되어 있음.

II. 박홍규 전집

1. 『희랍철학 논고』, 민음사, 1995.
2. 『형이상학 강의 1』, 민음사, 1995.
3. 『형이상학 강의 2』, 민음사, 2004.
4. 『플라톤 후기 철학 강의』, 민음사, 2004.
5. 『베르그송의 창조적 진화 강독』, 민음사, 2007.

III. 박홍규에 대한 글

1. 박종현, 「소은 박홍규 교수의 학자됨과 학문」 『철학논구』 18, 1980.
2. 민찬홍, 「서평: 박홍규 전집 1. 『희랍철학 논고』 박홍규 전집 2. 『형이상학 강의』」(민음사, 1995), 『시대와 철학』 6-2, 1995.
3. 최 화, 「서평: 박홍규 전집 1. 『희랍철학 논고』, 2. 『형이상학 강의 1』」, 『과학과 철학』(과학사상연구회) 7, 1996, 324-32쪽.
4. ____, 「형이상학과 서양의 본질: 박홍규론」, 『비평』 창간호, 1999, 325-38쪽.

IV. 신문기사

1. 김홍기 기자, 「스승 강의록 제자들이 출간」, 조선일보, 1994. 8. 28.
2. 김창호 기자, 「고 박홍규 교수 강의 책으로 듣는다」, 중앙일보, 1995. 2. 10.
3. 이한우 기자, 「제자들이 책 펴낸 '서양철학의 거목'」, 조선일보, 1995. 4. 14.
4. 김창호 기자, 「『형이상학 강의』, 박홍규 지음」, 중앙일보, 1995. 4. 16.
5. 정규웅 문화사랑방, 「어느 철학자의 추모전집」, 중앙일보, 1995. 4. 24.
6. 김창호 기자, 「철학자 고 박홍규 교수 유고집 3 · 4권 출간」, 중앙일보, 2004. 3. 10.
7. 장병욱 기자, 「우리 시대의 명저 50, 21. 박홍규 전집」, 한국일보, 2007. 5. 31.

| 찾아보기 |

2012 대한민국학술원 선정 우수학술도서

박홍규의 철학

형이상학이란 무엇인가

펴낸날 1판 1쇄 2011년 9월 30일
3쇄 2021년 1월 15일
지은이 최 화
펴낸이 이승아
펴낸곳 이화여자대학교출판문화원
주소 서울특별시 서대문구 이화여대길 52(우03760)
등록 1954년 7월 6일 제9-61호
전화 02) 3277-2965(편집)
02) 362-6076(마케팅)
팩스 02) 312-4312
전자우편 press@ewha.ac.kr
홈페이지 www.ewhapress.com
책임편집 정경임
디자인 정혜진
찍은곳 한영문화사

ISBN 978-89-7300-933-6 94150
ISBN 978-89-7300-928-2(세트)

값 16,000원

* 잘못된 책은 구입처에서 바꾸어 드립니다.